「湘南ポップス」メモランダム

The SHONAN-POPS Memorandum

松生恒夫
Matsuike Tsuneo

彩流社

目次

はじめに

前書『1966年の「湘南ポップス」グラフィティ』を書いているときに気づいたのですが、六〇年代の日本のポップ・ロック・シーンを描いた本はほとんど、レコードのシングル盤やLP盤について書かれた本でした。考えてみれば、いまから五十年以上も前のことを調べるのは困難であり、レコードを調べることは比較的容易であると考えられるのです。つまり音楽を聴いて、時代を見ていくことになるのです。しかし、音楽シーンは、レコードだけを調べてもわからない部分もあるのです。

前書で、一般の人びとが読んでいた新聞、さらにはテレビ番組の状況を調べていくと、もうひとつの音楽シーンが見えてきたのです。つまり、六〇年代当時、東京でしか見ることができなかった音楽番組が多数存在し、東京近郊にいないと実感がつかめないシーンも存在していたのです。これは東京近郊にいないとわからない感覚かもしれません。しかも六〇年代の音楽シーンは、現在と比較して変化がとても早かったのです。たとえば、六〇年代前半に流行していたアメリカン・ポップスは六〇年代中頃には、ブリティッシュ・ポップス、さらには六〇年代後半にはブルース・ロックやサイケデリック・ロック等にとってかわり、音楽の変化が加速度的に早かったのです。

このような六〇年代のポップス・ロック界に身をおき、実際にシーンの先端にいた喜多嶋修・瑛氏の発言は、数々の考えるヒントを与えてくれました。レコード盤を聴いて、日本のポップス・ロック・シーンを見ていくと、カバー・ポップス〜インストの時代〜グループサウンド(GS)の時代ということになります。

しかし六〇年代の日本のポップ・ロック・シーンの先端をいっていた加山雄三&ザ・ザ・ランチャーズの動向を見ていくと、ちょっと異なった視点が見えてくるのです。それが私の個人的な意見である六〇年代の日本のポップ・ロック・シーンの三大革命なのです。それは以下のとおりです。

六〇年代日本ポップス・ロック・シーンの三大革命

〈プレヒストリー〉　一九六三年
映画『ハワイの若大将』
加山雄三「Dedicated」湘南ポップス誕生(ただしレコード盤のリリースはなし)
〈第一の革命〉　一九六四年十月七日
ザ・ランチャーズ「ベサメ・ムーチョ・ツイスト」でテレビデビュー
〈第二の革命〉　一九六六年三月
ザ・ランチャーズ・ザ・ベンチャーズ・セッション

一九六六年三月
茅ヶ崎パシフィック・パーク・ホテルにおける約一週間のザ・ランチャーズ・ザ・ベンチャーズ・セッション（一九六六年六月三十日　加山雄三ミーツ・ビートルズ）

〈第三の革命〉　一九六九年六月
喜多嶋修ミーツ・ザ・キングクリムゾン
モーガンスタジオ　キングクリムゾン・リハーサル（UKの音、録音機材の種類、録音方法を日本へ）を偶然に見る
一九六九年七月五日
喜多嶋修、ローリング・ストーンズのハイド・パーク・フリーコンサートを見る

つまりこれは、日本のポップス・ロック・バンドが生まれて、アメリカのサウンドとイギリスの音づくりの方法を導入した時期が、大きな変化のポイントとする観点です。日本のポップス・ロック・シーンがいかに変化していったかという裏づけのひとつかもしれません。GSブームは商業的なひとつのブームでした。しかしこの三大革命は、加山雄三&ザ・ランチャーズ（喜多嶋修）が、生みだしてきた、三つの大きなターニング・ポイントともいえるのです。このような視点を考えつつ、一九六一年〜七一年までの日本のポップス・ロック・シーンを重複もありますが再度、通時的に記録を述べていきたいと思います。

第一章　一九六一年〜六二年

　加山雄三が初代ランチャーズを結成したのは、推定では一九六一年六月です（『若大将ＥＸＰＯ』では十月となっていますが、映画『大学の若大将』で、バンドをということであれば、映画封切前の六月ということになりそうです）。

　東宝のプロデューサーである藤本真澄に「今度、若大将（シリーズ一作目は『大学の若大将』で、一九六一年七月封切）という映画をつくるから、そのなかで何かバンドをやれ」と言われたそうです。そして藤本が東宝の俳優のなかから少しでも楽器を弾ける人間を募集してオーディションをし、バンドをつくりました。（加山雄三『Ｉ　ＡＭ　ＭＵＳＩＣ！　音楽的人生論』講談社刊）さらに東宝創立三十周年を記念して、全国の映画館主や関係者を招待して撮影所で開催された「砧まつり」にも出演するようにと言われたのでした。この初代ランチャーズのギタリストであった白石剛敏（宣伝部スタッフ）は、次のように述べています（「近代映画」一九六六年六月臨時増刊号）。

白石いわく、メンバー全員で茅ヶ崎の加山雄三の自宅を訪れたとき、聞かされたのは、「ウォーク・ドント・ラン」という曲でした。加山雄三いわく「どう、すごいだろう。アメリカのザ・ベンチャーズっていうバンドの〝ウォーク・ドント・ラン〟という曲なんだ。編成も似ているし、ぼくらのバンドは、いちおうこの線から出発したいんだけど」。その日は、昭和三十六(一九六一)年九月十二日だったそうです(なぜこの日付が重要かというとランチャーズの初代メンバーである白石が昭和三十六年九月十二日と記載して、明確に「近代映画」誌上で日付を記しており、この時点でランチャーズが存在したという証明になるからです。なお昭和三十六年十月十九日のライブの写真も存在するのです)。

白石はまた次のように述べています。「やる以上は最高のものを……」彼のモットーは、すべてがこれだった。きびしい練習だなぁと気づいたときは、もう遅かった。情けようしゃなく、ビシビシきめつけるように注文をだされた。そんなときの彼は、まるで仁王さまのように顔を紅潮させて、必死にメンバーにくいさがった。俳優の余暇を利用してとか、社会人の余技だからという甘えなど、いっさい受けつけなかった。仕事が終わって六時に撮影所を出発して、八時に加山邸へ。夕食のあと、九時から練習がはじまり、終わるのは深夜の二時か三時。そして朝は六時半に起床。朝食後、八時半にスタジオ入り。そしてまた、夜は加山邸。日本には、こんなサウンド・スタイルのプロバンドはない——そんなパイオニア精神をみんな意識したのか必死になってリーダーについていった。近所のひとから「うるさくて眠れない」と苦情があった。この近所のひとの苦情については、すばらしい考えを思いついた。練習場にあてた、玄関の右側にある体育館の壁に吸音設備として、毛布や布団をならべては……というのである。加山邸のあちこちを探して、布団や毛布をひっぱり出して壁にはり、床の上にも敷いた。まるで布団や毛布の展示会のようだった。美しいヨーロッパ風の体育館も、ひと足はいれば、まるで木賃宿だ。ねらいは、まさしくあたった。そとには音はもれず、まちがった音もはっきりわかるようになったし、疲れたときは寝転ぶこともできた。

血のにじむような練習の末、十月十九日の砧祭を迎え、さいわいにして大喝采を浴びた。この大成功のおかげで、わたしたちは芸能部長から「正月の一九六二年一月一日、日劇新春スター・パレードにも出演してくれ」と依頼された。「あと二カ月しかないけど、みんなやるかい？　やるなら、もっとしぼるぞ」と、加山は真剣な顔でそういった。みんなもすぐ賛成した。そして、チームワークもひとの前で演奏する時間もほしいと会社に十二月二十三日～二十七日まで岩原のスキー・ロッジでの練習を申し出て、承諾を得た。昼は白銀の世界を思う存分すべりまくり、夜はホールでわたしたちをバックに歌って演奏、さらに終わってからの反省会と、彼のすばらしいバンマスぶりに、一同は目をみはった。

一九六二年一月一日～五日に、有楽町・日劇で開催された「新春スタア・パレード」では、加山雄三&ザ・ランチャーズとして「ウォーク・ドント・ラン」「アイ・ワズ・ザ・ワン」「グッド・ラック・チャーム」「ブルー・スウェード・シューズ」等を演奏しています。この頃のレパートリーは、ザ・ベンチャーズとエルヴィス・プレスリーの曲でした。また翌一九六三年一月一日(火)の新聞広告に「新春スター・パレード」が記載されており、そのときの出演メンバーは、フランキー堺、加山雄三、星由里子、高島忠夫、中尾ミエ、越路吹雪、三木のり平などでした。

ちなみに、ギター・コンボのパイオニアとして有名なブルー・ジーンズは、寺内タケシを中心として一九六二年夏頃に結成されています。このときは、ギター以外にサックスやピアノのプレイヤーも存在していましたが一九六三年頃には、サックス、ピアノをはずして三本のエレキギターとオルガンを主体とするギター・コンボに再編成されました。そして一九六四年六月にブルー・ジーンズは、東芝音楽工業よりＬＰ『これぞサーフィン』をリリースしており、このＬＰのなかにザ・ベンチャーズのカバー曲「ウォーク・ドント・ラン」が収録されていました。したがって第一期ランチャーズが「ウォーク・ドント・ラン」を聴いてカバーしようとした一九六一年九月十二日は、とんでもなく早い時期だったのです。おそらく加山雄三は、輸入盤ＬＰでザ・ベンチャーズのを聴いていたのでしょう。そしてギター・インストゥルメンタル・グループとしてばかりでなく、いわゆるヴォーカル・インストゥルメンタル・グループとして一九六二年一月、プレスリーのカバー曲「ブルー・スウェード・シューズ」や「アイ・ワズ・ザ・ワン」を演奏しているところから、加山雄三＆ザ・ランチャーズが真の意味での日本の最初期ロック・バンドといってよいのではないかと考えられます。

第二章　一九六三年

この一九六二年〜六三年頃に、加山雄三の音楽活動は本格的に始まります。まず一九六三年の日本の音楽シーン（流行歌・ポピュラー）の移行を見ながら、加山雄三の音楽の出現と対比するとよくわかりますので一月より見ていきます。

〈一九六三年一月〉

一月一日(火)　新聞広告　映画『太平洋の翼』出演三船敏郎、加山雄三等、特撮監督円谷英二

一月七日(月)　夕刊　レコード・ベスト・セラー

流行歌　①橋幸夫・吉永小百合：いつでも夢を　②村田英雄：王将　③フランク永井：霧子のタンゴ　④西田佐知子：アカシアの雨がやむとき　⑤三橋美智也：星くずの町

一月二十七日(日)　映画『ハイハイ三人娘』出演中尾ミエ、伊東ゆかり、園まり等

〈一九六三年二月〉

二月五日(火)　夕刊　レコード・ベストセラー
ポピュラー　①ミッチ・ミラー楽団・合唱団：史上最大の作戦　②コレッド・テンピア楽団：太陽はひとりぼっち　③ザ・フォー・シーズンズ：シェリー　④エディ・ホッジス：恋の売り込み　⑤エルヴィス・プレスリー：心のとどかぬラブレター

二月五日(火)　夕刊記事　個性が売物、流行歌手の変り種、ボサノバ型から日本調まで。ブラジル生まれのボッサ・ノバのリズムはいさましい掛声ほどにはなかなか流行しないが、このリズムが生んだ〝ボッサ・ノバ〟嬢第一号が梓みちよ。「ボッサ・ノバでキッス」「恋のゆきどまり」で歌手デビュー、とありました。

二月九日(土)　夕刊　レコード・ベストセラー
流行歌　①橋幸夫・吉永小百合：いつでも夢を　②村田英雄：王将　③倍賞千恵子：下町の太陽　④坂本九：一人ぼっちの二人　⑤克美しげる：史上最大の作戦マーチ

二月十五日(火)　広告「週刊明星」二月二十四日号
加山雄三と星由里子がプライバシー告白……結婚は十分理解し合っていなければ
二月二十二日(金)　夕刊記事　ナット・キング・コール公演(二月十九日、産経ホール)
日本語もまじえて独自の技術タッチでこなす。「スター・ダスト」「モナリザ」「カチート」「枯葉」「ランブリン・ローズ」など二十数曲歌う。

……………………………………

二月二十八日(木)　レコード・ベストセラー
流行歌　①橋幸夫・吉永小百合：いつでも夢を　②朝丘雪路：島育ち　③村田英雄：王将　④西田佐知子：アカシアの雨がやむとき　⑤フランク永井：霧子のタンゴ

……………………………………

〈一九六三年三月〉

三月六日(水)　夕刊　レコード・ベストセラー
ポピュラー　①ミッチ・ミラー楽団・合唱団：史上最大の作戦マーチ　②ザ・フォー・シーズンズ：シェリー　③エディ・ホッジス：恋の売り込み　④コレッド・テンピア楽団：太陽はひとりぼっち　⑤エルヴィス・プレスリー：心のとどかぬラブレター

……………………………………

三月六日（水）　夕刊広告　映画『恋のＫＯパンチ』

出演エルヴィス・プレスリー、「リングでキッス」等六曲

三月十日（日）　記事　古いリズムと変わった音として次のようなことが紹介されています。ナンシー・シナトラ「レモンのキッス」、エルヴィス・プレスリー「ＧＩブルース」にドイツ民謡の一部が入っている。「テルスター」人工衛星の発射音のエフェクトをエレクトーンで奏でている等と紹介。

三月十八日（月）　夕刊広告　映画『若さでぶつかれ（The Young Ones）』

出演クリフ・リチャード、キャロル・グレイ、ザ・シャドウズ等。ラジオ・テレビで大好評。断然パンチのきいた十四曲のヒット・メロディと記載されています。

三月二十一日（木）　夕刊広告　映画『戦国野郎』出演・加山雄三、佐藤充、星由里子等

三月にはエルヴィス・プレスリー、クリフ・リチャード、加山雄三の主演映画が公開されることになります（二〇一八年現在、クリフ・リチャード、加山雄三が現役で活動してるなんて、このとき誰もが考えなかったでしょうね。でも活動しているのでこれはすごいことです）。

〈一九六三年四月〉

四月三日(水)　夕刊　ヒット盤

ポピュラー　①マージー・ブレーン：ボビーに首ったけ　②エルヴィス・プレスリー：恋のKOパンチ　③ザ・トルネドーズ：テルスター　④ミッチ・ミラー楽団：史上最大の作戦マーチ　⑤ザ・フォー・シーズンズ：シェリー　⑥エディ・ホッジス：恋の売り込み　⑦ジョン・レイトン：霧の中のロンリー・シティー

…………

四月六日(土)　夕刊　ヒット盤

流行歌　①石原裕次郎：赤いハンカチ　②橋幸夫・吉永小百合：いつでも夢を　③西田佐知子：アカシアの雨がやむとき　④フランク永井：霧子のタンゴ　⑤北島三郎：なみだ船　⑥田端義夫：島育ち　⑦村田英雄：柔道

…………

四月九日(火)　夕刊記事　来日中のマリー・ラフォレ　インタビュー

マリー・ラフォレは映画『太陽がいっぱい』『赤と青のブルース』『金色の瞳の女』等に出演。後に日本ではシングル盤の「青春の光と影」をヒット。

四月十四日(日)　夕刊広告　映画『ガール！　ガール！　ガール！』

主演エルヴィス・プレスリー。夏を呼ぶプレスリー最新作。続『ブルー・ハワイ』と紹介。

四月二十七日(土)　夕刊記事　カテリーナ・バレンテ・リサイタル。NETテレビ四月二十九日午後二時五十分より放送。四月十二日東京・パレスホテルでのチャリティ・ショーを収録したもので「情熱の花」「マラゲーニア」「プリーズ・ドント・アイ」「さくら」などを歌う。

四月三十日(火)　夕刊記事　ゴールデンウィークの顔としてマドロス姿で歌うエルヴィス・プレスリーの記載がありました。

一九六二年のゴールデンウィークは、プレスリーの『ブルー・ハワイ』が大当たり。ファッションにもハワイアン・モードを生んだ。今年も同じハワイを舞台にしたプレスリーの新作『ガール！ガール！　ガール！』がでて、彼は粋なマドロス姿で十三曲歌うと紹介されています。

〈一九六三年五月〉

五月八日(水)　夕刊　ヒット盤

ポピュラー　①ポールとポーラ：ヘイ・ポーラ　②エディ・フォンティン：戦場の恋　③クリフ・リチャード：ヤング・ワン　④マージー・ブレーン：ボビーに首ったけ　⑤ザ・フォー・シーズンズ：シェリー　⑥ミッチ・ミラー楽団・合唱団：史上最大の作戦マーチ　⑦コニー・フランシス：想い出の冬休み　(都内レコード店調べ)

五月十日(金)　夕刊　ヒット盤

流行歌　①石原裕次郎：赤いハンカチ　②弘田三枝子：想い出の冬休み　③中原美紗緒：夜は恋人　④ペギー葉山：ドレミの歌　⑤北島三郎：なみだ船　⑥朝丘雪路：島育ち　⑦畠山みどり：出世街道　（都内レコード店調べ）

五月二十日(月)　夕刊記事　マントバーニ来日記念　五月二十一日より公演となっています。来日を記念してLPがリリース。

①マントバーニ：LP『ポップス・コンサート』②マントバーニ：LP『シュトラウス・ワルツ・アルバム』③マントバーニ：LP『アメリカン・アルバム』④マントバーニ：LP『不朽の旋律』⑤マントバーニ：LP『スターライト・アンコール』と五種のLPがリリース

五月二十二日(水)　夕刊記事　マントバーニのすべて、その時々に応じたムード、非凡な編曲の技量と紹介。

五月二十三日(木)　夕刊記事　五月二十一日　日比谷公会堂マントバーニ　四十四人のオーケストラを指揮とあります(つまり会場でカスケード・サウンドを直接聴くことができたのです)。

五月二十四日(金)　広告　「平凡」七月号　加山雄三、母と子の愛の物語という記事。

五月二十五日(土)　夕刊記事　パティ・ペイジ・リサイタル　楽しい円熟の歌いぶりと紹介

五月二十六日(日)　軽音楽ベスト5　メラクリーノ：LP『ムードの騎士』　VA：LP「マルセル・アモン」　VA：LP「四台のピアノによる超ステレオ」　ビリー・ボーン楽団：LP『おそ

ば近くに』　ルイ・アームストロング他：LP『ジャズの大使』

五月二十八日(火)　夕刊　ヒット盤
ポピュラー　①ポールとポーラ：ヘイ・ポーラ　②カスケーズ：悲しき雨音　③ビル・ジャステイス楽団：タムレ第一番　④ニニ・ロッソ：さすらいのマーチ　⑤ジョニー・シンバル：ミスター・ベイスマン　⑥クリフ・リチャード：ヤング・ワン　⑦カテリーナ・バレンテー：恋のバカンス　(都内レコード店調べ)

五月二十九日(水)　夕刊　マントバーニ・インタビュー。バイオリンのパートを六つにわけています。いろいろな微妙な音色をはっきり美しく出すためにです(これがカスケード・サウンドの秘密なのですね)。

〈一九六三年七月〉
七月二日(月)　夕刊広告　映画『ホノルル・東京・香港』出演宝田明、加山雄三等
七月三日(水)　フジテレビ　午後九時三十分〜四十五分「スター千一夜」
加山雄三、星由里子(映画『ハワイの若大将』について語ったと考えられます)
七月九日(火)　夕刊記事　この夏のハワイアンの新譜。百数十種も登場と記載されています。大

橋節夫LP『南国の夜』、バッキー白片LP『オール・ヒット・アルバム』、山口銀二LP『タヒチは招く』等が紹介。

七月十二日(金)　夕刊広告　映画『渚のデイト』出演コニー・フランシス　映画『狂ったバカンス』出演カトリーヌ・スパーク

七月二十三日(火)　夕刊記事　〝ゴスペルロック〟が大流行とあります。これは黒人のリズムとモダンさをもった曲で、代表的なものとしてレイ・チャールズ「愛さずにはいられない」、エクサイダーズ「テル・ヒム」等があげられています。さらには、異なる項にブリジッド・バルドーのLP『べべは歌う』が紹介されていました。

七月二十四日(水)　夕刊　ヒット盤

流行歌　①石原裕次郎：赤いハンカチ　②畠山みどり：出世街道　③三沢あけみ・マヒナスターズ：島のブルース　④舟木一夫：高校三年生　⑤石原裕次郎：夜霧のブルース　⑥ザ・ピーナッツ：恋のバカンス　⑦仲宗根美樹：奄美恋しや　⑧弘田三枝子：渚のデイト

七月二十五日(木)　夕刊広告　映画『アイガー氷壁　決死の救援』主演トニー・ザイラ　映画『ぼくの伯父さんの休暇』監督・出演ジャック・タチ

七月二十八日(日)　新聞広告　映画『ガール！　ガール！　ガール！』出演エルヴィス・プレス

リー、ステラ・スチーブンス

「ハワイアン・青い海・唱」と書かれています。そして「ガール！　ガール！　ガール！」「心のとどかぬラブレター」等十三曲の挿入歌とありました。つまり日本では、プレスリーのハワイの映画『ガール！　ガール！　ガール！』がこの時期にも放映されたのです。

七月二十九日(月)　夕刊　ヒット盤

ポピュラー　①ジャンニ・モランディ：サンライト・ツイスト　②カスケーズ：悲しき雨音　③リトル・ペギー・マーチ：アィ・ウィル・フォロー・ヒム　④ポールとポーラ：ヘイ・ポーラ　⑤ジョニー・ティロットソン：キューティーパイ　⑥エリオ・ブルーノ楽団：禁じられた恋の島　⑦ミッチー・ミラー楽団：大脱走のマーチ　⑧ニニ・ロッソ：さすらいのマーチ　(都内レコード店調べ)

いまでも聴かれている「悲しき雨音」や「ヘイ・ポーラ」がこの時代にヒット。

〈一九六三年八月〉

八月三日(土)　夕刊　ヒット盤　クラッシック

このコーナーで、マントバーニ・オーケストラの「デル・モナコ・グレート・ラブ・ソング」が二位にランク。これはオペラ歌手デル・モナコとマントバーニ・オーケストラが共演したLP。

八月六日(火)　夕刊記事　映画『ハワイの若大将』

出演加山雄三、星由里子等。夏だ！　ヨットだ！　ハッスル若大将！　恋・歌・パンチのワイキ痛快作戦と記載。ただし、この時点では挿入歌の紹介はありません。この映画の挿入歌は「DEDICATED」「HONKY TONK PARTY」「SWEETEST OF ALL」「ラブリー・フラ・ガール」の四曲。これらはプレスリーの映画『ガール！　ガール！　ガール！』の挿入歌にみおとりしないクオリティーをもつ楽曲です。「高校三年生」や「ヘイ・ポーラ」がヒットした時代に「DEDICATED」は、お目みえしたのです。ただしスクリーン上だけだったので、ディスクにならならなかったことがくやまれます。「DEDICATED」「SWEETEST OF ALL」「HONKY TONK PARTY」などが日本のポップス・ロックの原点といえるでしょう。前述のごとくディスクにならなかった分だけ損をしている気がします。だからこそ三大革命のなかのプレヒストリーなのです。

八月二十日(火)　夕刊記事　アメリカでの九ちゃん歓迎にキモをつぶすとあります。すでに九十三万枚のレコード(「上を向いて歩こう(スキヤキ)」)を売り上げているだけに、ロサンゼルス空港に着いたときは歓迎のファンでもみくちゃだった。集ったティーンエイジャーは何千人だったろうか。もっとも「お出迎えの方にはもれなくレコードを無代進呈」という宣伝につられた連中も多かったようだが、その熱狂だけは決して演出ではなかったとされています。

八月二十一日(金)　新聞広告　「近代映画」十月号

人気スター・秋の旅・裕次郎・小百合・加山等とあります。

八月二十二日(木)　夕刊　ヒット盤
流行歌　①舟木一夫：高校三年生　②三沢あけみ・マヒナスターズ：島のブルース　③西田佐知子：エリカの花散るとき　④石原裕次郎：赤いハンカチ　⑤畠山みどり：出世街道　⑥梓みちよ・田辺靖雄：ヘイ・ポーラ　⑦橋幸夫：白い制服　⑧仲宗根美樹：奄美恋しや　（都内レコード店調べ）

八月二十六日(月)　夕刊　ヒット盤
ポピュラー　①ポールとポーラ：けんかでデート　②ジョニー・ティロットソン：キューティ・パイ　③ミッチ・ミラー楽団：大脱走マーチ　④リトル・ペギー・マーチ：アイ・ウィル・フォロー・ヒム　⑤パット・ブーン：悲しきカンガルー　⑥ポールとポーラ：ヘイ・ポーラ　⑦ジョン・レイトン：大脱走マーチ　⑧カスケーズ：悲しき雨音　（都内レコード店調べ）

七月～八月にかけての日本の流行歌とポピュラー曲のヒット状況を示す、日本全国をまとめたナショナル・チャートは存在していませんが、とりあえず都内レコード店の売上枚数をまとめた新聞誌上のチャートは、ラジオ番組などのチャートよりもヒットの状況を明確に反映しているのではないかと考えられます。このチャートがすべてではないのですが、この二カ月間にランクれた日本の流行歌、ポピュラー楽曲と比較して、加山雄三の四曲(「DEDIATED」「HONKY TONK PARTY」「SWEETEST OF ALL」「ラブリー・フラ・ガール」)はいかに進んでいたのかが理解できると思います。ここまでが三大革命のプレヒストリーです。

ここから先が第一の革命につながってきます。

〈一九六三年十月〉

十月一日(火) 夕刊 ヒット盤

流行歌 ①舟木一夫:高校三年生 ②三沢あけみ・マヒナスターズ:島のブルース ③坂本九:上を向いて歩こう ④田辺靖雄・梓みちよ:ヘイ・ポーラ ⑤畠山みどり:女侠一代 ⑥西田佐知子:エリカの花散るとき ⑦弘田三枝子:悲しきハート (都内レコード店調べ)

十月三日(木) 夕刊 ヒット盤

ポピュラー ①エルヴィス・プレスリー:悲しき悪魔 ②エリオ・ブルーノ楽団:禁じられた恋の島 ③ミッチ・ミラー楽団:大脱走のマーチ ④ジョニー・ティロットソン:キューティ・パイ ⑤ポールとポーラ:ヘイ・ポーラ ⑥ジ・エセックス:内気な十七歳 ⑦クリフ・リチャード:

ラッキー・リップス（都内レコード店調べ）

この時点でエルヴィス・プレスリーの全米一位は十六枚、ベリー・コモが五枚で二位と記載されています。レコードでも映画でもエルヴィス・プレスリーの人気は一向におとろえていないとされています。これは日本でも同様だったと考えられます。

十月二十八日(月)　夕刊　ヒット盤

ポピュラー　①エルヴィス・プレスリー：悲しき悪魔　②ロベール・モノー楽団：太陽は傷だらけ　③ジョニー・ソマーズ：ワン・ボーイ　④ミッチ・ミラー楽団：大脱走マーチ　⑤ポールとポーラ：けんかでデート　⑥クリフ・リチャード：ラッキー・リップス　⑦ブラザーズ・フォー：北京55日（都内レコード店調べ）

「内気なジョニー」「すてきなメモリー」とヒットをとばしてきたジョニー・ソマーズはワーナーのドル箱。「ジョニー」は森山加代子、「メモリー」は梓みちよが歌ってヒット。

〈一九六三年十一月〉

十一月二十日(木)　夕刊記事　アメリカは民謡ブームとありました(この民謡はいわゆる「フォ

ークソング」のことです)。以下その記事の一部です。

ロック(一九六三年十一月でこの言葉が使われていたのにはびっくりです)やツイストにあったアメリカのポピュラー界はいま、ロックにゴスペルを加味したゴスペル・ロックやゴスペル・ソングにブルース的要素を濃くしたポップ・ゴスペルなどか、レイ・チャールズやファット・ドミノらの黒人歌手を中心にもてはやされている。一方、大学生や地味な音楽ファンのあいだに見直されたフォークソングもたいへんな勢いでひろがっている。その代表的な歌手が二十一歳のジョーン・バエズで、バンガード・フォークソング・シリーズとしてLPが発売された、とありました。

十一月二十七日(木) 夕刊 ヒット盤

ポピュラー ①ジョニー・ソマーズ:ワン・ボーイ ②アン・マーグレット:バイ・バイ・パーティー ③ボビー・ビントン:ブルー・ベルベット ④ザ・ロネッツ:あたしのベビー ⑤ジョニー・ティロットソン:プリンセス・プリンセス ⑥フランク・シナトラ:わが心のサンフランシスコ ⑦ブラザーズ・フォー:北京55日

十一月の時点で、フィル・スペクター・プロデュースのロネッツによる「ビー・マイ・ベイビー」が日本で流行。スペクターのことは誰も気づかなかったと思いますが後年「ビー・マイ・ベイビー」は、加山雄三の「二人だけの海」作曲時に影響しています。

〈一九六三年十二月〉

十二月二日(月)　夕刊広告　映画『ヤング・パレード』

主演エルヴィス・プレスリー、主題歌「破れたハートを売り物に」

十二月九日(月)　夕刊記事　日本レコード大賞　梓みちよ「こんにちは赤ちゃん」流行歌手一年生の進出とありました。梓みちよはレコードデビューの年にレコード大賞をとったのです。

十二月十日(火)　夕刊　ヒット盤

流行歌　①梓みちよ：こんにちは赤ちゃん　②舟木一夫：学園広場　③三田明：美しい十代　④石原裕次郎・浅丘ルリ子：夕陽の丘　⑤橋幸夫・吉永小百合：若い歌声　⑥北原謙二：若い明日　⑦畠山みどり：出世街道　（都内レコード店調べ）

十二月二十五日(木)　夕刊　ヒット盤

ポピュラー　①ビレッジ・ストンパース：ワシントン広場の夜はふけて　②フランク・シナトラ：わが心のサンフランシスコ　③ケネディ大統領とコーラス：自由の賛歌　④クラウデオ・ビルラ：ラ・ノビア　⑤ブレンダ・リー：サンフランシスコの思い出　⑥ザ・ロネッツ：あたしのベビー　⑦トロイ・ドナヒュー：恋のパーム・スプリングス　（都内レコード店調べ）

〈一九六三年のまとめ〉

八月、映画『ハワイの若大将』で自作自演曲「DEDICATED」等を歌うポップ・ロックシンガーである加山雄三が登場。「DEDICATED」は当時のアメリカンポップスにも負けない曲でした。

第三章　一九六四年

〈一九六四年一月〉

一月十日（金）　夕刊広告　映画『乱れる』

出演・高峰秀子、加山雄三等、松山善三オリジナル・シナリオ

一月十二日（日）　新聞広告　「ウエスタン・カーニバル」

出演ブルー・コメッツ、ブルー・ジーンズ等、トップは水原弘

一月十四日（火）　フジテレビ　午後九時三十分〜四十五分　「スター千一夜」

出演高峰秀子、加山雄三（映画『乱れる』についてだったのでしょう）。

一月十六日（木）　夕刊　試聴室

スターリー・ブラック楽団：LP『ビバ！　レクオーナ』　ビング・クロスビー：LP『ビング・クロスビーのヨーロッパ旅行』　ミッチ・ミラー：LP『ベスト・オブ・ミッチ・ミラー』

一月十九日(日)　夕刊記事　ティミー・ユーロ来日予定　パリス・シスターズ来日予定
一月三十一日(金)　夕刊記事　ジャズ・コーラス・フォア・フレッシュメン、演奏しながら歌う。
一月二十九日文教公会堂

〈一九六四年二月〉

二月三日(月)　夕刊　ヒット盤
ポピュラー　①ビレッジ・ストンパース：ワシントン広場の夜はふけて　②トニー・ダララ：ラ・ノヴィア　③フランク・シナトラ：わが心のサンフランシスコ　④ブレンダ・リー：サンフランシスコの思い出　⑤トロイ・ドヒュナー：恋のパーム・スプリングス　⑥スール・スーリール：トミニク　⑦ザ・ベルベッツ：愛しのラナ　(都内レコード店調べ)

二月五日(水)　夕刊記事　外国演奏による日本のメロディ
坂本九の「上を向いて歩こう(スキヤキ)」のカバー：マーティン・デニー、ケニー・ポール、ビリー・ヴォーン楽団
二月七日(金)　夕刊記事　「ベサメ・ムーチョ」と「枯葉」だけのLPが紹介。A面に「ベサメ・ムーチョ」：トリオ・ロス・パラカヨス等　B面に「枯葉」：ジュリエット・グレコ・ジャクリ

ーヌ・フランソワ等

二月八日(土) 夕刊 ヒット盤
流行歌 ①梓みちよ：こんにちは赤ちゃん ②坂本九：明日があるさ ③弘田三枝子：私のベイビー ④植木等、谷啓、ハナ肇：学生節 ⑤春日八郎：長崎の女 ⑥村田英雄：姿三四郎 ⑦舟木一夫：学園広場

弘田三枝子がロネッツのヒット曲である「ビーマイ・ベイビー」をカバーしヒット。この時代は、カバーヒットの時代と言われていますが、実際にヒットしたのはそれほど多くはありませんでした。流行歌(歌謡曲)が圧倒的に強かったのです。

二月十六日(日) 試聴室
ジャクリーヌ・フランソワ：LP『ラ・セーヌ』 アルフレッド・ハウゼ：LP『コンチネンタル・タンゴ・イン・ジャパン』等が紹介。

〈一九六四年三月〉
三月六日(金) 夕刊記事
この日の夕刊にビートルズの記事が初めて載っていたので紹介します。タイトルは「英のロカビ

リー・コーラス〝ビートルズ〟売出す。本場の米国で大人気」です。
アメリカのロカビリーを向こうにまわして、すごいビート・グループがイギリスで生まれた。そして本場のアメリカのポピュラー雑誌「ビルボード」や「キャッシュ・ボックス」の人気番付でさきごろ一位をとった。これは四人組のコーラス「ビートルズ」といい、ジョン・レノン、ボール・マッカートニー、ジョージ・ハリスン、リンゴ・スターらいずれも港リバプール生まれの若者たち。はじめ小さいクラブで歌っていたが、昨年吹き込んだ「プリーズ・プリーズ・ミー」がハイティーンたちにさわがれてヒットし、つづいてことし一月中頃、アメリカのキャピトル・レコードが売出した「抱きしめたい」は発売前に百万枚予約をうけるという人気。三週間目にとうとう第一位になった。ビートルズという名は、ビート族とカブト虫のビートルをもじったもので、曲目はすべて自作自演。さに四人はマッシュルーム・カット(オカッパくずし)の頭にエリなし、ボタン四つのダーク・グレーの〝ビートルズ・ジャケット〟というスタイルを売りものにしている。このほどアメリカへ乗込んで大いにさわがれた。日本でもそのシングル盤が出ているが、ロカビリー下火の日本でどんな反響をしめすか。なおビートルの四人はエリなしのスーツで写真に写っています。ビートルズ最初のあつかいはロカビリー・コーラスだったんですね。
三月七日(土)　新聞記事　パット・ブーン、三月十二日来日　シルテ・シスターズを同行
三月十三日(金)　新聞広告　「女性セブン」三月二十五日号
アメリカの全女性を狂烈の渦中に巻きこんだ、ビートルズ日本に上陸かの見出しが認められます。

三月十三日(金)　夕刊広告　映画『アカプルコの海』
出演エルヴィス・プレスリー。プレスリーは全十一曲歌う。「ボサノバ・ベビー」「アカプルコの海」等

三月十六日(月)　夕刊記事　パット・ブーン公演(三月十四日、新宿・厚生年金会館)
清潔で甘い美声、女性を酔わせるパット・ブーン。「わが心のサンフランシスコ」「アナスタシア」「スター・ダスト」等

……………………………………

三月十九日(木)　夕刊　ヒット盤
流行歌　①梓みちよ：こんにちは赤ちゃん　②坂本九：明日があるさ　③村田英雄：姿三四郎　④舟木一夫：仲間たち　⑤和田弘とマヒナスターズ：男ならやってみな　⑥植木等、谷啓、ハナ肇：学生節　⑦橋幸夫：ああ特別攻撃隊　(都内レコード店調べ)

……………………………………

三月二十九日(日)　夕刊　ヒット盤
ポピュラー　①ビレッジ・ストンパーズ：ワシントン広場の夜はふけて　②ビートルズ：プリーズ・プリーズ・ミー　③レノン・シスターズ：花はどこへ行ったの　④ビートルズ：抱きしめたい　⑤ブレンダ・リー：愛の讃歌　⑥トニー・ダララ：ラ・ノヴィア　⑦モダン・プレイボーイズ：暗い港のブルース　(都内レコード店調べ)

新聞のコメントでは、どの国でどんな曲がはやっているのか――日本のポピュラーファンほどそれを心得ているものはないそうだが、とにかく敏感なだけでなく、よく勉強していると述べています。さらにメーカーでも新味を盛るのに大わらわのようだし、外国も日本は質量ともにいい市場……と、同時発売のケースもふえている。若い女性に人気が出たビートルズは一昨年秋、英国に生まれたコーラスグループ。作詞作曲もほとんど自分たちでやってのけ、ドラムや電気ギターをふんだんに使って歌いまくる。〝騒音〟など悪口もないではないが、「ラブ・ミー・ドゥ」「抱きしめたい」それとこの曲「プリーズ・プリーズ・ミー」と一作ごとに若いファンをとらえた。独特のマッシュルーム・カット(キノコ頭)のヘアスタイルで〝見せる音楽〟のほうにも力を入れているようだ。
以上のように記載されています。ビートルズは最初は、若い女性に人気が出たんですね。

三月三十一日(火) 夕刊 ヒット盤
流行歌 ①梓みちよ：こんにちは赤ちゃん ②坂本九：明日があるさ ③舟木一夫：ああ青春の胸の血は ④江利チエミ：新妻に捧げる歌 ⑤江利チエミ：踊りあかそう ⑥村田英雄：姿三四郎 ⑦克美しげる：さすらい （都内レコード店調べ）

〈一九六四年四月〉

四月六日(日)　夕刊記事　西田佐知子「東京ブルース」ヒット

四月十三日(月)　夕刊記事　カンツォーネの女王ミルバ来日

「タンゴ・イタリアーノ」「フラメンコ・ロック」等がヒット。

四月十四日(火)　NHKテレビ　午後十一時十分〜四十分

ミルバ出演「タンゴ・イタリアーノ」「ミロール」「リコルダ」を歌う。四月十八日産経ホールで公演

四月二十五日(土)　夕刊　ヒット盤

ポピュラー　①ビートルズ：プリーズ・プリーズ・ミー　②トニー・ダララ：ラ・ノヴィア　③ベンチャーズ：ウォーク・ドント・ラン　④キングストン・トリオ：花はどこへ行ったの　⑤ビートルズ：抱きしめたい　⑥ガス・バッカス：恋はすばやく　⑦スール・スノール：ドミニク　(都内レコード店調べ)

四月二十九日(水)　夕刊　ヒット盤

流行歌　①梓みちよ：こんにちは赤ちゃん　②西郷輝彦：君だけを　③舟木一夫：君たちがいて僕がいた　④ペギー葉山：泣きぬれて　⑤西田佐知子：東京ブルース　⑥雪村いづみ：花はどこへ

行ったの　⑦越路吹雪：ラストダンスは私に　（都内レコード店調べ）

このヒットチャートでは、ビートルズとベンチャーズが同時期に入っています。加山雄三&ザ・ランチャーズ（初代）が「ウォーク・ドント・ラン」をカバーしてから二年以上たってからのヒットでした。それだけ加山雄三&ザ・ランチャーズは当時すすんでいたグループだったのですね。

〈一九六四年五月〉
五月七日（木）　新聞記事　映画『ラスベガス万歳』についての評が掲載されています。
この映画にはエルヴィス・プレスリーとアン・マーグレットが出演。この映画ではプレスリーは「ラスベガス万歳」など九曲を歌い、サーフィンという新しいリズムの踊りも披露しています。つまり当時、サーフィンはダンス・リズムの一種で、この年のヒット・リズムだったのです。
五月九日（土）　夕刊記事
この日の夕刊には、秋のサンフランシスコ公演などをひかえて、世代間でビートルズ「抱きしめたい論争」という記事が出ています。
五月十一日（月）　夕刊記事
夕刊に坂本九に黄金盤という記事が出ています。「スキヤキ」つまり「上を向いて歩こう」がついにアメリカで百万枚突破という内容。所属のマナセ・プロのコメントでは「ゴールデン・レコードはレコード界におけるアカデミー賞といえる」とコメントしています。日本人でゴールデン・レコードを受けるのは初めてで、この歌が欧米で評判になったのは昭和三十七年春からだとしています。昭和三十八（一九六三）年には渡米して、八月にテレビ「スティーブ・アレン・ショー」などで「スキヤキ」を歌ったそうです。なおビリー・ボーン楽団も「スキヤキ」をカバーしています。

五月十五日（金）　新聞広告　ジュリー・ロンドン、五月十九日来日予定
五月二十一日〜二十三日東京サンケイホール、五月三十一日京都会館、六月二日大大阪フェスティバルホール、六月四日名古屋市公会堂
五月二十一日（木）　新聞広告　「近代映画」七月号
スター水着パレード。加山雄三等の広告が掲載。
五月二十一日（木）　夕刊　試聴室
パーシー・フェイス・オーケストラ：LP『マンハッタン』　ジュリー・ロンドン：LP『ひとりぼっちのジュリー』　ロバート・グーレー：LP『ロバート・グーレーは歌う』

五月二十三日（土）　夕刊　ヒット盤
流行歌　①舟木一夫：君たちがいて僕がいた　②ペギー葉山：泣きぬれて　③越路吹雪：ラストダンスは私に　④西田佐知子：東京ブルース　⑤克美しげる：さすらい　（都内レコード店調べ）

五月二十四日(日)　夕刊記事　ジュリー・ロンドン、スターらしい雰囲気

「あなたの、男をくすぐるハスキーボイスについて!」ときいたところジュリー・ロンドンは「たぶん、タバコの吸いすぎよ」と答えています。

五月二十六(火)　夕刊　ヒット盤

ポピュラー　①エルヴィス・プレスリー：ラスベガス万歳　②キングストン・トリオ：花はどこへ行った　③ビートルズ：マイ・ボニー　④アストロノウツ：太陽の彼方に　⑤ジョニー・ティロットソン：ポエトリー・イン・モーション　⑥ビートルズ：ツイスト&シャウト　⑦トニー・ダララ：ラ・ノヴィア　(都内レコード店調べ)

この年はサーフィンのリズムが流行とされていました。しかし当初はビートルズの曲がヒットして、サーフィンの曲はぱぁっとしませんでしたが、五月になってアストロノウツの曲がヒットし始めたのです。この時点でのビートルズのヒット曲は、意外にもオリジナル曲ではなくカバー曲のヒットだったのです。

五月三十日(土)　夕刊記事　「ワシントン広場の夜はふけて」のポピュラーバンド、ザ・ビレッジ・ストンパースが来日。

〈一九六四年六月〉

六月一日(月)　文化放送　深夜零時四十五分〜一時　「ミュージック・ハント」

ミッチ・サハラ、当時十七歳がＤＪで放送。「渚のデイト」コニー・フランシス、「ラスト・デイト」ローレンス・ウェルク楽団等をオンエア。

六月三日(水)　夕刊広告　映画『やめないで、もっと！　ＢＥＡＣＨ　ＰＡＲＴＹ』

出演フランキー・アバロン、アネット・フニチェロ。サーフィン・バンドとしてディック・ディルとデルトーンズが出演。サーフィン・リズムの話題大作として紹介。

映画『危険がいっぱい』出演アラン・ドロン、ジェーン・フォンダ。監督ルネ・クレマン

六月四日(木)　夕刊記事　オスカー・ピーターソン・トリオ演奏会、あふれるスイング感とありました。

六月五日(金)　夕刊広告　映画『ハートでキッス』出演コニー・フランシス

六月七日(日)　新聞記事　ピーター、ポール＆マリー　六月十一日来日

一九六二年春「レモントゥリー」でデビュー。「パフ」「風に吹かれて」「花はどこへ行った」を続けてヒット。

六月八日(月)　夕刊　試聴室

ロジャー・ウィリアムス：ＬＰ『ロジャー・ウィリアムス』　マントバーニ：ＬＰ『マントバーニ・ポップス』　ハワイコールルズ：ＬＰ『ハワイコールルズのすべて』

ハワイアン花ざかりと書かれていました。

六月十三日(土) NHKテレビ 午後十時十五分~五十分 「夢であいましょう」「アラン・ドロンがいっぱい」

六月十三日(土) 夕刊記事 カトリーヌ・スパーク〝なぎさムード〟をまきちらす、セパレーツの水着と紹介。

六月二十日(土) 夕刊記事 ピーター、ポール&マリー、都会的な鋭い感覚と書かれています。

六月二十四日(水) 夕刊 ヒット盤
流行歌 ①舟木一夫:君たちがいて僕がいた ②石原裕次郎:僕はお前に弱いんだ ③梓みちよ:こんにちは赤ちゃん ④日野てる子:カイマナ・ヒラ ⑤雪村いづみ:花はどこへ行ったの ⑥坂本九:幸せなら手をたたこう ⑦西田佐知子:東京ブルース (都内レコード店調べ)

六月二十九日(月) 夕刊 ヒット盤
ポピュラー ①アストロノウツ:太陽の彼方に ②エルヴィス・プレスリー:ラスベガス万歳 ③マット・モンロー:ロシアより愛をこめて ④キングストン・トリオ:花はどこへ行ったの ⑤ビートルズ:ツイスト&シャウト ⑥ビートルズ:マイ・ボニー ⑦ダイアン・リネイ:ネイビー・ブルー (都内レコード店調べ)ギター・インスト・グループであるアストロノウツが大ヒット。

〈一九六四年七月〉

七月一日(水)　夕刊記事　映画『太陽！　太陽！　太陽！』カンツォーネの魅力を生かす。監督・出演ドメニコ・モドゥニョ。「ボラーレ」「チャオ・チャオ・バンビーナ」等を歌う。

七月七日(火)　夕刊記事　日本語で吹込む外人歌手　イベット・ジロー、トリオ・ロス・パンチョス、ミルバ「ウナ・セラ・ディ東京」、トニー・ダララ「どうして君が忘れられよう」、ジリオラ・チンクェッティ「夢みる想い」、ポールとポーラ「二人で星をさがそうよ」等があげられていました。

七月十三日(月)　記事　音楽映画でくつろぐ　歌手ではビートルズ、リズムではサーフィン、それにイタリアのカンツォーネものとなっています。次の音楽映画が紹介されています。

①ビートルズ：ヤァ！　ヤァ！　ヤァ！　ビートルズがやってくる　②ジェームス・ダーレン、パメラ・ティフィン：踊れ！　サーフィン(ナンシー・シナトラ、クローティア・マーティンも出演)　③クリフ・リチャード：太陽と遊ぼう(サマー・ホリディ)　④ドメニコ・モデューニ：太陽！　太陽！　太陽！　(「ボラーレ」を大ヒットさせている)　⑤シルヴィー・バルタン、ジョニー・アリディ：アイドルを探せ　⑥エルヴィス・プレスリー：キッスン・カズン(ただし秋に公開)　⑦ミーナ、トニー・レンス：サンレモ乾杯

七月十四日(火)　夕刊　ヒット盤

ポピュラー　ミリー・スモールによるスカでの「マイ・ボーイ・ロリポップ」を紹介。

七月十八日(土)　夕刊記事　七月七日、ロンドン・ピカデリー劇場でビートルズ主演の映画『ア・ハード・デイズ・ナイト』の試写会をおこなったと記載。

七月二十日(月)　夕刊広告　映画『太陽と遊ぼう(サマー・ホリディ)』主演クリフ・リチャード。「サマー・ホリディ」「バチェラ・ボーイ」等十四曲。

七月二十四日(金)　夕刊　ヒット盤　ポピュラー

売れる「夢みる想い」として次のように述べられています。

イタリアのサンレモ音楽祭は、今年(十四回)から趣向を変えて、外人歌手の出場を認めた。アメリカからフランキー・レイン、ポール・アンカ、ジーン・ピットニーらが加わり、一人ずつ本場のイタリア人歌手と組んで同じ曲を歌った。大物ぞろいのカンツォーネ大会だっただけに順位が競り合い。結局、第一位をさらったのが十六歳の少女歌手、ジリオラ・チンクェッティ。その「夢みる想い」は、すでに梓みちよも歌い、チンクェッティ自身も日本語で流しているが、原曲のほうがよく売れている。「ほほにかかる涙」もこのときの入賞曲で、チンクェッティを追う。この二人にしろ、このところポピュラー界はヨーロッパ勢が強いが、やはりメロディーが日本人にむくからだろう。ポールとポーラの「二人の星をさがそうよ」は二人の来日を機会に吹き込んだもの。

①アストロノウツ：太陽の彼方に　②マット・モンロー：ロシアより愛をこめて　③ジリオラ・チンクエッティ：夢みる想い　④ボビー・ソロ：ほほにかかる涙　⑤ビートルズ：ツイスト・アンド・シャウト　⑥エルヴィス・プレスリー：キス・ミー・クイック　⑦ポールとポーラ：二人の星をさがそうよ　（都内レコード店調べ）

…………………………………………

七月二十五日(土)　夕刊広告　「映画音楽」三十四号

「太陽と遊ぼう」〃サマー・ホリディ〃〃バチェラ・ボーイ〃収録。その他〃ハートでキッス〃〃太陽の彼方に〃〃夢のハワイ〃等も収録。

七月二十五日(土)　夕刊ヒット盤　流行歌

この夏の流行歌は、ヒットが少なく、せいぜい「幸せなら手をたたこう」くらいだ。越路の「ラストダンスは私に」にしろ、ペギー葉山の「泣きぬれて」にしろ、大橋のものにしろ、二、三年がかりのもの。古い歌の人気が続くのはファンもおちついて、しっかり大人の歌手をもとめるせいかもしれない(この時代のヒット曲にはこんなエピソードもあったのですね)。

…………………………………………

①石原裕次郎：俺はお前に弱いんだ　②ペギー葉山：泣きぬれて　③三波春夫：東京五輪音頭　④坂本九：幸せなら手をたたこう　⑤田辺靖雄：二人の星をさがそうよ　⑥大橋節夫とハニー・アイランダーズ：倖せはここに　⑦越路吹雪：ラストダンスは私に　（都内レコード店調べ）

〈一九六四年八月〉

八月九日(日)　夕刊記事　八月十五日、リトル・ペギー・マーチ来日

彼女はデビュー曲「アイ・ウィル・フォロー・ヒム」が大ヒット。一月には、イタリアのサンレモ音楽祭でクラウディア・ビルラと「愛の足音」を歌った。

八月十五日(土)　夕刊　試聴室

ハービー・マン：LP『リオの夜』　ルイ・アームストロング：LP『ハロー・ドリー』

八月二十七日(木)　夕刊記事　映画『赤ひげ』のまさえ役に決定した内藤洋子、鎌倉の開業医の娘。

八月二十七日(木)　夕刊ヒット盤

ポピュラー　①ジリオラ・チンクェッティ：夢みる想い　②ボビー・ソロ：ほほにかかる涙　③ビートルズ：ビートルズがやってくるヤア！　ヤア！　ヤア！　④ピーターとゴードン：愛なき世界　⑤アストロノウツ：太陽の彼方に　⑥ミリー・スモール：マイ・ボーイ・ロリポップ　⑦ビートルズ：マイ・ボニー

八月二十九日(土)　夕刊　ヒット盤
流行歌　①石原裕次郎：俺はお前に弱いんだ　②ペギー葉山：ラ・ノビア(泣きぬれて)　③田辺靖雄：二人の星をさがそうよ　④園まり：花はどこへ行った　⑤橋幸夫：恋をするなら　⑥三波春夫：東京五輪音頭　⑦北原謙二・谷由美子：若い君若い僕　(都内レコード店調べ)

〈一九六四年九月〉
九月六日(日)　夕刊記事
この日のテーマはカンツォーネばやりと出ています。サンレモ音楽祭が日本でも話題になり、九月十七日よりイタリアから十一人の歌手が来日して各地でコンサートを開くとされています。このなかには、セルジオ・エンドリゴ(一九六九年にメリー・ホプキンで知られるようになった『瞳はるかに』の作者・歌手)、ジミー・フォンタナ、ジャンニ・モランディ等が含まれていました。
九月十二日(土)　夕刊　試聴室
マントバーニ・オーケストラ：LP『キスメット』　パーシー・フェイス・オーケストラ：LP『若い恋人のために』　バーブラ・ストライザント：LP『バーブラ・ストライザント　アルバム第二集』
九月十八日(金)　ニッポン放送　午後七時三十分～八時　「インストゥルメンタル英米合戦」

ベンチャーズ「ウォーク・ドント・ラン」「バンブル・ビー・ツイスト」「裸足のベンチャーズ」、シャドウズ「アパッチ」「FBI」「ブライトゥンド・シティ」「36／24／36」
九月三十日(水) 夕刊記事 九月二十七日、新宿厚生年金会館ボビー・ライデル公演
イタリア系の歌手で「ボラーレ」等が好評であった。

〈一九六四年十月〉

十月十四日(水) フジテレビ 午後九時三十分～四十五分 「スター千一夜」

加山雄三&ザ・ランチャーズ・ジュニア、上原謙、小桜葉子出演
加山雄三&ザ・ランチャーズ・ジュニアとして「ベサメ・ムーチョ・ツイスト」を演奏。東京オリンピックの期間中での出演。なお十月十五日(木)に日本は金メダルを三つとります。

十月十四日は加山雄三&ザ・ランチャーズ・ジュニアのテレビデビューであり、ある意味で日本のポップス・ロックの革命の第一シーンといってよいと示唆されます。それまでブルー・ジーンズやブルー・コメッツ等のバンドがデビューしていましたが、コマーシャル・ベースなバンドであり、コマーシャルな側面とは無縁なところから出現した加山雄三&ザ・ランチャーズは、ある意味では特異的な存在です。ですから、当時はアマチュア・バンドの最高峰等と言われていたのでした。

そして当時の自宅のガレージ録音について加山は『加山雄三 I AM MUSIC 音楽的人生論』(講談社刊)のなかでつぎのように述べています。……また、面白かったのがガレージ録音。

僕の場合は、実際にガレージにレコーダを持っていって録音していた。全部にエコーがかかるのは納得がいかない。ベースには絶対にエコーをかけたくないと思うから、ヴォーカルだけを玄関脇の僕の部屋からラインを引っ張ってガレージの中に入れて音を出す。それをマイクで拾ってまた戻す。そこでテープレコーダーにつなぐ。すると、返ってきた音にはエコーがかかっているが、生で演奏している音にはエコーが入っていない。だから、ベースはそのままで、歌だけにエコーがかかっていることになるのである。（当時、加山雄三の茅ヶ崎の自宅は、天井からすべてコンクリートを打って造ってあるガレージがあったそうです。まさにアメリカ・ウエスト・コーストのガレージ・サウンドそのものですね。そして加山雄三&ザ・ランチャーズ・ジュニア（二代目ランチャーズ）は、従兄弟の喜多嶋瑛・修兄弟等とバンドを組んでいたので、ある意味で、ブライアン・ウィルソン等のビーチ・ボーイズに似ているのです。また加山雄三は、従兄弟やバンドの仲間たちも一緒にアイデアを出し合ったり、作業を分担しながら工夫していた……とも述べています。日本のガレージ・サウンド、強いて言えば、日本のポップスの誕生は、加山雄三の自宅、つまりは湘南・茅ヶ崎といえるのではないでしょうか。

当時、アメリカからビーチ・ボーイズの状況など明確ではなかったでしょうから、日本で知らないうちに、アメリカと同様の音楽スタイルが誕生したのです。これは革命です。

十月二十三日㈮　服部公一からの音楽の旅・ヨーロッパ　ビートルズに酔う若人の記載。

十月二十八日(水)　夕刊ヒット盤
ポピュラー　①O・S・T：ブーベの恋人　②ジリオラ・チンクェッティ：夢みる想い　③ボビー・ソロ：ほほにかかる涙　④デイブ・クラーク・ファイブ：ビコーズ　⑤ロニーとディトナス：G・T・Oでぶっとばせ　⑥ブレンダ・リー：月に飛ぶ思い　⑦ペギー・マーチ：なぜだか判らない（都内レコード店調べ）

　曲のはじめに自動車の疾走音を入れた「G・T・Oでぶっとばせ」は、サーフィンにつぐニュー・リズムといわれるホット・ロッド。もともとこの言葉は、中古車に強烈なエンジンをつけてとばす遊びと書かれていました。この十月は一九六三年八月に「DEDICATED」等を発表して、日本のポップス界の先端をいっていた加山雄三がランチャーズ・ジュニア(第二期ランチャーズ)を率いて、さっそうとテレビ界に出現した月ともいえそうです。これが第一の革命です。

〈一九六四年十一月〉
十一月二十九日(日)　試聴室
ポピュラー　O・S・T：LP『マイ・フェア・レディ』　マントバーニ：LP『世界への旅』　メラクリーノ：LP『あなたと夜の音楽』　ディーン・マーティン：LP『だれかがだれかを愛してる』

〈一九六四年十二月〉

十二月五日(土)　夕刊　ヒット盤

流行歌　①和田弘とマヒナスターズ：お座敷小唄　②橋幸夫：恋をするなら　③青山和子：愛と死をみつめて　④吉永小百合：愛と死のテーマ　⑤こまどり姉妹：祇園エレジー　⑥舟木一夫：右衛門七討入り　⑦石原裕次郎：俺はお前に弱いんだ　(都内レコード店調べ)

十二月七日(月)　夕刊　ヒット盤

ポピュラー　①シルヴィー・バルタン：アイドルを探せ　②O・S・T：ブーベの恋人　③ビートルズ：マッチボックス　④ボビー・ソロ：ほほにかかる涙　⑤ビートルズ：恋をするなら　⑥ロニーとディトナス：G・T・Oでぶっとばせ　⑦オードリー・ヘップバーン：踊りあかそう　(都内レコード店調べ)

この時期はミュージカルが人気があったと記されています。

十二月十一日(金)　夕刊広告　映画『ほほにかかる涙』　出演ボビー・ソロ

映画『青春カーニバル』主演エルヴィス・プレスリー。プレスリーが歌う全十一曲「青春カーニバル」「リトル・エジプト」等。

十二月十五日(火)　夕刊記事　射殺された人気歌手、サム・クック

十二月十六日(水)　夕刊記事

この年のポピュラー音楽界は、世界的にカンツォーネ・ブームだったが、いわゆるメッカであるイタリアのサンレモ音楽祭は、例年のように一月末に開催される。本国からクラウディラ・ビルラ、ミルバ、ボビー・ソロ、アメリカからバーブラ・ストライザント、ポール・アンカ、ニール・セダカ等が出演予定と記載。

十二月二十日(土)　夕刊　ヒット盤

流行歌　①和田弘とマヒナスターズ：お座敷小唄　②青山和子：愛と死をみつめて　③園まり：何も言わないで　④石原裕次郎：俺はお前に弱いんだ　⑤美空ひばり：柔　⑥岸洋子：夜明けのうた　⑦梓みちよ：リンデンバウムの歌　(都内レコード店調べ)

さまざまな音楽本に一九六四年は日本では海外のヒット曲のカバー曲が大ヒットしていたような記載が認められますが、実際のヒットチャートを見ると、カバー曲のヒットは弘田三枝子や越路吹雪の曲などで、いわゆる流行歌(歌謡曲)がヒットしていたという事実が見えてくるのです。当時の日本全国のヒット状況を示す、いわゆるナショナル・チャートは存在しないのですが、新聞誌上のヒットチャート(おそらく一日に一千万部以上発行)が明確に事実を示していると示唆されます。都

内レコード店調べなので、ある意味で東京ローカルかもしれませんが、同じ条件で十年以上続けているチャートは日本にはないので重要です。特に六〇年代前半の記録はほとんどないのです。ラジオ番組等のチャートは、リクエスト数などで構成されることもあり、販売枚数を反映していない可能性もあるからです。加山雄三&ザ・ランチャーズが音楽界にレコードデビュー(加山単独ではすでにデビュー)前の状況ではこんな様子だったのです。そういう観点から「DEDICATED」を聴いてみると、歌謡曲ではなくアメリカン・ポップスであることが明確になってくるのです。

十二月二十八日(月) 夕刊 ヒット盤
ポピュラー ①シルヴィー・バルタン:アイドルを探せ ②ビートルズ:マッチ・ボックス ③O・S・T:ブーベの恋人 ④ペギー・マーチ:霧の中の少女 ⑤キンクス:ユー・リアリー・ゴット・ミー ⑥オードリー・ヘップバーン:踊りあかそう ⑦ボビー・ソロ:ほほにかかる涙
(都内レコード店調べ)

記事の見出しに歯切れのいいキンクスとあります。キンクスはヒット曲をだしていたのですね。ブリティッシュロックについての本を読むと、「ユー・リアリー・ゴット・ミー」が日本でヒットしたことなどほとんど記載されていません。いかに日本のヒット状況をきちんと調べていないかがよくわかります。こういう現象がおこるのは、日本のポピュラー音楽史というものをきちんと調査しないで、海外の本を参考にして書いているからだと考えられます。

〈一九六四年にリリースされた曲〉

［一月］　クリフ・リチャード「レッツ・メイク・ア・メモリー」

［二月］　ビートルズ「抱きしめたい／こいつ」ピーター、ポール＆マリー「花はどこへ行った」

［三月］　ビートルズ「プリーズ・プリーズ・ミー／アスク・ミー・ホワイ」ベンチャーズ「ウォーク・ドント・ラン／イエロー・バード」クリフ・リチャード「リビング・ドール」

［四月］　シャドウズ「嘆きのジェロニモ」クリフ・リチャード「淋しいだけじゃない」ビーチ・ボーイズ「ファン・ファン・ファン」ビートルズ「シー・ラヴズ・ユー／アイル・ゲット・ユー」「キャント・バイ・ミー・ラヴ／ユー・キャント・ドゥ・ザット」「フロム・ミー・トゥ・ユー／アイ・ソー・ハー・スタンディング・ゼア」

［五月］　ビートルズ「ツウィスト・アンド・シャウト／ロール・オーバー・ベートーヴェン」「ドゥ・ユー・ウォント・トゥ・ノゥ・ア・シークレット／サンキュー・ガール」「オール・マイ・ラヴィング／ラヴ・ミー・ドゥ」

［六月］　ビーチ・ボーイズ「夢のハワイ／サーファー・ムーン」ビートルズ「プリーズ・ミスター・ポストマン／マネー」

［七月］　ベンチャーズ「パイプライン／ロンリー・シー」ピーター、ポール＆マリー「レモン・

トゥリー」ビーチ・ボーイズ「アイ・ゲット・アラウンド」
［八月］クリフ・リチャード「バッチェラー・ボーイ／ネクスト・タイム」ビートルズ「ア・ハード・デイズ・ナイト／今日の誓い」
［九月］　ビートルズ「恋する二人／ぼくが泣く」
［十月］　ビートルズ「アンド・アイ・ラヴ・ハー／恋におちたら」ビーチ・ボーイズ「リトル・ホンダ」
［十一月］シャドウズ「ゴンザレス」ビートルズ「マッチ・ボックス／スロー・ダウン」ピーター、ポール＆マリー「５００マイルもはなれて」ビーチ・ボーイズ「パンチで行こう」

〈一九六四年のまとめ〉
東京オリンピックが開かれた年であり、まさに開催中の十月、加山雄三＆ザ・ランチャーズ（喜多嶋瑛・修を含む高校生バンドといってもよいファミリー・バンド）がテレビデビューを果たします。日本ポップス・ロック界の夜明けといってもよいのではないでしょうか。ビートルズはヒットを飛ばしていますが、日本人の多くは流行歌（歌謡曲）の世界にいるのです。

第四章　一九六五年

〈一九六五年一月〉

一月一日(金)　一月一日〜六日まで　日劇新春スターパレード

加山雄三、ザ・ランチャーズ、宝田明、星由里子、浜美枝、中尾ミエ出演

加山は、加山雄三&ザ・ランチャーズとして喜多嶋修、大矢茂等を従えてステージに立っている写真があります。中央にはマイクスタンドが立っているので演奏とともに歌ったと考えられます。つまりロック・コンボとして日劇のステージに立っているのです。その後一月三日から始まるザ・ベンチャーズ、アストロノウツ、ブルー・ジーンズ等のコンサートよりも二日も早く日本でステージに立っていたのです。ベンチャーズやアストロノウツの大ヒットがあったので誰も気づかなかったのだと思います。とにかく加山雄三&ザ・ランチャーズ(ランチャーズ・ジュニア、二代目ランチャーズ)は、一九六四年十月十四日にテレビでデビューし、一九六五年一月一日には日劇のステ

ージで演奏していたのです。喜多嶋修は当時のステージをかまやつひろしが見て「いいなぁ」と言っていたのをよく覚えていると述べてました。

一月十九日(土)　夕刊記事　ビートルズ、三百万枚売るとあります。ビートルズのレコードが日本のファンに親しまれて一年。シングル、LPあわせて三百万枚。ひとつのグループが短期間にこれだけ売り上げたのは初。このほどこのグループ四人にれぞれゴールデンレコードを贈った。

一月二十八日(木)　夕刊　ヒット盤(LP盤)
ポピュラー　①シルヴィー・バルタン：夢のアイドル　②ビートルズ：ビートルズがやってくるヤア！　ヤア！　ヤア！　③ミルバ：カンツォーネ大全集　④アルフレッド・ハウゼ楽団：コンチネンタル・タンゴのすべて　⑤マランド楽団：コンチネンタル・タンゴ

LP盤でもビートルズは売れていたのですね。それ以上にシルヴィー・バルタンが売れていたとは、ちょっとびっくりです。

〈東京インストルメンタル・クラブ(TIC)〉
ここで一九六〇年前半の日本のバンド状況についてふれておきます。
東京インストルメンタル・クラブ(TIC)は当時、銀座ヤマハの主任だった方がエレキギター・

ブームを見越して、都内の学生バンドを集めて作ったサークルでした。このTICが一九六四年十月三日、ヴィデオ・ホールに於いて第一回の旗揚げコンサートを開いています。慶應義塾大学の学生バンドであるプラネッツ（堤光生、岩崎道夫他が参加）やフィンガーズ（プラネッツのメンバーより一年下の成毛滋、高橋信之（弟は高橋幸宏）などが存在しました。フィンガーズは、成毛滋を擁し、各地のエレキ・コンサートを荒らしまわっていたそうです。なお「勝ち抜きエレキ合戦」では、グランドチャンピオンにも輝いています。この頃の状況について堤光生は次のように述べています。

「その頃（一九六四〜六五年頃）、ブルー・ジャンクメンと名のっていて、日本TVの五歩一（慶應義塾大学出身でイベントサークルの風林火山の初代リーダー）という人が中心になって作っていた〝東京インストゥルメンタル・サークル〟、通称TICという組織に入っていました。ワイルド・ワンズの植田君なんかはここの出身です。そこで東京六大学のエレキバンドが、毎晩のようにしのぎ削り合ったりしていたんです。同じ学校（慶應）では成毛滋（や高橋信之ら）がフィンガーズというバンドをやっていたネ。そして、実はここからが重要なんだけど、そのグループのなかで立教大学の学生が作っていた立教ビートニクスというバンドがいたんですよ。このバンドは、〝Cruel See〟演らせたらベンチャーズよりうまいって評判で、TICのなかでもピカ一のグループだったんです。当時ベンチャーズの公演を成毛なんかとよく見に行っていたんですが、あるとき彼らの楽屋に忍び込んで、彼らの使用しているギターのゲージ（弦）をさわってみて、われわれはビックリしてしまったんです。いまから思えばなんのことはない、彼らはそのとき、当然の如くライトゲージ、つまりやわらかい弦を使っていたんですね。TIC時代のあとにランチャーズに参加することになります。この時点でランチャーズというのは、加山雄三さんと加山さんの従兄にあたる喜多嶋瑛・喜多嶋修君と大矢茂君の四人グループだったんですが、喜多嶋修君と大矢君の二人が、その頃まだ高校に通っていましてね。当時高校生がテレビやステージでエレキを演ることが、大分うるさく言われていたんです。それで喜多嶋さん(ランチャーズのメンバーの喜多嶋兄弟の父上)の依頼で、私とその後東芝に入った岩崎君が、二人の高校生の代わりにランチャーズに加入したんです。加入したといってもわれわれ二人(堤と岩崎)は、自分たちの立場をはっきりさせたかったから、雑誌の取材やテレビ・ラジオのインタビューやなんかは極力お断りしたんです。あくまでエキストラでしたからね。

ランチャーズに加入していたのは一年位で、大学四年生になって、こんなことばかりしていられないってんで、ぼくと岩崎は、現在東芝の洋楽制作をやっている石坂敬一君(元ワーナーミュージック・ジャパン社長)をわれわれの後釜として渡辺プロに紹介して辞めたわけです。「真冬の帰り道」の大ヒットでおなじみのランチャーズは、石坂君も辞めた後、現在キャニオン・レコードで邦楽ディレクターとして数々のヒット曲を放っている渡辺有三君をベーシストとして加入させて、大学に入学して、晴れて名実共にランチャーズのメンバーになった二人(喜多嶋修、大矢茂)と喜多嶋瑛君の四人で構成されていたんです」(「エレキ・インスト大全」バーン・コーポレーション刊)

また堤は、後にエピック・ソニーの洋楽担当ディレクターとなり、エジソン・ライト・ハウスの「恋のほのお」を担当し、大ヒットさせています。また洋楽担当ディレクター時代に、シュガー・

ベイブの第二弾アルバム制作の話もでていたそうですが、シュガー・ベイブが解散してしまったため実現しなかったという話も残っています。

〈堤光生の証言〉

ベンチャーズへとりくんだときのこと(『ザ・ベンチャーズ』河出書房新社)に、堤の証言がのっているので引用します。

「なんと言ってもベンチャーズでしたね。私はアメリカのヒット・チャートものが好きでよくFENなんかをチェックしてて、それでベンチャーズの『ウォーク・ドント・ラン』を聴いたんですよ。そして、ああ、こういうのでバンドできないかなあって。学校の友達とエレキ買ってコピーしたんですよ。そしたらもっと聴きたくなって、LPも欲しくなったんです。それで銀座の山野楽器で輸入盤を取り寄せてもらって、同時にドラムとベースを入れて本格的にバンドをやりだしたのが、一九六一年六月くらいだったかな。

その後、ボビー・ヴィーとベンチャーズが来る(一九六二年の初来日)っていう人で十六人くらいで作ってたボビー・ヴィー・ファンクラブをそのままベンチャーズの私設ファンクラブみたいにしてコマに行ったりしましたね。チャートをチェックしていると、いろいろなインストゥルメンタルのバンドに出会うんですけど、ギターだけがメロディを弾いてフィーチャーされてるわけですからね。それまでのギター・ソロっていうと、ビル・ヘイリーの『ロック・アラウンド・ザ・クロック』やプレスリーの間奏のソロとかだけど、それもコード・ワークの変形的なものでしたから、とても斬新に聴こえましたね。またドラムがメル・テイラーになってからのベンチャーズが画期的だったんですよね。バスドラがいわゆるロックのドーン・ツ・ドン、ドーン・ツ・ドンって感じで。これは新鮮でした。ベンチャーズを知れば知るほど、どんどん深く音楽にはまってく感じでしたね。何よりもベンチャーズは、自分でもやりたいと思わせる音楽でした」

〈慶應のバンド／湘南系と東京系〉

ではここで、ランチャーズをとりまくバンドについて述べていきます。

ランチャーズ、プラネッツ、フィンガースの共通項とはいったい何なのでしょうか。それはメンバーが慶應義塾大学関連の人たちだったのです。当時のエレキギターを中心とするバンドは、エレキギター等の楽器の値段が高価で、裕福な家の子弟しかバンドをつくることができませんでした。ランチャーズの加山雄三、喜多嶋瑛、喜多嶋修等は茅ヶ崎(湘南)で、プラネッツ、フィンガース等は東京でそれぞれバンドを結成したのです(さらに後にユニバーサル・ミュージックの社長となる石坂敬一も慶應で、ジ・アウトローズというバンドで活動し、石坂自身が一回だけ加山雄三&ザ・ランチャーズのエキストラ・メンバーとして参加したことがあったそうです)。つまり慶應のバンドには二つの流れがあったと考えられるのです。一つはランチャーズに代表される湘南慶應系(後に加瀬邦彦&ザ・ワイルド・ワンズとしてデビューする加瀬も一時期茅ヶ崎在住で加山雄三に音楽の手ほどきをうけたので湘南系と考えられます)、そしてプラネッツ、フィンガースに代表される東京慶應系と二分されることになります。

前述のごとく湘南系のほうが一九六一年頃より加山雄三&ザ・ランチャーズをスタートさせ、一九六二年頃より、フィンガースの母体となったグループが活動を始めたのです。そして両者とも途中でメンバーチェンジし、さらには東京系のバンドであったプラネッツのメンバーである堤光生と岩崎道夫がランチャーズおよびフィンガースのエキストラ・メンバーとなり、両者の架け橋的存在となるのです。一九六四年十月、実質的にデビューした加山雄三&ザ・ランチャーズ(第二期)が一九六五~六六年にかけて大ブレイクし、フィンガースはTICを代表して一九六六年五月にフジテレビ「勝ち抜きエレキ合戦」に出場し、四週勝ち抜いてグランド・チャンピオンになり、六月の「歴代グランド・チャンピオン大会」でも優勝して、エレキ日本一になり、全国にTICの実力をみせつけたのでした。そして、フィンガースは一九六七年二月にユニオン・レコードよりシングル曲「灯のない町」(インストゥルメンタル)でデビューし、たまたまこの曲がラジオから流れてきて、私自身は大好きになり、当時すぐレコード店で買ったのでした。ただし「灯のない町」は美しい曲だったのですが、ヒットにおよびませんでした。このフィンガースの高橋信之の弟がその後、サディスティック・ミカ・バンドやYMOで活躍する高橋幸宏(当時はブッタス・ナルスィッスィのドラム)がいて、彼もフィンガースのエキストラ・メンバーとして活動することがあったそうです。つまり一九六〇年代の慶應の学生バンドは、日本のロック・ポップス界にさまざまな影響を及ぼし、人脈的にもつながっていたことになります。こうして見ていくと一九六〇年代の日本のロック・ポップス界で一歩も二歩もリードしていたのが、湘南慶應系つまりは加山雄三&ザ・ランチャーズということになります。

ここでフィンガースについてふれておきます。

フィンガースの母体となったのは一九六二年、当時慶應高校一年であった高橋信之(G)、朝吹誠(Drs)、斉藤茂一(B)、鈴木英夫(G)らがバンドを結成し、後に鈴木にかわって成毛滋が参加することで始まりました。その後、慶應の先輩だったブルー・ジャンクメン(後にザ・プラネッツ、堤光生らが参加していた)にベンチャーズやトレモロアームを教わり、ベンチャーズの曲も演奏するようになったそうです。そしてメンバーが五名だったことから、バンド名はザ・フィンガースとなりました。一九六四年四月、立教大学のザ・ビートニクスを中心にアマチュア・バンドのサークル(TIC＝Tokyo Insbrumental Circle)が結成され、ザ・フィンガースも創立メンバーとして参加。このときのTICには、三笠宮、都倉俊一、小松久(後のヴィレッジ・シンガーズ)等もいたそうです。以下、第一期フィンガースから第五期フィンガースのメンバーおよびエキストラ・メンバーです。

[第一期フィンガース]高橋信之　成毛滋　三野村清雄　朝吹誠　斉藤茂一

成毛滋：ブリジストン創業者・石橋正二郎の孫

斉藤茂一：斎藤茂吉の孫

朝吹誠：東京オリンピック関連の功労者、衆院議長石井光次郎の孫、おばに朝吹登水子
三野村清雄：三井財閥の基礎を築き上げた三野村利左衛門の家系
［第二期フィンガース］高橋信之　成毛滋　朝吹誠　斉藤茂一
［第三期フィンガース］一九六五年三月
高橋信之　成毛滋
エキストラ・メンバー、関口恵一（ザ・ヴィンデイケイターズのｄｒｓ）　鈴木久（ザ・コミックスＧ）　大隈勲弘（プラネッツのｄｒｓ）　堤光生（プラネッツＢ）　岩崎道夫（プラネッツＢ）　西沢真博（ザ・ルーレッツＢ）　高橋ユキヒロ
［第四期フィンガース］　高橋信之　成毛滋　関口恵一（ｄｒｓ）　高須研一郎（Ｂ）　蓮見不二男（クリストファー・レン）（Ｖｏ　Ｇ）

一九六六年五月　ＴＩＣ代表
フジテレビ「勝ち抜きエレキ合戦」グランド・チャンピオン

［第五期フィンガース］一九六七年十二月二十二日
高橋信之　成毛滋　シー・ユー・チェン（Ｂ）　蓮見不二男（クリストファー・レン）　松本幸三（ｄｒｓ）

一九六五年三月には諸事情でザ・フィンガースは高橋信之と成毛滋の二人になってしまいました。そのとき、エキストラ・メンバーとして参加したのがプラネッツのメンバーである堤光生と岩崎道夫。そして一九六六年頃を中心にランチャーズの喜多嶋修と大矢茂の代役としてランチャーズのエキストラ・メンバーとして堤光生と岩崎道夫はランチャーズに参加することになります。つまり、堤光生と岩崎道夫はプラネッツのメンバーでありながら、フィンガースやランチャーズにも関与してくることになるのです。その後フィンガースは一九六五年八月にドラムの関口恵一、ベースの高須研一郎が参加し、一九六六年一月に蓮見不二男(クリストファー・レン)がヴォーカル、キーボードとして参加します。一九六六年五月にはフジテレビ「勝ち抜きエレキ合戦」でグランド・チャンピオンになります。一九六七年六月七日にTICは日本青年館でのコンサートを最後に活動を終えました。なお、フィンガースは高橋、成毛、蓮見の三人に加え、TICに所属していたザ・ディメンションというアメリカン・スクールの学生バンドにいたシー・ユー・チェンがベースで参加し、GSとして再デビューすることになります。またザ・ディメイションのメンバーとして活動していたドラマーであるジョー・パーカは、実はザ・ワイルド・ワンズに参加する植田芳暁でした。つまり植田はTICのメンバーであったことになります。

〈フィンガースと本城和治〉

フィリップス・レコードのディレクターとして六〇年代より活動した本城和治は次のように述べ

ています（『みんなGSが好きだった』主婦と生活社）。

「あの頃（一九六五年）は、日本ビクター株式会社のフィリップス・レコード事業部というところで、フィリップス・レーベルのものを扱ってたわけです。制作から宣伝、販売に至るまで、独自に営業もやっていました。で、僕が最初に自分でやろうと思ってデモ・テープをとったのがね、スパイダースじゃなくて、なんと成毛滋（高橋信之）のフィンガースだったんですよ。当時、築地にスタジオがありましてね、そこで四曲とったんですけど、それは世に出てないんです。そのあと彼らはテイチク（ユニオン）と契約してそこでレコーディングしたのが世に出たやつなんです（一九六七年二月「灯のない街」）。何で僕がそれをやらなかったていうと、ま、それは個人で決められる問題じゃないし、本社サイドの問題もあったんですが、これ以前にやっぱり僕は、ただエレキ・ブームだからインストで、という時代じゃないかという想いもちょっとありましてね。フィンガースにしても、僕はヴォーカルをいれて、歌ものっていうか〝ヴォーカル・インストゥルメンタル・グループ〟にすべきだって言っていろいろ探したんだけど、いいヴォーカルが見つからないままに、急きょスパイダースの話がきたんでそっちに行ったわけです」

以上のように六〇年代初頭から中頃にかけてランチャーズ、プラネッツ、フィンガース等はメンバーが相互していたのです。

〈一九六五年二月〉
二月四日(木)　TBSラジオ　午後九時三十分〜十時
「ビーチ・ボーイズ・コンサート」「ファン・ファン・ファン」「いかしたクーペ」を放送
二月十七日(水)　夕刊記事
米で大人気、ローリングストーンズ。日本ではシングル盤六枚　LP二枚。日本のファンはまごついている感じで、ぼつぼつ話題になってきた……と書かれています。

二月二十五日(木)　夕刊　ヒット盤
ポピュラー　①ベンチャーズ：ダイアモンド・ヘッド　②ミーナ：砂に消えた涙　③サーチャーズ：恋の特効薬　④ビートルズ：ロックン・ロール・ミュージック　⑤ビートルズ：アイ・フィール・ファイン　⑥デル・シャノン：太陽を探せ　⑦ベンチャーズ：十番街の殺人　(都内レコード店調べ)

一月のベンチャーズの来日公演の結果、ベンチャーズ・ブームに火がつきます。その結果「ダイアモンド・ヘッド」「十番街の殺人」等の大ヒットが生まれることになります。

〈一九六五年三月〉

三月十日(木) 文化放送 午後六時~三十分 「六時のデイト」サンディ・ショー特集「愛のウェートリフティング」「ドント・ユー・ノー」「恋のブルー・ムード」「ヤヤダ」

三月十日(木) 夕刊広告 映画『愛してご免なさい』主演カトリーヌ・スパーク

三月十三日(土) カトリーヌ・スパーク来日記者会見

三月十五日(月) 夕刊広告 映画『フロリダ万歳』出演エルヴィス・プレスリー、シェリー・フェブレイ。「スイムで行こう!」等の曲を歌う

三月二十八日(日) 夕刊 ヒット盤

流行歌 ①二宮ゆき子:まつのき小唄 ②三島敏夫:松の木小唄 ③越路吹雪:サン・トワ・マミー ④岸洋子:夜明けのうた ⑤美空ひばり:柔 ⑥橋幸夫:チュッチェッチェッ ⑦伊東ゆかり:恋する瞳 (都内レコード店調べ)

サンレモ音楽祭で伊東ゆかりが歌った「恋する瞳」は日本でヒットしていました。この頃、流行歌のチャートにポップス枠の曲がランクされるようになってきました。後年、竹内まりやが、この「恋する瞳」をカバー。

〈一九六五年四月〉

四月二日(金) 夕刊記事 フォア・フレッシュメン公演 おとらぬ演奏のハリ 三月三十一日サンケイホール

四月四日(日) 試聴室

マントバーニ・オーケストラ：LP『ミュージカルの花園』 ビリー・ボーン楽団：LP『真珠貝の歌』 アンディ・ウィリアムス：LP『ベスト・オブ・アンディ・ウィリアムス』 サム・クック：LP『コカパーナのサム・クック』 アニマルズ：LP『朝日のあたる家』

四月八日(木) 夕刊記事 立ち直ったチェット・ベイカー、スタンダートはやはり強味 LP『チェット・ベイカー復活』

四月十三日(火) 夕刊記事 映画『赤ひげ』評 人道主義と娯楽が合流一段と円熟した黒澤

四月二十二日(木) フジテレビ 午後九時三十分〜四十五分 「スター千一夜」

出演加山雄三、内藤洋子(映画『赤ひげ』についてだったと考えられます)

四月二十二日(木) 夕刊 ヒット盤

流行歌 ①岸洋子：夜明けのうた ②二宮ゆき子：まつのき小唄 ③越路吹雪：サン・トワ・マミー ④舟木一夫：北国の街 ⑤和田弘とマヒナスターズ：ワン・レイニー・ナイト・イン・トウキョウ ⑥日野てる子：夏の日の想い出 ⑦高倉健：網走番外地 (都内レコード店調べ)

四月二十六日(月) 夕刊記事 ジョニー・ジェイムス LP『さんごしょうの彼方に』

四月二十九日(木) 夕刊 ヒット盤
ポピュラー ①ビリー・ボーン楽団：真珠貝の歌 ②ベンチャーズ：ダイアモンド・ヘッド ③ベンチャーズ：十番街の殺人 ④エルヴィス・プレスリー：スイムで行こう ⑤OST：007・ゴールドフィンガー ⑥ビートルズ：ノー・リプライ ⑦ブレンダ・リー：ワン・レイニー・ナイト・イン・トウキョウ (都内レコード店調べ)

〈一九六五年五月〉
五月二日(日) 試聴室
ポピュラー ルイ・アームストロング：LP『ルイ・アームストロング物語』 ナット・キング・コール：LP『ラブ』 マントバーニ：LP『カスケーティング・ストリングス』 ビートルズ：LP『ビートルズNo5』
五月十三日(木) 夕刊記事 シルヴィー・バルタンを聞く
五月十一日、サンケイホール〝妖精〟にも似た魅力、ため息のようなフィーリングと記載。
五月二十二日(土) 夕刊広告 映画『クレイジー・ジャンボリー』

デイブ・クラーク・ファイブ、スタン・ゲッツ、ジミー・スミス・トリオ、アニマルズ、ザ・スタンデルズ、フレディ・ヘル、ロバータ・リン
五月二十三日(日) 記事 内藤洋子 帯がきつくて大弱り。映画『赤ひげ』の祝言シーン
五月二十三日(日) 試聴室
ベンチャーズ：LP『ノック・ミー・アウト』 コニー・フランシス：LP『魅惑のワルツ』 レイ・チャールズ：LP『ホワッド・アイ・セイ』
五月、日本ではビートルズの日本独自のLP『ビートルズNo5』とベンチャーズのLP『ノック・ミー・アウト』が同時期にリリース。

五月二十四日(月) 夕刊 ヒット盤
流行歌 ①バーブ佐竹：女心の唄 ②日野てる子：夏の日の想い出 ③舟木一夫：北国の街 ④高倉健：網走番外地 ⑤越路吹雪：サン・トワ・マミー ⑥和田弘とマヒナスターズ：ワン・レイニー・ナイト・イン・トウキョウ ⑦二宮ゆき子：まつのき小唄 (都内レコード店調べ)

五月二十六日(木) 文化放送 午後六時〜三十分 「六時のデイト」キンクス特集
「ユー・リアリー・ゴット・ミー」「モンキー・ビジネス」「オール・オブ・ザ・ナイト」
五月二十七日(木) 新聞広告 東芝レコード発売十周年

ベンチャーズ：LP『ノック・ミー・アウト』　ビーチ・ボーイズ：LP『ザ・ベスト・オブ・ビーチ・ボーイズ』が載っています。

〈一九六五年六月〉

六月二日(金)　夕刊広告　映画『ジョニーはどこに』
出演シルヴィー・バルタン、ジョニー・アリディ

六月二十四日(木)　夕刊記事　映画『海の若大将』
太陽の子、夏の子のキャッチ・フレーズで売り出した加山雄三が二年ぶりで若大将を撮っていると記載。

六月二十七日(日)　試聴室
アストロノウッツ：LP「ベスト・オブ・アストロノウッツ」　ブレンダ・リー：LP「ブレンダ・リー・ゴールデン・ヒッツ」

……………………………………………………………………

六月二十九日(火)　夕刊　ヒット盤
ポピュラー　①ベンチャーズ：青い渚をぶっとばせ　②ビートルズ：涙の乗車券　③エルヴィス・プレスリー：スイムで行こう　④ブレンダ・リー：ワン・レイニー・ナイト・イン・トウキョウ　⑤OST：太陽のスイム　（都内レコード店調べ）

六月二十九日(火) 夕刊 ヒット盤
歌謡曲 ①日野てる子：夏の日の想い出 ②バーブ佐竹：女心の唄 ③橋幸夫：あの娘と僕 ④西郷輝彦：涙をありがとう ⑤越路吹雪：サン・トワ・マミー (都内レコード店調べ)

〈一九六五年七月〉

七月十三日(火) スタン・ゲッツのジャズ 七月七日サンケイホール公演

第二部のボサノヴァを主とした演奏では、ギター兼歌手のカルロス・リラの歌を入れ、円熟したアンサンブルの妙味と記載。

七月二十二日(木) 夕刊広告 「週刊明星」八月一日号

人気歌手カラー・ジャケット集とあります。ここに載っている歌手が七月の人気歌手だったのでしょう。橋幸夫、舟木一夫、三田明、西郷輝彦、梶光夫、井沢八郎、バーブ佐竹、高倉健、山田太郎、美樹克彦、二宮ゆき子、美空ひばり、吉永小百合、越路吹雪、都はるみ、日野てる子以上のようなメンバーでした。ここには、いわゆるカバー・ポップスの歌手の名前は存在しませんでした。

七月二十五日(日) 試聴室

ブラザーズ・フォア：LP『ビック・フォーク・ヒッツ第三集』 チャック・ベリー：LP『ロ

ックン・ロール・ミュージック』ベンチャーズ：LP『ベンチャーズ・イン・ジャパン』

世をあげてエレキギター・ブーム。いまやビートルズをしのぐレコードの売り上げをしめているのがベンチャーズだ。これは一月来日時のコンサート録音盤というコメントがありました。

スタン・ゲッツ／ジョアン・ジルベルト：LP『ゲッツ／ジルベルト』（ボサノヴァ・アルバム）

七月三十日（金）夕刊記事

ザ・ベンチャーズ本場のエレキで魅了とあります。ビートルズが出現して以来、エレキギターが大変な人気を呼んでいるが、アメリカで一番話題を集めているバンドがザ・ベンチャーズ。日本でもLP『ベスト・オブ・ベンチャーズ』、シングル曲が「ダイアモンド・ヘッド」、「十番街の殺人」で十分ファンが多い。そのグループが目下来日中で東京その他で公演を続けている。三度目の来日だが、この一月三日に来たのが成功し、「もう一度呼んでほしい」との声に答えた。このグループは七年前に、二人の音楽好きの青年がたまたま出会って、ギターを合奏するようになったのが始まり。それ以後あとの二人が加わって現在のメンバーとなった。一九六〇年の「ウォーク・ドント・ラン」の初吹込みが大ヒット。以来若人たちの人気の的になっている。ヒット曲は「ララバイ・オブ・リーブス」（木の葉の子守歌）「バーフィディア」など。一九六〇年には音楽専門誌「ビル・ボード」で「最も将来性のある楽器グループ」に選ばれ、一九六二年には全米ディスクジョッキーで「最も多く放送されたグループ」の第二位、「最も人気のあるグループ」の第三位に選ばれている。七月の東京公演後、京都、広島、仙台など地方を一カ月にわたってまわり、八月二十七日、九月一日の二日間、新宿厚生年金会館の追加公演が予定されている。
このように、ベンチャーズに対してたいへん好意的に書かれています。
七月三十日(金)　夕刊記事　ザ・サファリーズ来日
ベンチャーズが紹介されていた同じ日に、ザ・サファリーズについても書かれています。エレキギターのグループとしては現在、ザ・ベンチャーズが来日しているが八月にはザ・サファリーズがやってくる。平均年齢十七歳という若々しい五人組で、全米をサーフィンのリズムにまきこんだというしろもの。デッカ・レコードと契約して日本でも主な曲は発売されている。LP『ヒット'66』『ヤング・ビート』『ダンス・ダンス・ダンス』、シングル曲「月影のサーフィン」など。公演は八月三日、十二日、東京リキ・スポーツパレス。四日厚生年金会館。

〈一九六五年八月〉
八月三日(火)　夕刊記事　白波をけちらして
この夏最高という人出でにぎわった日曜日の江の島海水浴場だったが、すぐお隣のヨットハーバーでは、〝海の若大将〟東宝の加山雄三がさっそうとボートを乗りまわしていた。といっても、これはフジテレビ「スターの広場」のワンカット。星由里子も加わって加山の所有する自慢のクルーザー「光進丸」にのりこみ、光進丸は晴れの舞台に白波をけちらし、ところせましとあばれまわった。カメラはもう一台のモーターボートや防波堤からねらい、トランシーバーで連絡をとりながら撮影をくりかえしたが、そのたびに光進丸はヨットの群れの間を行ったり来たり。見た目には涼しそうだが、この日の炎天下にスターもスタッフも汗だくのロケだった。

このときのシーンは、加山雄三&ザ・ランチャーズ、それにザ・ベンチャーズが共演時に放映されたと示唆。まさに湘南ポップスのワンシーンといえる内容です。

八月十一日(水)　夕刊記事　ザ・ブラザース・フォア、九月に三度目の来日

八月十四日(土)　夕刊記事　激しい動き・ゴーゴー

モンキー・ア・ゴーゴー。来日中のサーフィン・バンド、ザ・サファリーズの伴奏につれて十代の若者たちが踊り狂う。その姿はまさにモンキーがあばれまわっている格好と紹介。

八月二十八日(土)　夕刊　ヒット盤

ポピュラー　①ビリー・ボーン楽団：真珠貝の歌　②ベンチャーズ：キャラバン　③OST：サウンド・オブ・ミュージック　④クリフ・リチャード：オン・ザ・ビーチ　⑤エミー・ジャクソン：涙の太陽

歌謡曲　①バーブ佐竹：女心の唄　②橋幸夫：あの娘と僕　③日野てる子：夏の日の想い出　④マヒナスターズ・田代美代子：愛して愛して愛しちゃったのよ　(都内レコード店調べ)

残念ながら六月にリリースされた加山雄三の「恋は紅いバラ」は入っていませんでした。

八月二十九日(日)　試聴室
バーブラ・ストライザント：LP『ファニー・ガール』　ジュリー・アンドリュース：LP『ミュージカル・アルバム』　マントバーニ・オーケストラ：LP『魅惑のマンバーニ』
ジョン・バエズ：LP『ジョン・バエズ3』　トリニ・ロペス：LP『これがトリニ・ロペス』
ハーマンズ・ハーミッツ：LP『ミセス・ブラウンのお嬢さん』　フランス・ギャル：LP『夢みるフランス』　ジョニー・ジェイムス：LP『ハッピー・ヴォイス・ハッピー・フェイス』
以上のようなLPが紹介されています。まさに六〇年代ポップスの世界です。

〈一九六五年九月〉
九月十日(金)　フジテレビ　午後八時~五十六分　「ザ・ブラザーズ・フォア・リサイタル」「グリーン・フィールズ」「遥かなるアラモ」
九月十六日(木)　夕刊記事　キングストン・トリオ来日
十月三日厚生年金会館、四、五日東京サンケイホール、七日京都会館、十四日大阪フェスティバルホール
九月二十六日(日)　試聴室
ビートルズ：LP『ヘルプ』　レイ・チャールズ：LP『星空』　ブレンダ・リー：LP『ブレンダ・リー・イン・トウキョウ』

九月二十八日(火) 夕刊広告 映画『デイブ・クラーク・ファイブ 五人の週末』ゴー! ゴー! ゴー! エレキのリズムで疾走する愉快で奇抜な週末旅行! と記載。映画『ポップ・ギア』ビートルズと人気チーム総出演。
出演アニマルズ、ハーマンズ・ハーミッツ、サウンド・イン・コーポレーションズ、スペンサー・ディヴィス・グループ、ピーター&ゴードン、ハニーカムズ、フォーペニーズ、ロッキンベリーズ、フォーモスト、デイヴ・クラーク・ファイブ等

〈一九六五年十月七日 ヒット盤〉

加山雄三の最初のヒット曲である「恋は紅いバラ」は、どの程度ヒットしたかは明確ではありませんでした。しかし、ヒントは存在したのです。私が最初に調査したとき、一九六五年六月十五日に「恋は紅いバラ」がリリースされたので、少なくとも七~八月頃にはヒットしたのではないかと考えていましたが、ヒットした記録は見つかりませんでした。八月八日より映画『海の若大将』が放映され、そのなかに「恋は紅いバラ」が挿入歌とされていたので八~九月頃にヒットしたのではないかとさらに考えましたが、ヒットの記録は不明でした。そして『加山雄三全仕事』(ぴあ刊)を読んでいたとき、フジテレビの音楽番組である「ミュージック・フェア'65」の十月十八日に出演(共演アイ・ジョージ)という記録が載っていたことを発見したのです。一九六五年十月に放映された「ミュージック・フェア'65」は四回分ありましたが、新聞のテレビ欄には加山雄三の名前の記載

はありませんでした。そこでもう一度九六五年十月の新聞を細かく見直したのです。そこで十月七日の朝日新聞夕刊の「ヒット盤」(東京都内のレコード店)調べのなかで加山雄三の歌う「恋は紅いバラ」は第二位にランクされていたのです。つまり六月十五日に発売になって、映画『海の若大将』が公開され、エレキブームなども重なって次第に人気をましていって、一九六五年十月に入って第二位にランクされるようになったのでしょう。したがって十月十八日に放映された「ミュージック・フェア'65」には、新聞紙上で名前が載っていなかったのです。

一九六五年十月七日(木)　夕刊　ヒット盤
ポピュラー(シングル盤)　①ビートルズ：ヘルプ　②フランス・ギャル：夢見るシャンソン人形　③OST：夜霧のしのび逢い　④エミー・ジャクソン：涙の太陽　⑤OST：サウンド・オブ・ミュージック
歌謡曲　①マヒナスターズ、田代美代子：愛して愛して愛しちゃったのよ　②加山雄三：恋は紅いバラ　③バーブ佐竹：女心の唄　④倍賞千恵子：さよならはダンスの後に　⑤都はるみ：(都内レコード店調べ)

一九六五年十月三十日(土)　夕刊　ヒット盤
ポピュラー(シングル盤)　①フランス・ギャル：夢見るシャンソン人形　②OST：夜霧のしの

び逢い　③ＯＳＴ：サウンド・オブ・ミュージック　④ザ・ビートルズ：ヘルプ　⑤エミー・ジャクソン：涙の太陽

歌謡曲　①マヒナスターズ・田代美代子：愛して愛して愛しちゃったのよ　②倍賞千恵子：さよならはダンスのあとに　③石原裕次郎：二人の世界　④加山雄三の：恋は紅いバラ　⑤舟木一夫：高原のお嬢さん　（都内レコード店調べ）

……………………………………………………………………

日本でビートルズの「ヘルプ」がヒットしているときに加山雄三の「恋は紅いバラ」がヒットしていたことになります。この五十二年後（二〇一七年四月）にポール・マッカートニーが東京ドームで公演し、加山雄三が東京フォーラムでコンサートを開催するなど、この時点では二人とも考えてもいなかったと思います。不思議な縁です。

一九六四年十月十四日に加山雄三＆ザ・ランチャーズはテレビデビューし、第一の革命を起こし一九六五年十月「恋は紅いバラ」のヒットで次第に頂点へとむかうようになっていったのです。

〈一九六五年八月～十二月までのテレビ・ラジオ〉

前著『１９６６年の「湘南ポップス」グラフティ』でも一九六五年のテレビ出演した状況は載せましたが、それよりも当時としてはテレビと同等あるいはそれ以上に音楽に関しては強いメディアだったラジオ番組も調査してみました。というのは、以前、アメリカに存在した音楽チャートの一つである「キャッシュ・ボックス」誌はラジオのオンエア回数とジュークボックスでのプレイ回数等を集計してチャートを公表していました。したがって当時のラジオのオンエア状況の一部でも判明すれば、日本のポピュラーミュージックの動向がある程度わかると示唆されるのです。

一九六五〜六六年頃のラジオ番組欄は、テレビ番組欄と同等に比較的大きいスペースでした。さらには、現在と異なりその番組内で放送される歌手の名前が列記されていることが多かったのです。したがって番組名と放送音源(あるいは出演者)の歌手の名前をひろいあげていくと、当時の音楽のヒット状況と大きく関連しているとも考えられるのです。手始めに一九六五年八月〜十二月までを調べ、内容を記載します(ただし、ラジオ番組では本人が実際出演していたかは不明です。おそらくラジオ番組で放送される予定の人の名前だと示唆されます。)

〈一九六五年八月〉

八月二日(月)　フジテレビ　午後九時〜三十分「ミュージック・フェア'65」
ペレス・プラード出演
八月三日(火)　朝刊　映画『海の若大将』広告、八月八日より公開
八月九日(土)　フジテレビ　午後九時三十分〜四十五分「スター千一夜」
加山雄三、松山善三出演
八月十二日(木)　日本テレビ　午後七時〜三十分「ビック・ヒットショー」

加山雄三、坂本九、奥村チヨ、九重佑三子出演（たぶん「恋は紅いバラ」を歌ったのでしょう）
八月十三日（金）　日本テレビ　午後七時～三十分　「ヒットNo1」
ハニー・カムズ、弘田三枝子、クール・キャッツ出演
八月十三日（金）　朝刊　映画『いかすぜこの恋』（エルヴィス・プレスリー主演）
映画『海の若大将』広告
八月十六日（月）　フジテレビ　午後十時十五分～三十分　ザ・サファリーズ出演
八月十九日（木）　文化放送　午後七時～九時
「電話リクエスト〝ハロー・ポップス〟エレキギター・グループ特集　今日のベスト5」放送
八月二十日（金）　新聞広告　「スクリーン」十月号
リバープール・サウンド特集　ビートルズに始まる新しい魅力のすべて
「近代映画」十月号　ベンチャーズの魅力はこれだ（洋画の雑誌でビートルズを特集し、邦画の雑誌でベンチャーズをとりあげ、両者のイメージを上手にわけていました。それにしても邦画の雑誌でベンチャーズをとりあげているのはそれだけ日本での人気が高かった証拠かもしれません）
八月二十二日（日）　フジテレビ　午後八時～五十六分　「テレビ電話リクエスト」
ザ・ハニー・カムズ、中尾ミエ出演
八月二十三日（月）　TBSラジオ　午後八時三十分～九時　加山雄三、井沢八郎、坂本九放送

〈一九六五年九月〉
九月五日(日)　フジテレビ　午後八時三十分～五十六分　「テレビ電話リクエスト」
加山雄三、アイ・ジョージ、伊東ゆかり出演
九月六日(月)　TBSラジオ　午後八時三十分～九時　「スターパレード」
加山雄三、坂本九放送
九月十七日(木)　フジテレビ　午後八時三十分～五十六分　「魅惑のエレキギター」
ザ・ベンチャーズ出演

〈一九六五年十月〉

十月十八日(木)　フジテレビ　午後九時～三十分　「ミュージック・フェア'65」

加山雄三、アイ・ジョージ出演(新聞では加山のクレジットは認められませんでした。このとき歌ったのは「恋は紅いバラ」「君が好きだから」だったと考えられます)

〈一九六五年十一月〉
十一月四日(木)　フジテレビ　午後九時三十分～四十五分　「スター千一夜」
寺内タケシとブルー・ジーンズ出演
十一月五日(金)　日本テレビ　午後七時～三十五分　「ニュー・エレキサウンド」

ペギー・マーチ、スパイダース出演
十一月十日(水)　ニッポン放送　午後五時~四十五分　「歌謡プレゼント」
加山雄三、橋幸夫出演
十一月十一日(木)　ニッポン放送　午後九時三十分~十時　「ベンチャーズ・ショー」
「木の葉の子守歌」他(ベンチャーズのライブ音源かは不明。ベンチャーズの人気がピーク時の番組なので盛り上がったと思われます)
十一月十五日(月)　フジテレビ　午後九時~三十分　「ミュージック・フェア'65」
パティ・ペイジ出演
十一月十八日(木)　新聞広告　LP『ベンチャーズ・イン・クリスマス』『ビーチ・ボーイズとクリスマス』の記載
十一月二十二日(月)　フジテレビ　午後九時~三十分　「ミュージック・フェア'65」
パティ・ペイジ出演
十一月二十九日(月)　フジテレビ　午後九時~三十分　「ミュージック・フェア'65」
ペギー・マーチ出演

〈一九六五年十二月〉
十二月九日(木)　フジテレビ　午後九時三十分~四十五分　「スター千一夜」

ブリジッド・バルドー出演（ＢＢは二十一世紀になっても人気がありました）
十二月十一日(土)　フジテレビ　午後九時四十五分〜十時「歌うトップスター」
加山雄三、星由里子出演
十二月十四日(火)　フジテレビ　午後九時三十分〜四十五分「スター千一夜」
加山雄三＆ザ・ランチャーズ出演（映画『エレキの若大将』とＬＰ『加山雄三のすべて　ザ・ランチャーズとともに』についてだったと思われます）
十二月二十九日(水)　ＮＥＴテレビ　午後七時〜三十分「エキサイト・ショー」
シャンティーズ出演
十二月三十一日(金)　フジテレビ　午後八時〜五十六分「年忘れエレキ大会」
アストロノウツ、シャンティーズ、中村晃子出演

〈一九六五年のまとめ〉

この年、本格的に加山雄三＆ザ・ランチャーズとして活動を開始。六月、加山のソロとして「恋は紅いバラ」をリリース、ヒットさせています。恐らく六六年二月にリリースするＬＰ『加山雄三のすべて〜ザ・ランチャーズとともに』と実質的なファーストアルバム『Exciting Sounds of Yuzo Kayama and the Launchers』のＬＰ二枚分の録音でたいへんだったと示唆されます。

第五章　一九六六年

〈一九六六年一月〉

一月一日　日本テレビ　午後三時二十分〜四時二十分「ミュージック・フェスティバル'66」加山雄三、ザ・ピーナッツ、中尾ミエ、植木等出演

一月六日(木)　ニッポン放送　午後四時五分〜四十五分　加山雄三、大月みやこ放送

一月七日(金)　TBSラジオ　午後九時三十分〜十時「ヒットパレード」「イエスタデイ」ビートルズ、「パラダイス・ア・ゴーゴー」ベンチャーズ等放送。

一月十三日(木)　ニッポン放送　午前十一時二十分〜十一時四十分　加山雄三、坂本スミ子放送

一月十六日(日)　TBSラジオ　午後二時五分〜三時「L盤アワー」レ・フィンガーズ他

一月二十日(木)　新聞広告　LP『ビーチ・ボーイズ・パーティ』(来日記念盤)　LP『ベンチャーズ・ア・ゴーゴー』の記載。

一月二十一日(金)　TBSラジオ　午後九時〜十時　「ヒットパレード」「パラダイス・ア・ゴーゴー」ベンチャーズ等放送。「恋を抱きしめよう」ビートルズ　DJ前田武彦、木本教子

一月二十三日(日)　ニッポン放送　午前九時三十分〜十時　加山雄三、吉永小百合、石原裕次郎放送(歌うアクター特集か?)

一月二十八日(金)　ニッポン放送　午後五時五分〜四十五分　加山雄三、園まり放送

一月二十九日(土)　八月六日(土)　夕刊　ヒット盤

ポピュラー(シングル)　①スプートニクス：霧のカレリア　②ジョニー・ティロットソン：涙くんさようなら　③エンリオ・モリコーネ楽団：さすらいの口笛　④ジョニー・ティロットソン：ユー・アンド・ミー　⑤ビートルズ：恋を抱きしめよう

歌謡曲　①石原裕次郎：二人の世界　②岸洋子：恋心　③園まり：逢いたくて逢いたくて　④加山雄三：君といつまでも　⑤倍賞千恵子：さよならはダンスの後に　(都内レコード店調べ)

このチャートを見ますと、加山雄三「君といつまでも」はまずは四位にランクイン。つまり、いきなり第一位の大ヒットではなかったのです。これから徐々に一位となり、それが持続し、メガヒットとなったのです。「君といつまでも」はビートルズの「恋を抱きしめよう」と同時期にヒット

したことになります。
一月三十日(日)　ＴＢＳラジオ　午前九時五分〜三十五分　「ニューヒットパレード」加山雄三
一月三十一日(月)　ＴＢＳラジオ　午後九時三十分〜十時　「スターパレード」
加山雄三、坂本九放送
一月のラジオのオンエア回数(新聞に記載されたもの)はそれほど多くはありませんでした。実際には、記載がなくても、もっと一九六五年十二月五日に発売された加山の「君といつまでも」は放送されていたと考えられます。ただし、ヒットチャート上は四位だったので放送回数は予想よりも高くないのかもしれません。

〈一九六六年二月〉
二月四日(金)　ＴＢＳラジオ　午後九時〜十時　「ヒットパレード」
「若さでゴーゴー」ベンチャーズ
二月五日(土)　ＴＢＳラジオ　午後九時三十分〜十時　「歌謡パレード」加山雄三、松山恵子
二月十一日(金)　ＴＢＳラジオ　午前十一時十五分〜十一時四十五分　加山雄三、島倉千代子
二月十一日(金)　ニッポン放送　午後五時五分〜四十五分　加山雄三放送
二月十六日(水)　ニッポン放送　午前十一時二十分〜十一時四十分　加山雄三、江利チエミ放送
二月十九日(金)　ＴＢＳラジオ　午後九時三十分〜十時　「歌謡パレード」加山雄三、井沢八郎

二月二十二日(火)　ニッポン放送　午前十一時二十分〜四十分　加山雄三、梓みちよ放送
二月二十八日(月)　文化放送　午後零時四十分〜一時　加山雄三　歌の花道
二月も一月と同程度のラジオ番組数の記載。ただし、前著でも書きましたが二月頃からテレビ出演は増加しています。なお、ラジオ番組の放送時のタイトルはあったのでしょうが、新聞には記載されていないことがほとんどでした。

〈一九六六年二月のミュージック・ライフ〉

雑誌「ミュージック・ライフ」は一九六六年頃より洋楽中心に傾いてきた内容となってきたので、加山雄三(&ザ・ランチャーズ)の記事はほとんど載っていません。唯一気づいたのが六六年三月号の〝アルバム・コーナー〟に載った記事でした。それは以下のとおりです。

東宝スターの加山雄三のレコードなどと言うと、なにかこの欄にぴったりと来ないようにお思いの方もあると思いますが、このレコードは正真正銘の洋楽ポピュラー・レコードで、ポピュラー・ファンなら思わず手を打って喜んでいただけるものと思います。加山雄三の本職はもちろん映画スターですが、音楽のほうは本職以上によく、決して映画スターご愛嬌盤ではありません。このレコードに収められている十二曲は全部彼の作詞作曲によるもので、しかも彼の作った曲のムードにぴったりの英語で歌っているところがみそです。順を追って曲を紹介しますと、A①「恋は紅いバラ」は映画『海の若大将』の主題歌として彼が作った曲で、映画公開と同時に大ヒットしたもの。

A②「ジ・アングリー・マン」④「ランニング・ドンキー」⑥「麗しき乙女たち」B②「スリー・ブルー・スターズ」④「クレイジー・ドライヴィング」はインストルメンタル・ナンバーで、ベンチャーズ風のサウンドが楽しめるもの。A③「ホンキー・トンク・パーティ」B⑤「スィーテスト・オブ・オール」はゴキゲンなロックン・ロール。A⑤「ブーメラン・ベイビー」は加山の一人二重唱が聴けるもの。B①「君が好きだから」は彼の日本語盤ですでにヒットしたもの。B③「白い浜」はハワイアン風の佳曲。B①「君の瞳の碧空」はオーケストラをバックにした本格的なヴォーカルが楽しめるナンバー……と非常にヴァラエティに飛んだ曲目です。まず、聴いてみてください。加山のかなり黒っぽいフィーリングのロック・ヴォーカル、あるいはベンチャーズそこのけのエレキの演奏、そしてそれに色をそえるハワイアンなものなど、大変楽しいアルバムです。そしてそれが全部加山の自作というのですから。まったく加山の音楽的才能には感心するほかはありません。「ミュージック・ライフ」は以上のように評価していたのです。

〈一九六六年三月〉

三月に入ってラジオ欄に載っている加山雄三の名前が急激に増加。

三月一日(火)　TBSラジオ　午前十時二十五分~四十分　「ホームソング」

加山雄三出演(毎日放送ホームソングとして「蒼い星くず」がオンエア)

三月二日(水)　TBSラジオ　午前十時二十五分~四十分　「ホームソング」加山雄三

三月三日(木)　ＴＢＳラジオ　午前十時二十五分〜四十分「ホームソング」加山雄三
三月四日(金)　ＴＢＳラジオ　午前十時二十五分〜四十分「ホームソング」加山雄三
三月四日(金)　ニッポン放送　午前十一時二十分〜五十分　加山雄三、日野てる子放送
三月五日(土)　ＴＢＳラジオ　午前十時二十五分〜四十分「ホームソング」加山雄三
三月六日(日)　ニッポン放送　午前九時三十分〜十時「スター・ハイライト・ショー」
加山雄三、山田太郎放送
三月七日(月)　ＴＢＳラジオ　午前十時二十五分〜四十分「ホームソング」加山雄三
三月八日(火)　ＴＢＳラジオ　午前十時二十五分〜四十分「ホームソング」加山雄三
三月九日(水)　ＴＢＳラジオ　午前十時二十五分〜四十分「ホームソング」加山雄三
三月九日(水)　ニッポン放送　午後九時〜三十分「ベンチャーズ・ショー」
「君といつまでも」「蜜の味」(番組では「君といつまでも」のベンチャーズ・カバーを放送)

……………………………………………………………………………………

三月九日(水)　夕刊　ヒット盤
歌謡曲　①加山雄三：君といつまでも　②石原裕次郎：二人の世界　③岸洋子：恋心　④園まり：逢いたくて逢いたくて　⑤城卓也：骨まで愛して　(都内レコード店調べ)

……………………………………………………………………………………

三月十日(木)　ＴＢＳラジオ　午前十時二十五分〜四十分「ホームソング」加山雄三

三月十一日日(金)　TBSラジオ　午前十時二十五分~四十分「ホームソング」加山雄三
三月十二日(土)　TBSラジオ　午前十時二十五分~四十分「ホームソング」加山雄三
三月十三日(月)　TBSラジオ　午前十時二十五分~四十分「ホームソング」加山雄三
三月十四日(火)　ニッポン放送　午後八時~三十分「全国ベストセラー歌謡教室」
加山雄三、城卓也放送
三月十六日(木)　ニッポン放送　午後五時五分~四十五分　加山雄三、美空ひばり放送
三月二十日(日)　ニッポン放送　午前十時三十分~十一時　加山雄三、橋幸夫放送
三月二十日(日)　ニッポン放送　午後六時~三十分「エレキコンテスト」アストロノウッツ放送
三月二十一日(月)　ニッポン放送　午後八時~三十分「全国ベストセラー歌謡曲」
加山雄三、城卓也放送
三月二十二日(火)　TBSラジオ　午前十一時十五分~四十五分　加山雄三、吉永小百合放送
三月二十五日(金)　ニッポン放送　午後五時五分~四十五分　加山雄三、春日八郎放送
三月二十六日(土)　ニッポン放送　午後四時十五分~三十分　加山雄三「夜空の星」が放送
三月二十七日(日)　ニッポン放送　午前九時三十分~十時「歌のファンポスト」
加山雄三、舟木一夫放送
三月二十八日(月)　ニッポン放送　午後四時十五分~三十分　加山雄三出演
三月三十一日(木)　ニッポン放送　午後八時~三十分「レッツ・ゴー・パンチ」

ベンチャーズ出演

この時点で「君といつまでも」の第一位が確認でき、さらにベンチャーズ・カバーの「君といつまでも」もリリースされ、その相乗効果が認められるようになってくるのです。その結果、加山雄三の「君といつまでも」が三百五十万枚にも達する結果になったと考えられます。

〈ランチャーズとベンチャーズのセッション〉

喜多嶋修の証言では、三月ベンチャーズの五度目の来日時に、パシフィック・パーク・茅ケ崎に一週間宿泊したと述べています。そしてパシフィック・パーク・茅ケ崎のそばに住んでいた喜多嶋瑛・修兄弟、加山雄三らは、毎日のようにパシフィック・パーク・茅ケ崎に滞在中のベンチャーズのもとを訪れたそうです。そのことは「近代映画」臨時増刊六月号の加山雄三特集のなかで、加山の活動日誌にもでてきます。よく考えてみれば、このときのセッションは、日本人のバンドにベンチャーズのサウンドを注入することにもなり、ある意味では革命的なことだと考えられるのです。

喜多嶋修いわく、ノーキー・エドワーズから直接、ライトゲージのこと、ノーキー独特のギターのフレーズを教わり、いまでも記憶しているそうです。この三月、米国ではＬＰ『アクション』や『バットマン』がリリースされており、そのなかの曲が演奏されたり、あるいは従来のヒット曲「キャラバン」「ダイアモンド・ヘッド」「十番街の殺人」等、ランチャーズにとってもなじみの曲をセッションで演奏していたそうです。ランチャーズのエキストラ・メンバーである堤光生も一部のセッションに参加しており、その内容はテープレコーダーで録音したと証言しています。

当時のことも含めて堤光生は次のように証言しています。「ベンチャーズが引き金となったエレキブームは破竹の勢いで日本全国を制覇しました。ベンチャーズには、微妙なアマチュアリズムがあったんですよ。確かに演奏力はあったし、他のエレキバンドとは違ってメンバー全員が、それぞれ見せ場を作るだけの技術もありましたしね。しかし、いわゆるスタジオミュージシャンとは違う。無味乾燥な感じのしない味わいをかもしだしていたし、それがどこか危うい感じのスリリングな素人っぽさをもっていた。だからみんな、自分でもできるって思えたんでしょう。でも厳密に言うと日本の何百、何千ってあるバンドでも、あの独特のアメリカ的なグルーヴを出し切れてたバンドはほとんどいなかったですね。六六年(三月)、ランチャーズのときに、ベンチャーズと合同練習(セッション)やったんです。そのとき、ちょっとセッションのようなかたちで、みんなで弾きまくってたんですが、そうするとノーキーとかはやりたい放題、好き放題弾くわけですよ。仕事としてギターを弾くんじゃなくて、ほとんど楽しんで弾いてるって感じが伝わってくる。これだなって思ったな。目から鱗が落ちる思いでしたね。それで、やっぱりすごいんですよ。レコード聴いて想像していたような弾き方じゃなかった。コードの押さえ方なんかも、こんな押さえ方してたんだって。(キャラバン)のサビのコードとかノーキーに直伝されたりしてね。徹底的に楽しもうというアマチュアリズムと技術の裏付けがあってこそのベンチャーズだったんですよね」

喜多嶋修いわく、ノーキー・エドワーズはとてもフレンドリーだったと記憶していました。このセッションは高校生であった喜多嶋修にとっては、とても刺激的だったと示唆されます。

この三月のランチャーズとベンチャーズ・セッションが、直接ベンチャーズのサウンドづくりにランチャーズが触れて、ランチャーズのステップアップ、日本のポップ・ロック・シーンに大きな変化を与えたのです。つまり、「三大革命」のひとつといえるのではないでしょうか。


〈一九六六年三月頃の日々〉

加山雄三（&ザ・ランチャーズ）の日常はいったいどんなものだったでしょうか。当時の記録はあまり残っていませんが、月刊誌「近代映画」六月号に、映画『アルプスの若大将』の撮影の頃の日誌が載っていたので紹介したいと思います。

○月○日　『アルプスの若大将』苗場スキー場（新潟県）ロケ、第三日目。
宿舎の国際スキー場ロッジを午前八時に出発して、リフトとケーブルを乗り継いで、最初のロケ現場に向かう。

抜けるような青空。絶好の撮影日和だ。地元スキークラブのメンバーにエキストラを願って、大学対抗滑降競技のシーンをカメラに収める。

三キロ近いコースに四台のカメラを据え、上空にはヘリコプターが爆音高く舞っている。

加山扮する若大将は、この大学対抗スキー大会で、滑降、ジャンプの二種目で優勝、回転では二位になるが、けっきょく三種目総合得点で第一位を占めて面目を施す。

きょうの滑降レースでも、めでたく〈日本新記録〉でゴールに滑り込むという設定だが、ほかの競技とはちがって、スキーには〈日本新記録〉などというものは存在しない。競技を実施するそれぞれのコースによって距離もちがえば、斜面の傾斜も異なるからだ。

「台本を読んだとき、こいつはちょっとマズイなと思ったよ。クロウトがみたら、おかしいと思うに決まっているんだ……」

ことスキーに関して加山はちょいとウルサイ。学生時代は国体にも出場したキャリアの持ち主で、

「加山のやつ、いくら映画とはいえ、いい加減なことをやってやがる」

昔の仲間にこういわれはしないかと、しきりに気にするが、いまさらどうしようもない。

筍山のケーブル中継所で中食。オムスビ二個、イワシの罐詰。〈ドカベン〉で鳴らした彼にしては、意外に少食だ。そのかわりストーブにかけたヤカンからお茶をガブ飲みする。

家にいるときは、ミネラルウォーターの愛用者。食事のたびに四合は飲むだろうといわれる噂の主だ。

午後から現場を移動して、ゴール付近の撮影。途中から滑り出してくるので、

「スピードが足りないんじゃないかな」

〈迫力〉を心配するが無事終了する。

宿舎に戻って、夕食後、プレス関係のインタビュー。加山の部屋は、三階のS6号室。細長い部

屋で、二段ベッドの片方には同室の江原達怡が寝る。因みにS7号には古沢憲吾監督、5号には若林映子が陣取っている。6号室のすぐ前に喫煙室があり、ジュークボックスが置いてある。このボックスに、はるばる東京から持参したザ・ベンチャーズの新曲盤をセットして十二時近くまで聴きふけっていた。

○月○日　目を醒ますと、前日の上天気とはうって変わって、山は荒れ模様。
「きょうは仕事になりそうもないな」

同室の江原と、思わず顔を見合わせる。万一、撮影不可能となれば、総勢七十人のロケ隊全員が、一日ムダに費やすことになるわけだ。

「吹雪をついての撮影もまた愉しからずやだ。さあ出かけよう！」

午前九時、古沢監督の「断」が下った。

「若大将」がセットインした最初の日だった。山小屋での合宿場面で、スキー部員一同がパーティーを開く。ギターを弾いて歌う加山の若大将に、みんなが輪になって手拍子をとる。撮影は快調に進んで、ようやく「お疲れ」(解散)となった。

とたんに、古沢監督のバン声が飛んだ。

「ハイ、みんな拍手する！」

そんなエピソードを持つ、愉快な人物だ。

吹雪をついての仕事は、たしかに苦しい。だが、バラさんの陣頭指揮で、午後二時までかかって、この日に予定されていた回転競技のシーンを全部撮り終えることができた。

○月○日　宿舎での加山の食事は、ほかのスタッフの人たちとまったく同じだ。セルフサービスの食堂で、今朝の献立てはオミオツケ、生タマゴ、ノリ、生鮭といった簡単なものだった。吹雪で午前中待機したあと、撮影中止と決まったとたん、加山がつぶやいた。

「きょうの昼飯は、久しぶりにハデに食べるか……」

仕事がないということは、かえって食欲を増進させるものらしい。ちょうど前日から、いとこの喜多嶋瑛が泊りがけで遊びにきていた。

喜多嶋は、慶大一年生で、加山の主宰するエレキバンド〈ランチャーズ〉のメンバーでもある。この喜多嶋と、同室の江原、付き人の松原、それに近代映画の稲垣カメラマンと五人で、S6号室で盛大に昼食会を開くことになった。

狭い部屋に五人分の食卓を準備するのは一苦労だが、オムレツ二人前、ポークカツレツ、ポタージュ各一皿をペロリとたいらげた加山は、すっかり満腹の態。

「オムレツは一人前でよかったみたいだな」と、しきりに胃のあたりを撫でさする。

夕方、ランチャーズの面々が楽器持参で到着。午後八時から食堂で開催されるバンドタイムに、特別出演する。ロッジの専属バンドと三十分交替で午後十時まで二回、正味一時間、得意のエレキの腕前をたっぷり披露してくれた。そのあと、来訪した渡辺出版の横山氏、レコード関係のマネージメントを担当する北島氏と吹き込みの打ち合わせ。

この苗場ロケにやってくるすぐ前、加山はハワイで三日間の休日を楽しんできた。このときの印象を、彼はいまハワイアンの新曲にまとめている。作曲家弾厚作氏（加山のペンネーム）の強みは、一度浮かんだメロディーは五線紙に書き取るまでもなく、絶対に忘れないという無類の記憶力だ。ウクレレとギターさえあれば、いつ、どこでも作曲できる。

「ハワイでの波乗りの印象を、雪山でまとめるなんて、ちょっといいじゃないか」

〈弾厚作氏の優雅な生活〉とでもいうところだろうか。

○月○日　東京に戻ってきた加山に、あいかわらず多忙な毎日がつづく。きょうも朝から江古田の日大校舎に都内ロケ。途中、午前十時から大学院のテストが実施されるとかで、「撮影隊の方、できるだけ静粛にお願いします」と申し渡される。

得意のバン声を封じられた古沢監督は、すっかり意気ショーチン。「声の出せない」ロケとあって、連絡にあたる助監督さんたちは、むやみと忙しい。ポカポカとあたたかな春の日ざしを浴びて、校庭のサクラが満開だった。

午後二時、撮影終了。午後七時半から田村町の飛行館ホームで行われるレコーディングまで、銀座で時間をつぶすことになる。

「銀座を歩くなんて、何か月ぶりかな」

愛車フォード、カントリー・セダンの後部座席(加山はめったに自分ではハンドルを握らない。よけいな疲労を避けるためと、車に乗っていても、ほかにすることがたくさんあるからだ。もちろん睡眠もそのひとつである)にくつろいで、ウクレレを爪弾き、漫画週刊誌のページをパラパラとやっているうちに、俄かに車のスピードが落ちた。

車の窓越しに、ファンの目が集中している。土曜日の午後の銀座は、舗道にあふれる人波。その中を、白っぽい上着に黒いネクタイ、チャコールグレイのズボンにシックな貴公子然たる加山が大股に歩く。

西銀座の洋食レストランで食事する。飲みものは、お付きの男性二人と三人でビール一本。白昼のせいもあるが、もともとあまりイケルくちではない。ビールなら二本というところが、彼の定量。あとは水割りのウイスキーをたしなむ程度。

「久しぶりで映画が見たいな。どっかでいい映画やってない？」

新聞を借りて、興業欄に目を通すあいだにも、店内のファンが盛んにサインを求めにやってくる。だが、若いタレントにまつわりつくファンのような不作法がみられないのは、〈貴公子〉加山雄三の、〈貫禄〉だろうか。

レストランを出て、四丁目交差点角の三愛と付近の洋書店で近代映画用のスナップを撮った。

ここでもまた黒山の人だかり。いささかくたびれたらしい加山は、けっきょく映画見物を諦め、日比谷のパーキングに駐車しておいた愛車に戻って、午後七時近くまで仮眠する。

夜、飛行館ホールでのダビング曲は、岩谷時子作詞の「小さな恋人」。

〈ザ・ベンチャーズとの共演〉
○月○日　セット入りの日の加山は、たいてい朝七時すぎに床を離れる。朝食をすませて自宅を出るのが七時四十分か四十五分ごろ。茅ヶ崎海岸の自宅から第三京浜国道をヒタ走りに走って、撮影所内の衣装部前に車を横づけにする。
化粧はほとんどしない。日焼けした顔のムラになった部分を軽くドーランで埋める程度だから、衣装を着替えてスタジオに駆けこむまで十分とかからない。九時開始のセット撮影には十分間にあう。もっとも寝起きの悪い加山のことだから、毎日こうはいかない。

声をかけて三十分以上起きてこないときは、お付きの松原が気をきかせて、お手伝いさんに朝食用のオムスビを作ってもらう。カツオブシをまぶした小型のやつを四個ほど。ほかにオミオツケ、ミネラルウォーターを入れた魔法ビンが各一個。撮影所に向かう車中でたいらげるのだが、睡眠不足のせいか朝はあまり食欲がない。

この日は、かつて『バンコックの夜』で共演したことのある香港の女優チャン・メイヨーが羽田に到着する日だった。セットをおわって空港に駆けつけると、東芝レコードと日本テレビのディレクターが待ちかまえていて、さっそく仕事の打ち合わせ。

やがて、タラップに姿をあらわしたメイヨーに歓迎の花束をわたして、ニッコリと握手をかわす。メイヨーからお土産は、中華料理でおなじみの西瓜のタネ、見事な花ビンそのほか。すぐ後楽園のNTVスタジオにとって返し、「百万ドルの饗宴」の公開放送。二週分をVTRにおさめて帰宅したのは午後十二時近く。八畳の茶の間で、お父さんの上原謙、お母さんの小桜葉子、妹の章子さんとコタツを囲んで、一日の話題を語りあう。

○月○日　日曜日だが雑誌の仕事があるので、ゆっくり朝寝坊もできない。
午後一時、自宅に近いパシフィック・パークで、来日中のザ・ベンチャーズの一行と会談する。明日、テレビで共演することになっているランチャーズの面々と音合わせをかねた親睦の集いである。一室にこもって熱心に音合わせする光景を、上原謙がのぞきにきて8ミリのカメラにおさめる。グリルでの夕食には、小桜葉子もホステス役で加わった。

ベンチャーズは、さすが世界的なプレーヤーだけあって、ものすごく芸熱心だ、とくにリードギターのノーキーは卓上のストロー立てから取りだしたストローを弦にみたてて、懇切丁寧なテクニック指導ぶり。ベンチャーズの他のメンバーは泊り込みで練習をつづけることになって（ホテル・パシフィック・パーク茅ヶ崎に宿泊）、加山が自宅に戻ったのは午後十一時すぎ。すぐ自分の部屋に閉じこもって、テープに入れたベンチャーズの演奏にあわせて、もう一度おさらいする。

○月○日　加山の新曲のひとつに、「海の唄」がある。作曲はもちろん弾厚作氏。
数年前、朝日放送から作曲を依頼されたものだが、日の目を見ず、そのままオクラになっていたもの。以来、加山はこの歌を愛用のクルーザー〈光進丸〉の艇歌として愛唱してきたが、最近この曲が正式にオーケストラ曲に編曲されてきた。ちょうど飛行館ホールで他の曲を吹込み中だった彼が、テープを聴いてみると、すばらしくいい。

「ちょっと歌ってみようか」

と小声で歌っているうち、本人はもちろん、担当のディレクターがすっかり乗ってきた。

「いいねえ。このまま本番で入れちゃおう」

海の男・加山にピッタリな、男性的魅力満点の曲だ。

この日も午後七時から飛行館でベンチャーズの面面とダビングをおえた加山は、仲間たちを誘って夜更けの六本木に出た。なじみの中華料理店でベンチャーズとの共演の成功を祝って乾盃。

「あのテクニックは、やはりたいへんなものだったね」

こと音楽の話題になると、みんなの瞳が異様に輝いてくる。微笑を浮かべながら、加山は談論風発する仲間たちをたのもし気に眺めている。（明日の朝は、また早いぞ……）そう思いながら席を立つ気にはなれない。こうして仲間たちと過ごすのが彼のいちばん楽しい時間だ。

『アルプスの若大将』のあと、加山にはさっそく次の新しい仕事が待っている。勇壮なパイロット物『大空戦』（サブタイトル「ゼロ・ファイター」）で八丈島での約二週間のロケが予定されている。

この仕事をおえて夏には一カ月ばかり休暇をとってオーストラリアに夏スキーに出かける計画があるが、まだどうなるかわからない。

例の光進丸だがそろそろハナにつきだした。

「ヨットはやはりデッカイほうがいいね。光進丸は艇長四十フィートしかないけど、こんどは九十フィートぐらいのがほしい」

そのためにも〈稼げや稼げ〉であるといったら、怒られるかな？


以上のような内容を見るとベンチャーズと濃厚な接触があったことはまちがいありません。後に加山雄三が語るようにサウンドはベンチャーズから引きつがれたものなのでしょう。

〈一九六六年四月〉
四月二日（土）　ＴＢＳラジオ　午後九時三十分〜十時　「歌謡パレード」加山雄三、城卓也放送
四月三日（日）　文化放送　午前十一時三十分〜正午　加山雄三、尾藤イサオ放送
四月三日（日）　文化放送　午後四時三十分〜五時　加山雄三、ドノバン（加山の当時のヒット曲「君といつまでも／夜空の星」「夕陽は赤く／蒼い星くず」に対して、ドノバンはいったいどんな曲がかかったのでしょうか。とても不思議な組み合わせです）
四月三日（日）　ニッポン放送　午前九時三十分〜十時　「歌謡プレゼント」加山雄三、園まり

四月三日(日)　ニッポン放送　午後六時〜三十分「エレキコンテスト」ブルー・リーフ
四月四日(月)　TBSラジオ　午後九時三十分〜十時「スターパレード」加山雄三、坂本九

四月九日(火)　夕刊ヒット盤
歌謡曲　①加山雄三：君といつまでも　②城卓也：骨まで愛して　③橋幸夫：雨の中の二人　④園まり：逢いたくて逢いたくて　⑤岸洋子：恋心　(都内レコード店調べ)

四月二十日(水)　文化放送　午後零時四十分〜一時　加山雄三　歌の花束
四月二十日(水)　ニッポン放送　午後一時四十五分〜二時「花形歌手」加山雄三集
四月二十四日(日)　TBSラジオ　午後零時十分〜一時「今週のベストテン」
「君といつまでも」ベンチャーズ「国境は燃えている」が放送
四月二十四日(日)　TBSラジオ　午後二時五分〜三時「L盤アワー」
チャット&ジェレミー放送
四月二十四日(日)　ニッポン放送　午前九時三十分〜十時「歌謡プレゼント」
加山雄三、舟木一夫放送
四月二十九日(金)　TBSラジオ　午前十時五分〜五十分　加山雄三、岸洋子放送

〈一九六六年五月〉
五月一日(日)　TBSラジオ　午後九時～三十分「ニューヒットパレード」加山雄三
五月一日(日)　TBSラジオ　午後十二時十分～一時「今週のベストテン」
「君といつまでも」ベンチャーズ、「恋とはこんなもの」が放送
五月二日(月)　TBSラジオ　午後八時～十時「月曜リクエスト・ジョッキー」
DJ芥川隆行、加山雄三「君といつまでも」、岸洋子他
五月五日(木)TBSラジオ　午後九時～十時「ヒットパレード」
「君といつまでも」ベンチャーズ、「ガール」ビートルズ、「初恋の丘」クロード・チアリが放送
五月八日(日)　TBSラジオ　午後十二時十分～一時「今週のベストテン」
「君といつまでも」ベンチャーズ、「国境は燃えている」
五月八日(日)　TBSラジオ　午後二時～三時「L盤アワー」
加山雄三&ザ・ランチャーズ(LP『Exciting Sounds of Yuzo Kayama and the Launchers』の曲が放送されたと推定(六月には「白い浜／ブーメラン・ベイビー」がシングル曲としてリリース予定)。本来「L盤アワー」は洋楽のアーティスト中心の番組だったので加山雄三&ザ・ランチャーズは特例だったと考えられます。『Exciting Sounds of Yuzo Kayama and the Launchers』がCBSコロムビアからリリースされていたので洋楽扱いだったのです。
五月十三日(金)　TBSラジオ　午後九時～十時「ヒットパレード」

ベンチャーズ「君といつまでも」、ビーチ・ボーイズ「スループ・ジョンB」等が放送
五月十四日(土)　ニッポン放送　午前十一時二十分〜四十分　加山雄三、吉永小百合放送
五月十五日(日)　ニッポン放送　午前十時三十分〜十一時　加山雄三、橋幸夫放送
五月十五日(日)　文化放送　午前十一時三十分〜十二時　加山雄三、奥村チヨ放送
五月十五日(日)　TBSラジオ　午後十二時十分〜一時　「今週のベストテン」
「君といつまでも」ベンチャーズ、「国境は燃えている」等が放送
五月十五日(日)　TBSラジオ　午後六時十五分〜四十五分　「スターパレード」
加山雄三、水原弘放送
五月十九日(木)　TBSラジオ　午前十一時十五分〜五十分　加山雄三、橋幸夫放送
五月二十日(金)　TBSラジオ　午後九時〜十時　「ヒットパレード」
「君といつまでも」ベンチャーズ、「ミッシェル」「ノーウェア・マン」ビートルズ等が放送
五月二十二日(日)　TBSラジオ　午前九時〜三十五分　「ニューヒットパレード」加山雄三
五月二十二日(日)　ニッポン放送　午前十時〜三十分　加山雄三、橋幸夫放送
五月二十二日(日)　TBSラジオ　午後十二時十分〜一時　「今週のベストテン」
「君といつまでも」ベンチャーズ、「バンバン」シェール、「ミッシェル」ビートルズ等が放送
五月二十二日(日)　ニッポン放送　午後六時〜三十分　「エレキコンテスト」
「ハーバー」ダカース

五月二十二日（日）　ＴＢＳラジオ　午後六時十五分〜四十五分　「スターパレード」
加山雄三、城卓也、西夏絵放送
五月二十三日（月）　ＴＢＳラジオ　午前十一時十五分〜五十分　加山雄三、渡哲也放送
五月二十七日（金）　ＴＢＳラジオ　午後九時〜十時　「ヒットパレード」
「君といつまでも」ベンチャーズ、「スループ・ジョンＢ」ビーチボーイズ等が放送
五月二十九日（日）　ＴＢＳラジオ　午前九時〜三十五分　「ニューヒットパレード」加山雄三
五月二十九日（日）　ニッポン放送　午前十時三十分〜十一時　「歌はあなたと共に」
加山雄三、三田明放送
五月二十九日（日）　ＴＢＳラジオ　午後十二時十分〜一時　「今週のベストテン」
「冷たい愛情」「君といつまでも」ベンチャーズ、「ガール」ビートルズ等が放送
五月二十九日（日）　ＴＢＳラジオ　午後五時四十五分〜六時四十五分　「リスミー・サンデー」
スターパレード　加山雄三放送
五月二十九日（日）　ニッポン放送　午前九時三十分〜十時　「歌はあなたと共に」
加山雄三、三田明放送
五月二十九日（日）　ニッポン放送　午後六時〜三十分　「エレキコンテスト」
フォール・コンズ　ベンチャーズの「君といつまでも」が何度も登場しており、加山のオリジナル「君といつまでも」と共に大ヒットしていたのでしょう。ちなみにベンチャーズ盤「君といつま

でも」はラジオ番組「ユア・ヒット・パレード」の年間第一位。

〈一九六六年六月〉

六月三日(金)　ニッポン放送　午後三時五十分〜四時三十分　「歌の並木路」加山雄三

六月五日(日)　ニッポン放送　午前十時〜十一時　「歌はあなたと共に」加山雄三、三田明放送

六月七日(火)　ニッポン放送　午後五時五分〜四十五分　加山雄三、井沢八郎放送

六月九日(木)　ニッポン放送　午前十一時二十分〜四十分　加山雄三、石原裕次郎放送

六月十日(金)　TBSラジオ　午後九時〜十時　「ヒットパレード」

「君といつまでも」ベンチャーズ、「ミッシェル」「ひとりぼっちのあいつ」ビートルズ、「夢の中に君がいる」等が放送

六月十一日(土)　ニッポン放送　午前一時四十五分〜二時　「花形歌手」加山雄三集

六月十二日(日)　TBSラジオ　午後二時〜三時　「L盤アワー」

加山雄三とランチャーズ(LP『Exciting Sounds of Yuzo Kayama and the Launchers』)より、シングル曲「白い浜」「ブーメラン・ベイビー」が紹介されたと考えられます。

六月十五日(水)　文化放送　午後九時三十分〜十時　「ピンチャンの歌謡マンガ」

加山雄三、水前寺清子放送

六月十六日(木)　TBSラジオ　午前十一時十五分〜五十分　加山雄三、都はるみ放送

六月十九日(日)　TBSラジオ　午後八時〜十時　「日曜リクエスト・ジョッキー」
加山雄三、園まり放送
六月二十五日(土)　TBSラジオ　午前十一時十五分〜五十分　加山雄三放送
六月二十六日(日)　TBSラジオ　午前九時五分〜三十五分
特集・ビートルズ対加山雄三(ビートルズ来日直前、一方で加山雄三&ザ・ランチャーズは大ヒット中。どんな番組だったのでしょうか。放送内容を考えたくなってしまうタイトル)
六月二十六日(日)　TBSラジオ　午後二時五分〜三時　「L盤アワー」
「白い浜」加山雄三(シングル曲「白い浜/ブーメラン・ベイビー」がリリースされており、そのプロモーションか)
六月二十六日(日)　TBSラジオ　午後五時四十五分〜六時四十五分　「リスミー・サンデー」
スターパレード　加山雄三放送
六月二十六日(日)　文化放送　午前十一時三十分〜十二時　加山雄三、城卓也放送
CBSのシングル「白い浜/ブーメラン・ベイビー」には、洋楽のシングル盤と同様に解説がついていたので紹介します。当時のイメージが伝わりやすく興味深いからです。

「加山雄三プロフィール」
昭和十二年四月十一日午前十一時五分生まれ。横浜は東神奈川の海の見える丘。後年の海好きは

ここに由来するそうです。その後茅ヶ崎に移り、小学校、中学校を経て、高校から慶應にすすみました。大学では法学部政治学科に籍をおき、三十五年に卒業。スポーツは万能ですが、とくにスキーは神奈川県を代表して、三十四年の蔵王、三十五年の志賀高原の国体に出場したほどの腕前です。トニー・ザイラーとは彼が有名になる前から親交があり、彼直伝のスキー・テクニックは、かつてスキー仲間をおおいに羨望させました。三十五年五月、東宝に入り、上原謙を父に、小桜葉子を母にもつ毛並みのよさで、たちまち第一線のスターになり、「若大将」シリーズなどで活躍しました。身長一七四センチ、胸囲一〇〇センチ、体重六四キロ、視力二・〇。

しかも、これら娯楽性とならんで黒澤明監督作品『椿三十郎』『赤ひげ』に出演、映画俳優としての実力もたかく評価されています。ことに『赤ひげ』はまる一年、ほかの映画主演を犠牲にした体当たりの熱演で、すばらしい演技をみせてくれました。

いっぽう、ポピュラー音楽の面でも弾厚作というペンネームを使って、自作自演で活躍していますが。日本では、もっとも早くからエレキを演奏しており、一九六五年の夏来日したベンチャーズの一行とも親交があり、リードギターのノーキー・エドワーズは、愛用のギター〝モズライト〟を彼にゆずっていったほどです。このレコードのB面では、そのモズライトが使われています。ジャズを子守歌に育った彼、クロイツアーにピアノを師事した彼、それはこの一枚のレコードをさらに楽しいものにしてくれるはずです。

「白い浜」(ON THIS BEACH)

『赤ひげ』の前の作品、三十八年（一九六三年）の『太陽は呼んでいる』で西伊豆の岩地にロケーションにいったとき、そこの海辺の美しさ、白い砂と真っ青な水のコントラストにインスピレーションを得て、ハワイアン風に彼が作曲したものです。歌のバックは、学生のあいだで人気の高いハワイアンバンド、白石信とナレオ・ハワイアンが担当しております。

「ブーメラン・ベイビー」（BOOMERANG BABY）

ブーメランというおもちゃを御存知ですか。大流行とまではなかったけれど、一時はやりましたね。半月形をしていて、投げるとクルッククルッとまわって、またもとの所に戻って来るあれです。もともとは、オーストラリアの土人たちのカンガルーをとるための道具だったそうです。このおもちゃを〝恋〟にひっかけて彼が作曲したのがこの曲です。〝お前を捨てて遠くに飛んでいったけど、やっぱりもどってきたよ……〟といった調子の曲です。

このような内容が六月発売のシングル盤のライナーノートに書かれていました。

〈東芝音楽工業ディレクター／名和治良のコメント〉　一九六六年六月

加山雄三の初代レコード・ディレクターは名和治良です。このディレクターが湘南ポップスの基盤を作った人物の一人といってもよいかもしれません。名和は、一九二八年東京生まれで、加山や喜多嶋兄弟と同様に慶應義塾大学卒です。大学在学中に、これまた慶應義塾大学のＯＢである大橋節夫が設立したハワイアン・バンドである大橋節夫とハニー・アイランダースに所属しています。

大学卒業後とともに日本コロムビアに入社し、小坂和也や朝丘雪路等を担当しています。その後一九五九年に東芝音楽工業に移籍し、井沢八郎、水原弘、越路吹雪等を担当するようになりました。加山との接点は、加山のデビュー曲「夜の太陽」で、作曲家中村八大からレコーディング前夜に作詞を依頼され、そのまま加山担当になったそうです。それ以降のシングル曲、ならびに加山自身が作曲した「恋は紅いバラ」「君といつまでも」「ブラックサンドビーチ」「夕陽は赤く」までレコーディング・ディレクターとして担当したのです。東芝音楽工業でのファーストアルバム『加山雄三のすべて　ランチャーズとともに』は、アルバム内にはクレジットはありませんが、名和治良が担当したのでしょう。名和は、一九六七年東芝音楽工業退社後は、作詞・訳詞家として活躍しています。ペンネームは三佳令二の名で「釜山港へ帰れ」などの韓国ポップの訳詞など多数あるそうです。では、そんな名和治良が、月刊誌「近代映画」(一九六六年六月号)に残した加山に対するコメントを紹介します。

弾厚作。いい名前である。今や人気絶頂の加山雄三の別名であることは、ご存知のとおりだ。彼は山田耕作氏と團伊玖磨氏を尊敬しているからちょっと拝借して自分のペンネームにした、といっているが、やっぱり、厚かましく弾いて厚かましくつくるから弾厚作とした、といったほうが合っているかもしれない。

そして、「恋は紅いバラ」「君といつまでも」「夜空の星」「夕陽は赤く」「蒼い星くず」とたてつづけの大ヒット、まったくおみごとである。いまや押しも押されぬ大作曲家である。

彼は「音楽は趣味だから」とよくいうけど、それは一種のテレカクシであろうし、また、趣味もここまでくれば、もうなにをいわんやである。いまやその趣味も、彼の本職の映画俳優と並んで、実益をあげるもうひとつの本職になってしまっている。

実際、彼に会うと必ずといっていいくらい、いつでもギターを肩にかけて、それこそ歩きながらでも弾いて歌っている。

もちろん、撮影所に通う自動車のなかにも、小型のテープ・レコーダーがおいてあって、メロディーが浮かぶと忘れられないうちにと、テープに録音してしまうといったぐあいである。

彼は、大学を卒業後、自分の職業として映画俳優をえらんだ。そして彼は、俳優という職業を一生の仕事として愛してきた。しかし、いまでは音楽というものが、彼にとって、切っても切りはなせない職業になってしまったのである。

歌っているとき、ランチャーズの面々と演奏しているとき、ほんとうに楽しそうである。数年前、若大将シリーズがはじまって主題歌を入れたころとは、大変な変わりようだ。

もともと当時の彼は、実際に音楽というものは趣味の域を出なかっただろうし、彼自身も、決して主題歌を入れることに乗り気ではなかった。文芸作品にあこがれ、三船敏郎を夢みた若い加山雄三であったのだ。

大衆の人気もあった。だが、なにか一本抜けていて、伸び悩んだ時代でもあった。そして、三、四年前の原因不明の病期。ただ、家でぶらぶらしているのが、退屈でしようがなかった時代。おそらく、現在の弾厚作が生れたのはこのころからであろう。

だから、「恋は紅いバラ」「君といつまでも」の大ヒットで、ぼくは、加山雄三のヒットの原因は、とジャーナリストから聞かれると、「人気がまだ固まらない時代に、文芸作品にあこがれ、映画は一般大衆の娯楽であるという鉄則から離れていた彼が、この一種のブランクの時期に考え、反省し、目ざめて、仕事に対してよりいっそうの努力と根性を持ったから。そして、おりからのエレキブーム、また、海を愛し、山を愛する彼の若い、たくましさと清潔さ、これらがうまくタイミングをつかみ、爆発したんだ」と、いうのである。

彼のところにきたファンレターのなかに、こんなのがあった。「加山雄三さんの歌ってほんとうにへたくそね。でも大好き」というのが……。

こんなところにも、ずいぶんと、ヒットの秘密がかくれているような気がする。

そのうえ、上原謙を父に、小桜葉子を母にもつ毛並みのよさにもかかわらず、ドカ弁を愛する彼。いつでも、どこでもゴロネしてしまう彼。どんなに疲れていても、サインも仕事のうちと割り切って、気持ちよくサインする彼——こんな気安い彼が大衆に愛されないはずがない。

ある家庭の主婦が、「加山さんには、石原裕次郎のような、一種の夜のムードがなく、いつも太陽が輝いている明るさがある」とぼくにいったことがある。なるほどである。

ひまをみてはスキーをやり、愛用の光進丸を走らせる彼をみれば、不健康なところはひとつもない。〈太陽と海と山〉——この三つは、彼になくてはならないものなのだ。

そのせいか、彼のつくるものには、海をテーマにしたもの、山をテーマにしたものが非常に多く、メロディーを聞いても大変スケールが大きい。そのなかには、毛並みのよさのせいか、コセコセしたものがなにもない。「ぼくは女の人の歌う歌は書けない」とよくいうが、彼の心の中に生きる夢、愛するものが自然であるならば、それも当然のことかもしれない。

彼のつくったメロディーついては、ときどき批判を耳にする。それについては、彼はこんなことをいった。「感覚だけで作曲しているとは思われたくない。クラシックの勉強もしたし、コードの進行もいちおう、このからだで知っている。だからといって、作曲するのに大げさにかまえるつもりは毛頭ない。わき出たイメージを、ただすなおに表現することだと思っている。頭のなかに音楽がたくさんつまっていて、そのときどきに自然に感じた音をすなおに表現する。それがぼくの、作曲に対する姿勢でもあるわけです。なにかにこだわるようになったら、音楽をつくることをきっとやめるでしょう。だからみなさんも、自然な気持ちで気安く聞いたり、歌ったりしてください」

つまり自然にすなおにつくる、これが彼の作曲態度なのである。

ただ、ここでいえることは、たとえばなにごとにおいても、これでじゅうぶん、これで完全ということは、決してないということである。

いまのブームをもっと完全に、そして永久のものにするには、まだまだ多くのものを吸収し、学んでいかなければならないだろう。努力もしなければならないだろう。人の意見に耳をかたむけなければならないときもあるだろう。そして、それらを自分なりに消化していくことも、たいせつなことである。

とにかく、いまはいちばんたいせつなときである。山あれば谷ありという。追われる身なのである。その場に立つ者にとって、現在の地位を保つということは、大へんに苦しいことである。人一倍の努力が必要なのである。

後退は許されない。それこそ、毛並みのよさ、育ちのよさを、今後も発揮しつづけてほしいのだ。タイはくさってもタイである。いつまでも、いつまでもみんなの加山雄三、弾厚作であるよう、がんばってほしいのだ。映画に音楽に活躍する、文字どおりの大スターになってほしいのだ。

このようなコメントは、名和が加山を直接観察し、作曲法なども実際に見ていてのコメントなので、非常にリアリティがあるのです。なお、「夕陽は赤く」の次作「お嫁においで」やサードアルバム『ハワイの休日』で、ハワイアンが大きく取りあげられているのは、当時日本の夏のハワイアン・ブームがあったかもしれませんが、名和治良の影響も存在したかもしれません。それに加山の「お嫁においで」等の演奏、アレンジ等を大橋節夫に依頼しているのですから、方向性だけで作って、次期ディレクターの渋谷森久にひきついだのかもしれません。

〈加山雄三&ザ・ランチャーズ&ザ・ベンチャーズ〉　一九六六年六月

加山雄三(&ザ・ランチャーズ)とザ・ベンチャーズを直接的にまとめた文章は、あまり見かけたことはありませんでしたが、月刊誌「近代映画」六月号に、「ギターに結ばれた友情　ベンチャーズと加山雄三」という記事がありましたので紹介したいと思います。

昭和四十年（一九六五年）の初夏のことである。東宝映画『バンコックの夜』の現地ロケを終えて日本に帰った加山雄三に、楽しいスケジュールが待っていた。世界のエレキ界のトップを、ビートルズとともに争うザ・ベンチャーズとの仕事が決まっていたのだ。

音楽を愛し自らも弾厚作というペンネームで作曲もするし、エレキギターを持たせてはプロ並みの実力を有している加山にとって、ベンチャーズとの対面は楽しみだったのだ。

フジテレビのスタジオで、そのご対面の日がやってきた。ベンチャーズのひとりひとりに紹介され、テレビ出演した。ベンチャーズのメンバーは誰一人として加山雄三のことをよく知ってはなかった。「このテープ、ぼくが作曲してぼくのバンドで演奏、自分で歌ったんです」

加山はベンチャーズのマネージャーに一本のテープを渡した。「ブラック・サンド・ビーチ」をはじめ、四曲の作品が収められているテープであった。

待っていたベンチャーズとのご対面はあっさりと済んだ。ベンチャーズは日本の各地で熱狂的なファンの歓迎を受け、公演は大成功を収めた。やがて彼らがアメリカに帰る日が近づいてきた。

そんなあわただしい公演を続けているベンチャーズのマネージャーから。ある日のこと加山の自宅に電話がかかってきた。「ミスター・カヤマ。アナタの作曲したテープを聴いた。グレイトだ！グループの連中が帰国前にもう一度ぜひ逢いたいと云っている。そして、ユーにギターをプレゼントすると云っている。逢ってくれないか」

加山は電話の受話器を持ったままビックリした。ベンチャーズの連中がテープを聴いてくれたのである。「グレイト！」と云ってくれたのだ。

日本公演の最終日は川崎公会堂で行なわれた。加山は楽屋でベンチャーズと再会した。彼らは喜んで加山を迎えてくれた。ミスター・ノーキーが飛んできた。

「ミスター・カヤマ、ユーの作品はグレイトだ！」

大きな手が伸びた。

開幕を告げるベルが鳴った。加山は舞台のそでで、ベンチャーズの演奏を聴いていた。美しいサウンドに一種のはげしさを感じた。公演は終わった。飛行機の時間を気にしながらミスター・ノーキーが、加山に近づいてきた。「ミスター・カヤマ。ユーはギターの演奏も実に上手い。日本での公演も無事に終わったので、ユーにこのギターをプレゼントしよう」

彼の手には、つい数分前に舞台で使われたノーキー愛用のモズライトのギターがあった。加山の手に渡されたギターには、ノーキーの汗のあとがまだ消えないでいた。

ベンチャーズは帰国した。日本とアメリカを結ぶ美しい友情を残して……

加山バンドであるランチャーズのギターとは、音に違いがあるステキなギターであった。日本円に計算して二十七万円。

舞台活動を続けてみると、世界のトップといわれるモズライトのギターとはどうも音が合わない。

あと二台のギターが欲しかった。

三度目の来日公演の打合せと準備のために日本を訪れたマネージャーに、加山が逢った。そして今度の来日のとき、あと二台のギターを買ってきてもらいたいと頼んだ。マネージャーは快く引き受けてくれた。

三度《みたび》ベンチャーズは来日した（一九六六年三月）。加山は二台のギターの代金を用意して、ベンチャーズと再会した。彼らの荷物のなかには真新しい二台のモズライト・ギターがふくまれていた。代金を出したが受け取らない。

「アメリカでミスター・カヤマの作品をレコーディングした。大変な評判だ。ベンチャーズにとってユーゾウ・カヤマは大切な作曲家である。ドンドンいい曲を送って欲しい。この二台のギターは作曲家、カヤマへのベンチャーズからのプレゼントである」

加山はテレビで一回しかゲスト出演できなかった。彼らの前歌として全国を巡演し、ベンチャーズからいろいろと学びたかったのである。

「今度日本を訪れるときには、カスタル製のアンプを三個持ってこよう。これはいまアメリカで研究中の新製品で、文句なしにアンプでは世界のナンバーワンだ。このアンプを使って、またスバラシイ作品を書いて欲しい」

四度来日の七月には、二千ドルの新型アンプ三台が、ベンチャーズの荷物のなかにふくまれていることだろう。

最後に加山雄三のベンチャーズ寸評を紹介しておこう。

ノーキー・エドワーズ(リード・ギター)
たいへんな努力家ですネ。かたときもギターを離しません。普段は物静かですが、どうしてあのようなサウンドが出るのか不思議です。
ドン・ウィルソン(サイド・ギター)
ベンチャーズの発展に一番努力した人ですネ。それだけにたいへん仕事に厳しい人です。
ボブ・ボーグル(ベース・ギター)
紳士です。ドン・ウィルソンさんと二人でベンチャーズの発展のためにつくした人で、技術面では頭が下がります。
メル・テーラー(ドラムス)
見たところはコワイ感じですが、非常に優しく親しみやすい人です。テクニックは最高!
ザ・ベンチャーズ
あの落ち着いた雰囲気で、どうしてあのようなはげしいサウンドが生れるのか不思議。日本の若い演奏者が、身体をゆさぶって若さとか、はげしさを表現しているのに比べて、その違いはいかにも芸術だと感じますネ。謙虚です。紳士です。テクニックは最高。美しいサウンドのなかに、心《ハート》があります。

ベンチャーズの三度目の日本公演の際(一九六六年三月)、ヒルトン・ホテルで行われた記者会見の席上、「みなさんは加山雄三をどう思いますか?」との質問に対し、四人は口を揃えて、こう答えた。「ミスター・カヤマ? オー、グレイト!」

以上のように一九六五年七月、一九六六年三月の二回のベンチャーズ来日公演で、加山雄三(&ザ・ランチャーズ)はベンチャーズと共演し、しかも一九六六年四月にはベンチャーズの演奏で「君といつまでも」がリリースされ、朝日新聞紙上でポピュラー盤で一位、さらには文化放送の番組「ユア・ヒットパレード」で年間一位となる大ヒットを生み出しています。一九六六年はビートルズ来日の年でもありますが、日本では加山雄三&ザ・ランチャーズの一年で、まだまだベンチャーズも大人気だった一年なのです。

〈一九六六年七月〉

一九六六年七月来日時録音音源のベンチャーズ・ライブLPとして一九六七年にリリース。

LP『オン・ステージ・アンコール』一九六七年一月発売

A面①ラ・バンバ②蜜の味③秘密諜報員④夢のカリフォルニア⑤バッドマン⑥ナポレオン・ソロのテーマ　B面①二人の銀座②君といつまでも③夜空の星④007—0011⑤ワイプ・アウト'66

六度目の来日で一九六六年七月十七日〜九月十一日まで日本に滞在。このときのライブ録音です。

当然大ヒットしていた「君といつまでも」「夜空の星」はライブで演奏されており、このベンチャーズのカバー演奏も、加山雄三人気をさらに増加させたと考えられます。

七月一日(金)　夕刊記事　ビートルズに関して

一万人以上の聴衆でうまったザ・ビートルズの日本初公演(三十日夜、日本武道館)は完全にファンの絶叫にぬりつぶされた。ものものしい警官などの警備で、客席とは集団の騒ぎはおこらなかったが、そのおしつけられたファン心理は、鼓膜の破れるような歓声や悲鳴の嵐となって爆発し、音楽をかきけした。ザ・ビートルズは記者会見で「音楽を聴くのはレコード、顔を見るにはコンサートの方で区別していますよ」といったが、まったくそのとおりだとの声も聞かれた。当時はこんなことが言われていたのですね。

七月一日(金)　TBSラジオ　十時十分～二十五分　「ホームソング」

加山雄三(この時点で発売されていたシングル「お嫁においで／アロハ・レイ(さよなら恋人)」が対象であったと考えられます)

七月二日(土)　TBSラジオ　午前十時十分～二十五分　「ホームソング」加山雄三

七月二日(土)　ジャズのジョン・コルトレーンがやって来ると記載されています。

七月三日(日)　TBSラジオ　二時五分～三時　「L盤アワー」「白い浜」加山雄三等が放送

七月三日(日)　歌謡曲の新盤

橋幸夫：汐風の中の二人　三田明：悲しいくちづけ　ジャニーズ：バットマン　島和彦：恋人た

ちの夜　都はるみ：さよなら列車　舟木一夫：踊ろうぼくと　美空ひばり：悲しい酒　加山雄三：お嫁においで　日野てる子・高橋丈二：青山の灯も消えて　青山ミチ：ワン・ナイト・ワン・キス

七月三日(日)　ニッポン放送　午後八時三十分〜九時　「大木豊の歌謡ジャーナル」

加山雄三、大月みやこ放送

七月四日(月)　夕刊記事

加山雄三の東京で初めてのワンマンショーが十五日から三日間、日劇で開かれるが、その前売券のために「徹夜組」が出た。発売日は三日の日曜だというのに、前夜から約二十人の女子高校生が毛布持参で待機。三日の朝六時ごろには千人近くのファンが劇場を取り巻いた。その八割までが高校・中学の女学生で、〝仕方ない〟といった表情の付き添いの母親の姿も多かった。名古屋や静岡からの長距離電話も含めて、早くから問合せが殺到していたので、劇場側も十三人の行列整備員を準備していたが「さすがに加山のファン。品がよくてこちらの指示におとなしく従ってくれます」と。

ビートルズの人気はすごかったかもしれませんが、この時点では加山雄三（&ザ・ランチャーズ）の人気もすごかったことを示すエピソードです。

七月六日(水)　文化放送　午後一時四十五分〜二時　加山雄三　歌の花かご

七月八日(金)　ニッポン放送　午後五時十五分〜四十五分　加山雄三、西田佐知子放送

七月八日(金)　夕刊記事　各社ニュース映画として、見もの〝ビートルズ騒動〟と記載

七月十日(日)　試聴室

ペリー・コモ：LP『オルフェの歌』　トニー・ベネット：LP『スクリーン・ベスト』　ボブ・ディラン：LP『ボブ・ディラン第四集』　チェット・アトキンス：LP『ビートルズを弾く』

七月十三日(水)　ニッポン放送　午後五時五分～四十五分　加山雄三、都はるみ放送

七月十五日(金)　夕刊記事　映画『大空戦』、加山いいムードとありました。

同じ七月十五日の記事に、ビートルズ首位転落とありました。レコード「ペイパーバック・ライター」は七月第三週のポピュラー音楽ベストテンで首位の座からすべり落ちたと報じています。ニューヨークでは四位に、ロンドンでは八位でした。この七月十五日に、加山雄三とビートルズの記事が同時に記載されていたのです。

七月十六日(土)　TBSラジオ　午前十一時十五分～四十五分　ビートルズ、加山雄三(ビートルズ来日中に加山雄三がビートルズと会ったことは、各種メディアを通じて報道されていたので、会見についての話もあったかもしれません)

七月十七日(日)TBSラジオ　午後二時五分～三時　「L盤アワー」

加山雄三、バーズ(この頃バーズは「ターン・ターン・ターン」をヒットさせていたのでしょうから、加山雄三&ザ・ランチャーズの曲と同一番組で放送されたと考えられます)

七月二十一日(木)　新聞広告　「近代映画」九月号　海と太陽とは俺たちの友だち

加山雄三・西郷輝彦の顔合わせ特集と記載がありました。

七月二十四日(日)　TBSラジオ　午後五時四十五分～六時二十五分　「リスミー・サンデー」

加山雄三、城卓也放送
七月二十九日(金)　夕刊広告　映画『フランキー・アンド・ジョニー』
主演エルヴィス・プレスリー

〈一九六六年八月〉
八月四日(木)　TBSラジオ　午前十一時十五分〜五十分　加山雄三、舟木一夫放送
八月四日(木)　ニッポン放送　午前十一時二十分〜四十分「アロハ・レイ」加山雄三等が放送
八月六日(土)　フジテレビ　午後九時四十五分〜十時「歌うトップスター」
加山雄三、ザ・ランチャーズ出演
八月六日(土)　TBSラジオ　午前十一時十五分〜五十分　加山雄三、久保浩放送
八月六日(土)　ニッポン放送　午後一時四十五分〜二時「花形歌手」加山雄三集

八月六日(土)　夕刊　ヒット盤
ポピュラー　①ブロード・サイド・フォー：若者たち　②ビートルズ：ペイパーバックライター
③マイク真木：バラが咲いた　④シェール：バン・バン　⑤ブルー・コメッツ：青い瞳
歌謡曲　①加山雄三：お嫁においで　②加山雄三(&ザ・ランチャーズ)：夕陽は赤く／蒼い星くず　③西郷輝彦：星のフラメンコ　④城卓也：なぐりとばして別れよか　⑤マヒナスターズ：銀座

ブルース（都内レコード店調べ）

この時点で加山雄三はベスト5に三曲（「夕陽は赤く」と「蒼い星くず」は両面ヒット）もチャートに入っていたことになります。これはビートルズの曲がベスト5を占めていたのと同等のインパクトがあると示唆されます。ベスト10までは不明ですが、ベスト10以内に「君といつまでも」もチャート・インしていたかもしれません。

八月七日（日）　ＴＢＳラジオ　午後六時～四十五分　「スターパレード」加山雄三、坂本九
八月七日（日）　ニッポン放送　午前十一時三十分～十一時　「歌はあなたと共に」
加山雄三、西郷輝彦放送
八月九日（火）　ＴＢＳラジオ　午前十一時～五十分　加山雄三、橋幸夫放送
八月十三日（土）　ＴＢＳラジオ　午前十一時十五分～五十分　加山雄三、美空ひばり放送
八月十四日（日）　ＴＢＳラジオ　午後五時四十五分～六時四十五分　「リスミー・サンデー」
加山雄三、城卓也放送
八月十四日（日）　ニッポン放送　午前十時三十分～十一時　「歌はあなたと共に」
加山雄三、西郷輝彦放送
八月十五日（月）　ＴＢＳラジオ　午前十時十分～二十五分　「ホームソング」加山雄三
八月十六日（火）　ＴＢＳラジオ　午前十一時十五分～五十分　加山雄三、三橋美智也放送

八月十七日(水)　ＴＢＳラジオ　午前十時十分〜二十五分「ホームソング」加山雄三
八月十九日(金)　ＴＢＳラジオ　午前十時十分〜二十五分「ホームソング」加山雄三
八月二十一日(日)　文化放送　午前十一時三十分〜十二時　加山雄三、城卓也放送
八月二十一日(日)　新聞広告「近代映画」十月号　加山雄三・タヒチに遊ぶ
八月二十二日(月)　ＴＢＳラジオ　午前十時十分〜五十分分　加山雄三、竹越ひろ子放送
八月二十二日(月)　ＴＢＳラジオ　午後八時〜十時「月曜リクエストジョッキー」
「お嫁においで」加山雄三、舟木一夫等が放送
八月二十五日(木)　ニッポン放送　午前十一時二十分〜十一時四十分　加山雄三、バーブ佐竹
八月二十五日(木)　夕刊記事
八月二十七日から一週間、日劇で第三十回ウエスタン・カーニバルが開かれる。今年の出演の顔ぶれをみると、ジャッキー吉川とブルーコメッツ、ザ・スパイダース、ブルー・ジーンズなどエレキバンドがずらり。歌手も望月浩、木の実ナナ、槇みちるなどウエスタンというよりポピュラー・パレードといった感じだ、と記載されています。この内容を見ても、後のグループサウンズの時代といわれる状況とは、ちょっと異なるのです。
八月二十六日(金)　ＴＢＳラジオ　午前十時十分〜十時二十五分「ホームソング」加山雄三
八月二十七日(土)　ＴＢＳラジオ　午前十一時十五分〜五十分　加山雄三、橋幸夫放送
八月二十八日(日)　ニッポン放送　午後六時〜四十分　加山雄三出演

八月二十八日(日)　ＴＢＳラジオ　午後五時四十五分〜六時四十五分「リスミー・サンデー」加山雄三、赤木二郎放送
八月三十一日(水)　ＴＢＳラジオ　午後零時四十分〜一時　加山雄三　歌の花束
七月から八月にかけてハワイアン調のシングル曲「お嫁においで」と「白い浜」は何回も放送されたに違いありません。

〈一九六六年九月〉
九月一日(木)　ＴＢＳラジオ　午前十一時五分〜四十五分　加山雄三、三波春夫放送
九月一日(木)　ニッポン放送　午前十一時二十分〜四十分　加山雄三、倍賞美津子放送
九月二日(金)　ＴＢＳラジオ　午前十時十分〜二十五分「ホームソング」
加山雄三(九月十五日発売　朝日放送ホームソング「霧の舗道」を放送か)
九月二日(金)　ニッポン放送　午前十一時二十分〜四十分　加山雄三、梓みちよ放送
九月五日(月)　ＴＢＳラジオ　午前十時十分〜二十五分「ホームソング」加山雄三
九月五日(月)　ＴＢＳラジオ　午後八時〜十時「月曜リクエストジョッキー」
加山雄三「お嫁においで」、西郷輝彦「星のフラメンコ」が放送
九月六日(火)　ＴＢＳラジオ　午前十時二十分〜十一時　加山雄三、灰田勝彦放送
九月六日(火)　新聞広告　映画『歌う若大将(日劇・加山雄三ショーより)』

①君といつまでも　②マイ・ジプシー・ダンス　③君の瞳の蒼空　④蒼い星くず　⑤白い浜　⑥波乗り　⑦お嫁においで　⑧砂と波　⑨アロハ・レイ（さよなら恋人）　⑩夜空の星　⑪夕陽は赤く　⑫ブーメラン・ベイビー　⑬ブラック・サンド・ビーチ　⑭恋は紅いバラ　⑮俺は海の子

このような曲を見ていくとシングル曲である①②④⑤⑦⑨⑩⑪⑫⑬⑭⑮でステージが構成されており、ヒットパレードということになります。それと加山雄三＆ザ・ランチャーズのステージの映像はバンドスタイルで、日本のポップス・ロック史の原点をとらえている貴重なものです。まさに第二の革命中ともいえます。

九月七日（水）　ＴＢＳラジオ　午前十時十分～二十五分　「ホームソング」加山雄三
九月九日（金）　ＴＢＳラジオ　午前十時十分～二十五分　「ホームソング」加山雄三
九月九日（金）　ニッポン放送　午後五時五分～四十五分　加山雄三、西田佐知子放送
九月十日（土）　ＴＢＳラジオ　午前十時十分～二十五分　「ホームソング」加山雄三
九月十一日（日）　ＴＢＳラジオ　午後五時四十五分～六時四十五分　「リスミーサンデー」加山雄三、赤木二郎放送

九月十一日（日）の朝日新聞にレコード大賞をめざしてという記事があり、そのなかで加山雄三がトップであったことを述べていますので紹介します。

ことしの歌謡曲界は九月にはいるまで、加山雄三（東芝）という大型台風が吹き荒れた。少しあぶなっかしい歌いぶり、甘い歌声、底抜けに明るい健康ムード。いままでの歌手にはあまり見られな

かった新しい男性的魅力が人気をえた。「君といつまでも」「蒼い星くず」「お嫁においで」等でる曲はほとんど連続ヒットした。その勢いは「素人歌手にかきまわされた」とほかのレコード会社をなげかせたほど。ほかは完全にお手上げの状態だった。だが、加山にとってはこれからがむつかしい時期だろう。さきにあげた曲もそろそろ売れ行きがにぶりはじめている。しかし、こんどは加山のペンネーム弾厚作作曲の「霧雨の舗道」を新しく出す。それに十月からはじまるテレビのワンマン・ショーでも自作の新曲を発表して行くという。これからがみものといえよう。この時点はレコード大賞の最有力候補だったのです。

九月十二日(月)　ＴＢＳラジオ　午前十時十分～二十五分　「ホームソング」加山雄三

九月十四日(水)　ＴＢＳラジオ　午前十時十分～二十五分「ホームソング」加山雄三

九月十六日(金)　ＴＢＳラジオ　午後九時～十時　「ヒットパレード」

「黄色いバラ」ジャッキー・デ・シャノン、「素敵じゃないか」ビーチ・ボーイズ等が放送

九月十七日(土)　カンヌ映画祭グランプリ　映画『男と女』近日公開

ピエール・バルーとアヌーク・エーメが撮影中にロマンスが芽ばえ四月に結婚しています。

九月十七日(土)　ニッポン放送　午後十時～三十分

クリフ・リチャード特集「イパネマの娘」、「ワンノート・サンバ」「燃ゆる初恋」「静かなる星の夜」等が放送。クリフ・リチャードはビートルズ出現以前は、英国のロックポップの王道でしたが、ビートルズ出現以降はアダルト向けのＬＰ等に方向転換も試み、ボザノヴァを中心とするＬＰ『カ

インダー・ラテン』を一九六六年にリリース。これが放送されたのです。
九月十八日(日)　ＴＢＳラジオ　午前九時五分〜三十五分「ニューヒットパレード」
加山雄三他
九月十九日(月)　ＴＢＳラジオ　午前十一時十分〜五十分　加山雄三、畠山みどり放送
九月二十一日(水)　新聞広告「近代映画」十一月号　加山雄三船長の航海日誌
九月二十五日(日)　ＴＢＳラジオ　午前九時〜三十五分「ニューヒットパレード」加山雄三
九月二十五日(日)　文化放送　午前十一時三十分〜十二時　加山雄三、城卓也放送
九月二十五日(日)　ＴＢＳラジオ　午後五時四十五分〜六時四十五分「リスミー・サンデー」
加山雄三、城卓也放送
九月二十八日(水)　夕刊記事　十月三日、ドイツのウェルナー・ミューラーと彼のオーケストラ来日
九月二十九日(木)　夕刊記事　花盛りフォークソングというタイトルの記事。この時点では、フォークソング・ブームとなっていた証拠なので紹介します。

フォークソングがいま若い層の間で大もてである。レコード会社も新しいフォークグループを作りだすのに懸命だし、フォークソングを扱った映画も制作中だ。フォークソングが流行したきっかけは、マイク真木の「バラが咲いた」だろう。続いて学生たちで編成したザ・ブロード・サイド・フォー(黒澤久雄等が在籍)が「若者たち」、ザ・サベージが「いつまでもいつまでも」で人気を得

た。また既成のエレキバンド、ジャッキー吉川とブルーコメッツが「青い瞳」「青い海」と連続ヒットを出してもりあげた。この秋にはマイクが「風に歌おう」、ザ・ブロード・サイド・フォーが「星に祈りを」と新しい歌を出してはりきっている(途中略)。大学生の間ではフォークバンドをつくってお互いにコンテストをやって楽しむのが盛んだ。日本コロムビアで八月に全国フォークソング・フェスティバルを催したところ、全国から二百組をこえる参加申込みがあり、これで優勝したヴェーグ・ランド・カルテットはすでにプロとして出発している。また全音主催で催した関東地方だけのフェスティバルでも約五十組が参加、ザ・パイオニアズという二人組がプロ歌手になった。東芝音工では、ザ・ワイルド・ワンズ、キングではシャープ・ホークスというグループを出して、〝フォーク・ロックの線〟をねらっている。そのほかフォークソングだけを演奏する喫茶店やビヤホールなども続々できていて喫茶店専属のバンド(ヴィレッジ・シンガーズ)も現れた。

また松竹ではこの機会に映画『銀嶺は恋してる』を製作中だ。サブタイトルが「フォークで行こう」で竹脇無我、香山美子が主演。主題歌の「バンジョー野郎」を竹脇が歌うほか、本格的なフォークグループのザ・シャデラックスが「君についていこう」などのヒット曲を歌う。とにかく自分たちで作詞作曲して歌うという音楽的な本能を満たしてくることもあり、このフォークソングは根強く広がっていきそうだ。

以上のような内容から考えると、一九六六年当初は、ブルーコメッツの「青い瞳」等は、フォークソングの延長として考えられていたのですね。ある種の本では、ビートルズ来日後には、いわゆるロック的なGSバンドに移行したように書かれているものがありますが、これは事実ではなさそうです。一九六六年九月十五日に浜口庫之助の作詞作曲でザ・スパイダースの曲としてリリースされた「夕陽は泣いている」は、このフォークブームの一環として作られた曲と考えられるのです。ビート・バンドとして活動していたスパイダースが「夕陽が泣いている」がヒットしたことに喜べなかったのは、フォーク的歌謡曲を歌わされたことにあるのですが、このときの流れとしては、レコード会社にとっては当然のリリースだったといえるでしょう。ブルーコメッツ、スパイダース、サベージなどフォーク路線の曲をリリースしてヒットさせ、それが一九六七年以降のバンドブームに結びついたのだから、歴史とは不思議なものです。しかし、この歴史を都合よく作りかえてはいけないのです。

〈加山雄三&ザ・ランチャーズの日常〉

加山雄三&ザ・ランチャーズについての記事は一九六六年当時、まとまったものは意外と認められません。そのなかで月刊誌「明星」一九六六年九月号に、ランチャーズの記事が載っていたので紹介したいと思います。なお、当時の加山雄三&ザ・ランチャーズのメンバー(一九六六年七月頃)は次のとおりです。

①加山雄三：二十九歳。昭和三十五年慶應義塾大学卒(「夕陽は赤く」がベンチャーズの演奏で「ブルー・サンセット」として発売。すごくいいアレンジなのでランチャーズでも演奏したい)

②岩崎道夫：二十一歳。慶應義塾大学三年。ベースギター（仲間のバンド「プラネッツ」とランチャーズのかけもちで学校よりも音楽のほうが忙しい。大学を出たらあたりまえの会社員になるつもり）

③堤光生：二十歳。慶應義塾大学二年。リズムギター（練習が終わって親分と中国思想や哲学の話をするのが楽しみ。議論を戦わすが、どうしても親分に負けてしまう。）

④喜多嶋瑛：十九歳。慶應義塾大学一年。ドラム（この春のハワイに続いて夏のオーストラリア・タヒチ旅行に親分と同行。光進丸の乗組員でスキー・泳ぎ・音楽は親分仕込み）

⑤喜多嶋修：十七歳。湘南学園三年（後に慶大）サイドギター（小さい頃から親分に泳ぎやギターを習う。上達が早く、いまでは肩をならべるほど。勉強して来年はぜひ慶應義塾大学へ進みたい）

先だって、日劇で熱狂的な人気を呼んだ『加山雄三ワンマン・ショー』のフタ明け前夜のことだった。

報道関係者四、五十名が客席で見まもるなかに、加山雄三とザ・ランチャーズが舞台に並んだ。シンとなった瞬間、ふいに加山は暗い客席にとびおりた。ザ・ランチャーズのメンバーは心得たように演奏をはじめた。なんだろう、と注目する報道陣のわきをすばやく走りぬけた加山——、

「おーい、ベース小さいぞ！」

演奏に耳を傾けながら、突然、加山が叫んだ。それからの加山は客席を右に左にかけまわりながら声をはねあげていた。

「ドラムひかえて！」

「もっとパンチほしい」

客席から聴いてエレキバンドの調子をしらべていたのだ。りっぱなバンドマスターぶりだ。その日の誰もが感心した。

「映画スターの余技じゃない、やっぱりすごいファイトだ」というつぶやきがもれた。

「とにかくものすごい練習ですよ、シゴカレ、シゴカレ、くたくたになるまでやられるんですから……」

メンバーは口をそろえて加山のきびしさを語っている。

その一つに合宿がある。いっしょに生活することで人間的なふれあいをもち、チームワークをかためる、これが加山式練習法の特徴だ。

「冬だとスキー場で山小屋にいっしょに寝泊まりしてやるわけです。夏は船で合宿したり、茅ヶ崎の家の体育館でやったりです」

加山邸の体育館の合宿道場になるときは、すさまじいものだという。近所から深夜の〈音〉で苦情がくると、ありったけのフトンや毛布を敷きつめ、防音兼寝床にして練習する。

あるとき、メンバーの一人が練習所にガールフレンドを連れていった。

「練習所に女づれはご法度だぞ」

加山は大目玉をくった。それからは、たとえ加山が練習に加わらないときでも、女性の出入りは禁止だった。いまのザ・ランチャーズのメンバーは、加山のいとこで慶應義塾大学の喜多嶋瑛クン、その弟の修クン、バンドマスター加山雄三等の五人編成。このメンバーは三代目で、ことしの三月から活躍している。

初代の『ザ・ランチャーズ』は、慶應在学時代バンドでならした加山を中心に、撮影所の音楽好きがあつまって結成され、東宝創立三十周年の「砧まつり」でデビューした。ランチ(Launch)は英語で進水するとか、船出するという意味のことば。世界の海に向かって進んでいこうという願いをこめて、バンドは「ザ・ランチャーズ」と命名された。このとき、メンバー五人で乗れる船も加山は仲間たちとつくった。

「よし、ランチャー!」

その進水のかけ声は、船とバンドと両方にかけられた。それから五年、リーダーの加山をのこしてメンバーはすっかり若がえった。

加山雄三のよき指導で、ふたりのいとこ、瑛、修クンの楽器のうではメキメキとあがり、昨年の夏からメンバーに入った。そしてこの冬、先輩の演奏ぶりを、わざわざ新潟県・岩原ロッジへ聴きにいった岩崎、堤は、加山と音楽上で意気投合して、その場でランチャーズへの参加がきまった。こうして「三代目ザ・ランチャーズ」は誕生した。

「ボクたち、このバンドにきて、まずスゲエ楽器だなって関心しちゃった。エレキやアンプなど、総額三百万円もするんだもの」

堤はその楽器に目をみはった。岩崎は「これ、全部親分が買ってくれたんですよ。気まえいいんだ。こと楽器に関しては一流品をポンポン買っちゃう」

親分としたわれるリーダーの加山雄三。その練習はきびしいが、おわるときまって食事が待っている。

「なにしろドカベンの子分だから、みんなよく食うんですよ。その食費はぜんぶ親分のオゴリ。ちっともケチじゃないですよ」

喜多嶋瑛はニッコリ。弟の修は感激している。

「ボクはまだ高校生なので、学校がすごくきびしいんですよ。芸能活動はダメだっていわれてたけど、いそがしいスケジュールをさいて、親分が学校の教員室まで出演願いにいって、先生に頭をさげてたのんでくれた。ゆるしをもらい、舞台でもテレビにうつらないよう、場所を考えてくれたり、勉強のめんどうもみてくれるんですよ」

ところで、加山雄三こと作曲家弾厚作は、ザ・ランチャーズをこう採点する。キビしいものだ。

「まあ七十五点だな。百点をとるにはもっと練習しなくちゃダメさ」

ザ・ランチャーズの若者たちは学校を出たらそれぞれの道に進むという。音楽は本職ではないが、やるからにはベストをつくして、みんなの胸はこの意気でもえている。これも、いってみれば親分ゆずりなのかも知れない。

〈一九六六年十月〉
十月二日(日)　歌謡曲の新盤(新聞)
橋幸夫：旅に行こうよ　三田明：山に登ろう　都はるみ：東京渡り鳥　梓みちよ：赤いつるばら
加山雄三：霧雨の舗道(朝日放送ホームソング)　石原裕次郎：こぼれ花　園まり：夢は夜ひらく
十月二日(日)　ニッポン放送　午前九時三十分～十時　加山雄三、マイク真木、吉永小百合
十月三日(月)　TBSラジオ　午前十一時十五分～五十分　加山雄三、西郷輝彦放送
十月四日(火)　TBSラジオ　午前十一時十五分～五十分　加山雄三、橋幸夫放送
十月八日(土)　ニッポン放送　午前十一時二十分～四十分　加山雄三、マイク真木放送
十月九日(日)　試聴室
ビートルズ：LP『リボルバー』　ジョニー・ハートマン：LP『ザ・クルーナー』　ピーター、ポール&マリー：LP『ピーター、ポール&マリー、アルバム』
十月九日(日)　TBSラジオ　午前九時～三十五分　「ニューヒットパレード」加山雄三
十月十日(月)　夕刊広告　映画『男と女』
十月十二日(水)　文化放送　午後九時～十時　「ピンちゃんの歌謡マンガ」
加山雄三、畠山みどり放送
十月十四日(金)　文化放送　午後零時四十分～一時　加山雄三　歌の花束
十月十五日(土)　TBSラジオ　午後九時三十分～十時　「歌謡パレード」

加山雄三、克美しげる放送
十月十六日(日)　TBSラジオ　午前九時～三十五分「ニューヒットパレード」加山雄三
十月十九日(水)　TBSラジオ　午後六時四十五分～八時「歌謡曲でぶっとばせ」
加山雄三、「霧雨の舗道」園まり、その他を放送
十月二十日(木)　文化放送　午後三時～三十分「歌謡大行進」加山雄三
十月二十二日(土)　TBSラジオ　午後九時三十分～十時「歌謡パレード」
加山雄三、奥村チヨ放送
十月二十二日(土)　TBSラジオ　午後十時二十分～三十分「歌うジャケット」加山雄三
十月二十三日(日)　新聞広告「近代映画」十二月号　若大将の歌は流れる(その2)加山雄三
十月二十四日(月)　TBSラジオ　午後九時三十分～十時十分　加山雄三、恵とも子放送
十月二十四日(月)　ニッポン放送　午後五時五分～四十五分　加山雄三、島倉千代子放送
十月二十八日(金)　TBSラジオ　午後六時四十五分～八時「歌謡曲でぶっとばせ」
「霧雨の舗道」加山雄三、田代美代子、その他を放送
十月二十九日(土)　TBSラジオ　午後九時三十分～十時「歌謡パレード」
加山雄三、井沢八郎放送
十月二十九日(土)　TBSラジオ　午後十時二十分～三十分「歌うジャケット」加山雄三
十月二十九日(土)　夕刊記事　ラガ・ロック、ザ・バーズ「霧のハマイル」(ラガ・ロックとはイ

ンドの民族楽器を使ったインドのリズムにロック調のリズムをプラスしたもの)
十月三十日(日)　ＴＢＳラジオ　午前十一時三十分〜十二時　加山雄三、赤木二郎放送
十月三十日(日)　ＴＢＳラジオ　午後七時〜九時　「素晴らしき日曜日」
今週のスター　加山雄三
このように一九六六年一月から十月まで加山雄三は絶好調。しかもテレビでは「加山雄三アワー」を毎週放映していました。この番組のスポンサーは、コカ・コーラで加山雄三の「旅人よ」が女性ボーカル・グループによってカバーされ、流れていました。これが十月十五日発売のシングル曲「夜空を仰いで／旅人よ」の両面ヒットに結びついたと考えられます。
十月三十一日(月)　ＴＢＳヤング７２０　スタート
初回ゲストは弘田三枝子(ＴＢＳヤング７２０は、当時の若者たちのポピュラーミュージックの情報源の一つとも考えられます。毎日の主要なゲストを記載していきたいと思います)。

〈一九六六年十一月〉

十一月三日(木)　ＴＢＳラジオ　午後九時三十分〜十時　「ポピュラー・ディスク・パレード」
ベンチャーズとシャドウズの共演「ワークソング」
十一月五日(土)　ＴＢＳラジオ　午前十一時十五分〜五十分　加山雄三、西郷輝彦放送
十一月六日(日)　ニッポン放送　午前九時三十分〜十時　加山雄三、梶光夫、高田美和放送

十一月六日(日)　歌謡曲の新盤
バーブ佐竹：女の運命　橋幸夫：霧氷　加山雄三：夜空を仰いで　坂本九：まあるくなった　西郷輝彦：初恋によろしく　倍賞千恵子：ラブレター
十一月八日(火)　夕刊広告　映画『おしゃれ泥棒』主演オードリー・ヘップバーン
十一月九日(水)　夕刊広告　映画『愛は限りなく』主演ジリオラ・チンクェッティ
十一月十日(木)　TBSラジオ　午後十時二十分〜三十分「歌うジャケット」加山雄三
十一月十日(木)　ニッポン放送　午後五時五分〜四十五分　加山雄三、新川二郎放送
十一月十一日(金)　夕刊記事　クリスマス・レコード
加山雄三が自作のものではりきっている「クリスマス・イブ／ぼくのクリスマス」
この「ぼくのクリスマス」がとんでもないのです。つまり、加山の声をテープの回転数を変えて録音しており、まさにビートルズ的発想ともいえるのです。フォーク・クルセダースの「帰ってきたヨッパライ」より一年も早い録音でした。
十一月十二日(土)　TBSラジオ　午後六時四十五分〜八時「歌謡曲でぶっとばせ」
「夜空を仰いで」加山雄三、舟木一夫、橋幸夫等が放送
十一月十三日(日)　ニッポン放送　午前八時四十五分〜九時三十分「日曜日の歌謡曲」
加山雄三、西郷輝彦放送
十一月十三日(日)　TBSラジオ　午前十一時三十分〜十二時　加山雄三、恵とも子

十一月十三日(日)　試聴室
メル・トーメ：LP『スウィンギング・オン・ザ・ムーン』　バフィ・セントメリー：LP『神秘のフォーク』　マントバーニ：LP『華麗なるマントバーニ』」
十一月十四日(月)　ニッポン放送　午後七時〜八時　「歌謡ワイドショー」加山雄三、水原弘
十一月十六日(水)　夕刊広告　映画『お嫁においで』出演加山雄三、内藤洋子
加山雄三が歌う魅惑の歌「夜空を仰いで」「お嫁においで」が映画上で流れました。
十一月十七日(木)　ニッポン放送　午後六時三十分〜七時　「デイトタイムズ」
ワイルド・ワンズ(これより以前にラジオでワイルド・ワンズの曲がオンエアされていたかもしれませんがラジオ番組欄ではこれが初登場)
十一月十八日(金)　TBSラジオ　午後九時〜十時　「ヒットパレード」
「エリナ・リグビー」ビートルズ、「君のおもかげ」クリフ・リチャード等が放送
十一月十九日(土)　ニッポン放送　午後一時四十五分〜二時　花形歌手　加山雄三集
十一月二十日(日)　文化放送　午前十一時三十分〜十二時　加山雄三、ザ・ワイルド・ワンズ、奥山チヨ放送
十一月二十一日(月)　TBSラジオ　午後六時四十五分〜八時　「歌謡曲でぶっとばせ」
加山雄三、三田明、マヒナスターズ放送
十一月二十五日(金)　TBSラジオ　午後六時四十五分〜八時　「歌謡曲でぶっとばせ」

加山雄三「まだ見ぬ恋人」等が放送（なおシングル曲「まだ見ぬ恋人」は十二月五日リリース）
十一月二十六日（土）　ＴＢＳラジオ　午前十一時十五分〜五十分　加山雄三、三田明放送
十一月二十七日（日）　ＴＢＳラジオ　午後八時〜九時　「歌謡バラエティ・明治百年」
加山雄三、村田英雄放送
十一月二十九日（火）　ＴＢＳラジオ　午前十一時十五分〜五十分　加山雄三放送
十一月二十九日（火）　ＴＢＳラジオ　午後六時四十五分〜八時　「歌謡曲でぶっとばせ」
加山雄三「夜空を仰いで」等が放送
十一月二十九日（火）　夕刊広告　「週刊平凡」東京の女子高生が選んだアイドルベスト10
①山本圭　②石坂浩二　③加山雄三

〈一九六六年十一月　ＴＢＳヤング７２０〉
十一月一日（火）西郷輝彦、城卓也　十一月二日（水）恩地日出夫、笠置シヅ子　十一月三日（木）
佐々木新一　十一月四日（金）日野てる子　十一月五日（土）恵とも子　十一月七日（月）田辺靖雄
十一月八日（火）スウィングウエスト　十一月九日（水）森進一　十一月十日（木）北原謙二　十一月
十一日（金）奥村チヨ　十一月十二日（土）槇みちる　十一月十四日（月）放送なし　十一月十五日（火）
無記名　十一月十六日（水）ブルー・ジーンズ　十一月十七日（木）アニタ・ミア　十一月十八日（金）
スパイダース　十一月十九日（土）レッド・コースター　十一月二十一日（月）有田弘二、ディキー・

キング　十一月二十二日(火)島和彦　十一月二十三日(水)　ザ・サベージ　十一月二十四日(木)
三田明、オールスターワゴン　十一月二十五日(金)　槇みちる　十一月二十六日(土)　荒木一郎
十一月二十八日(月)放送なし　十一月二十九日(火)竹内徹夫　十一月三十日(水)望月浩

〈一九六六年十二月〉
十二月一日(木)　日本テレビ　午後七時〜三十分「今週のベストヒット」
加山雄三、坂本九、山内賢出演
十二月二日(金)　TBSラジオ　午後十時二十分〜三十分　加山雄三、星乃ひとみ放送
十二月二日(金)　ニッポン放送　午前十一時二十分〜四十分　加山雄三、坂本九放送
十二月三日(土)　レコード大賞決定
まず十一月六日(日)の新聞に出ていた歌謡曲の新盤コーナーを見てみましょう。ここには、バーブ佐竹「女の運命」、美空ひばり「雨にぬれても」、橋幸夫「霧氷」、森進一「東京みれん」、加山雄三「夜空を仰いで」、西郷輝彦「初恋によろしく」等が紹介されていました。そして十二月三日(土)の夕刊には、競り合った六曲、今年のレコード大賞とあります。そして次のようなことが書かれていました。今年のレコード大賞は橋幸夫の「霧氷」(一九六六年十月発売、約一カ月後の十二月三日にレコード大賞、大ヒット?)に決った。加山雄三の「君といつまでも」、舟木一夫の「絶唱」、紅一点、園まりの「逢いたくて逢いたくて」を加えた四曲の争いの前評判はあったが、加山は大ヒ

ットのわりに歌の力量が不足し(本当?・)、また舟木の「絶唱」は予想では優勢をつたえながらもこの作者である西條八十自身の著作権問題がマイナスになったようだ(こんな記事が書かれていたんですね)。

この大賞選考の経過では、先の四曲のほかに西郷輝彦「星のフラメンコ」、マイク真木の「バラが咲いた」を加えた六曲が勝ち残り、「霧氷」16票、「君といつまでも」12票、「絶唱」6票の順。結局上位二曲の決戦で、橋幸夫の「霧氷」が過半数の得票でグランプリを獲得。「霧氷」は今秋出たばかりの新曲だが、目ぼしいヒットのなかった橋が必死の追い込みをかけた曲で、加山、舟木の弱点をついた見方が強い。

以上のような記載には、ちょっとびっくりです。加山の歌唱力の弱さとは、いったい何なんでしょうか。「君といつまでも」以外のシングル曲、アルバム曲どれをとっても、現在聴きつがれていることから考えて、決して弱いとはいえないと示唆されます。新聞記者も、この結果にはびっくりだったでしょうね。加山は「君といつまでも」で特別賞受賞ということになったのです。この十二月の時点で東芝音楽工業のデータでは、トータル五百万以上となっていましたが、一九六六年は、加山雄三が日本を代表するシンガーソングライターといってまちがいないのです。

十二月三日(土)　TBSラジオ　午後九時三十分~十時　加山雄三、山内賢、和泉雅子放送
十二月三日(土)　TBSラジオ　午後十時二十分~三十分　加山雄三、星乃ひとみ放送
十二月四日(日)　NHKテレビ　午後七時三十分~八時十五分　「歌のグランドショー」

加山雄三、ブルージーンズ、金井克子、中尾ミエ等が放送
十二月四日(日)　TBSラジオ　午前九時五分~三十五分　加山雄三放送
十二月四日(日)　文化放送　午前十一時三十分~十二時　加山雄三、植木等放送
十二月五日(月)　TBSラジオ　午後九時三十分~十時　加山雄三、城卓也放送
十二月五日(月)　TBSラジオ　午後十時二十分~三十分　「歌うジャケット」加山雄三
十二月五日(月)　ニッポン放送　午後七時三十分~八時　「牧伸二のお笑い歌謡曲」
「夜空を仰いで」加山雄三、「夢は夜ひらく」園まり等が放送
十二月九日(金)　TBSラジオ　午後十時二十分~三十分　ワイルド・ワンズ放送
十二月十日(土)　TBSラジオ　午後六時四十五分~八時　「歌謡曲でぶっとばせ」
「まだ見ぬ恋人」加山雄三、「今夜は踊ろう」荒木一郎等が放送(「夜空を仰いで」大ヒット中に
十二月五日「まだ見ぬ恋人」がリリース)
十二月十一日(日)　ニッポン放送　午前十時三十分~十一時　「歌はあなたと共に」
加山雄三、園まり放送
十二月十二日(月)　TBSラジオ　午前九時三十分~十時　加山雄三、デュークエイセス放送
十二月十二日(月)　TBSラジオ　午後十時二十分~三十分　「歌うジャケット」加山雄三
十二月十三日(火)　ニッポン放送　午前十一時二十分~四十分　加山雄三、加藤登紀子放送
十二月十四日(水)　TBSラジオ　午前十時三十五分~十一時　「あの歌この歌」加山雄三

十二月十六日(金)　ＴＢＳラジオ　午後十時二十分～三十分「歌うジャケット」加山雄三
十二月十七日(土)　ＴＢＳラジオ　午前十一時十五分～五十分　加山雄三、橋幸夫放送
十二月十七日(土)　ＴＢＳラジオ　午後六時四十五分～八時「歌謡曲でぶっとばせ」
「夜空を仰いで」加山雄三等が放送
十二月十七日(土)　ＴＢＳラジオ　午後八時～九時「ヒット・ヒット・ヒット」
「いとしのルネ」ザ・レフトバンクス、「冷たい風」キングストン・トリオ
十二月十八日(日)　ＴＢＳラジオ　午後二時五分～三時「Ｌ盤アワー」「男と女」「木の葉の丘」
十二月十八日(日)　文化放送　午後五時～二十五分　加山雄三、三田明放送
十二月十八日(日)　ニッポン放送　午後十時三十分～十一時「歌はあなたと共に」
加山雄三、園まり放送
十二月十九日(月)　ＴＢＳラジオ　午後六時四十五分～八時「歌謡曲でぶっとばせ」
加山雄三「夜空を仰いで」等が放送
十二月十九日(月)　ＴＢＳラジオ　午後九時三十分～十時　加山雄三、城卓也、星乃ひとみ放送
十二月二十日(土)　ＴＢＳラジオ　午前十時十分～二十五分「ホームソング」加山雄三
十二月二十一日(水)　ＴＢＳラジオ　午前十一時十五分～四十五分　加山雄三、舟木一夫放送
十二月二十二日(木)　ＴＢＳラジオ　午前十時十分～二十五分「ホームソング」加山雄三
十二月二十三日(金)　ＴＢＳラジオ　午前十時十分～二十五分「ホームソング」加山雄三

このときの「ホームソング」は、明確ではないのですが朝日放送、東洋紡のスポンサー枠のテーマソング「俺は海の子」だったかもしれません。

十二月二十三日(金)　ニッポン放送　午前十一時二十分〜四十分　加山雄三、梓みちよ放送

十二月二十四日(土)　TBSラジオ　午後九時三十分〜十時　「歌謡パレード」

加山雄三、坂本九、城卓也放送

十二月二十四日(土)　TBSラジオ　午後十時二十分〜三十分　「歌うジャケット」加山雄三

十二月二十五日(日)　文化放送　午後八時〜九時　「レッツゴー若大将完成記念ショー」

加山雄三、前田美波里、白木秀雄出演

これは本人たちも出演していたかもしれません。「レッツゴー若大将」のオープニングには加山と白木のドラム合戦のシーンがあるのでこのシーンについてのコメントがあったと示唆されます。

十二月二十五日(日)　ニッポン放送　午前十時三十分〜十一時　加山雄三、園まり放送

十二月二十六日(月)　TBSラジオ　午後九時三十分〜十時　「スターパレード」

加山雄三、星乃ひとみ、城卓也放送

十二月二十七日(火)　TBSラジオ　午後六時四十五分〜八時　「歌謡曲でぶっとばせ」

加山雄三「夜空を仰いで」等が放送

十二月二十八日(水)　文化放送　午後九時三十分〜十時　「ピンちゃんの歌謡マンガ」

加山雄三、青江三奈放送

十二月二十八日(水) TBSラジオ 午後十時二十分〜三十分 ワイルド・ワンズ放送
十二月三十一日(土) TBSラジオ 午後零時三十分〜四十分 加山雄三放送
十二月三十一日(土) TBSラジオ 午後六時四十五分〜八時 「加山雄三ショー」

小桜葉子、加山雄三「君といつまでも」「お嫁においで」「俺は海の子」「夜空の星」「霧雨の舗道」「まだ見ぬ恋人」他を放送。

加山雄三の母である小桜葉子がDJとして出演し、息子の加山の曲を放送するなんて、とても小粋な企画だと思います。そしてこの日、NHK紅白歌合戦に加山は出演し「君といつまでも」を歌ったのです。一九六六年は加山雄三(&ザ・ランチャーズ)の年だったのです。ビートルズは来日し、一時期シーンをもりあげましたが、ベンチャーズのカバーヒット「君といつまでも」が文化放送〝ユア・ヒット・パレード〟年間チャート一位、そして加山本人のレコードも三百五十万枚のセールスという数値を見れば一目でわかるのです。そして洋楽の世界もまだまだベンチャーズの世界だったといえるでしょう。

十二月三十一日(土) NHKテレビ 「ゆく年くる年」に加山雄三とランチャーズが出演

〈一九六六年十二月 TBSヤング720〉
十二月二日(金)奥村チヨ 十二月三日(土)布施明 十二月五日(月)ザ・スパイダース 十二月六日(火)ブルー・コメッツ 十二月七日(水)石坂浩二 十二月八日(木)田代美代子 十二月九日(金)

望月浩　十二月十日(土)ザ・スパイダース　十二月十二日(月)パラダイスキング　十二月十三日(火)東京ビートルズ　十二月十四日(水)弘田三枝子　十二月十五日(木)伊東ゆかり、メリー・メーカーズ　十二月十六日(金)クレージー・ウエスト、木の実ナナ　十二月十七日(土)ザ・サベージ　十二月十九日(月)ザ・スパイダース　十二月二十日(火)ブルー・コメッツ、尾藤イサオ　十二月二十一日(水)ゴーストライダース・フォーク　十二月二十二日(木)パラダイスキング、日野てる子　十二月二十三日(金)赤木二郎　十二月二十四日(土)山田太郎　十二月二十六日(月)いしだあゆみ、デキシー・キングス　十二月二十七日(火)ブルー・コメッツ　十二月二十八日(水)ジミー時田　十二月三十日(金)ザ・サベージ　十二月三十一日(土)都はるみ

〈一九六六年二月　プロマイド売上(マルベル堂)〉

男性
1位　舟木一夫
2位　西郷輝彦
3位　三田明
4位　ジャニーズ
5位　橋幸夫
6位　赤木圭一郎

女性
1位　吉永小百合
2位　都はるみ
3位　いしだあゆみ
4位　恵とも子
5位　高田美和
6位　大原麗子

7位　山田太郎
8位　加山雄三
9位　石原裕次郎
10位　高倉健

7位　美空ひばり
8位　松原智恵子
9位　和泉雅子
10位　太田雅子

〈一九六六年十二月　プロマイド売上（マルベル堂）〉

男性

1位　舟木一夫
2位　西郷輝彦
3位　荒木圭一郎
4位　加山雄三
5位　三田明
6位　渡哲也
7位　橋幸夫
8位　高倉健
9位　スパイダース
10位　美川憲一

女性

1位　吉永小百合
2位　内藤洋子
3位　園まり
4位　松原智恵子
5位　和泉雅子
6位　由美かおる
7位　都はるみ
8位　恵とも子
9位　水前寺清子
10位　大原麗子

〈東芝音楽工業ディレクター渋谷森久の加山雄三へのコメント〉

一九六六年十二月に日本レコード大賞特別賞を加山雄三が受賞した後に、担当ディレクターである渋谷森久は次のようにコメントしています。その内容は「近代映画」一九六七年二月号に記載されていたので紹介します。

あと何十年かたって、一九六六年という年をポピュラー・ファンが語る時、それは加山雄三の音楽が日本全国を征服してしまった年として語られるにちがいありません。たしかに一九六六年の日本のポピュラー界は、数多くの加山雄三のヒット・ソングによって幕を開け、そして終わったように思えます。こう考えるのは、私だけではないでしょう。レコード大賞の選考で、加山雄三と弾厚作は、一九六六年の特別賞を受けました。この特別賞の価値についてはいろいろの評価がされています。特別賞は、大賞にくらべると一段下なのだとか、加山雄三のスケールの大きさは、大賞よりも特別賞に値するものだとか……ともかく実際に加山雄三は特別賞を受賞したのです。

この特別賞の価値は、彼の歌をきいた人たちが自由に解釈してくれればいいのだと思います。一枚三百三十円のレコードは、今の若い人々の生活の中では、やはり高価なものです。一度買ったら宝物として大切に扱われている存在なのです。加山雄三のレコードをこんな中から買ってくださった人たちが、なんと五百万人以上もいるということは、とりもなおさず彼が特別高く評価されているということでもありましょう。

大衆は正直です。曲が良く、自分たちの気持ちにピッタリの詩がついていて、そしてカッコいい編曲、それにも増して歌う加山の魅力とあれば五百万という人達が、彼のレコードを買うのもうなずけます。この事実が加山雄三の一九六六年の活躍を、一番よく語っていると思います。

特別賞受賞の記者会見の席上で、加山雄三はこう言いました。

「ボクの歌はまだまだ未熟なのです。賞がいただけたのは、作詞の岩谷時子さんと、編曲の森岡賢一郎氏のお陰です」と。更に彼はこうつけ加えました。

「ボクにとって特別賞は、大賞にくらべたら国体の決戦で落ちたようなものですから、来年こそはガンバリたいです」

私は、これを聞いて改めて彼の人間的良さを知ったような気がします。彼は、プロとは大変にキビシイものであり、自分から名乗るべきものではないと信じています。大衆に認められてこそはじめてプロになれるのだと思っています。「ボクはプロではない」といった言葉は彼の謙そんから出たことなのです。一部のジャーナリストに誤って解釈されたのは、たいへんに残念なことでした。

彼は自然の中で育ち、その恐ろしさを知り、甘えてはならないことを心得ている男です。音楽に対しても、もちろん同じ気持ちを持っています。彼は、自分を甘やかしません。録音の時も加山雄三と弾厚作はどこまでもゆずらず、歌手加山雄三は作曲家の弾厚作にシゴかれています。こんな彼のものごとに対してキビシイ性格も、極端にテレ屋のせいで、時によっては誤解を招くこともあるのです。

私自身も、彼のこんなに厳しい一面を、一緒に仕事をするようになってからはじめて知らされました。もう一つ知ったことは、作曲家弾厚作氏の素晴らしい才能と、二十九歳の若くて魅力ある若者、池端直亮さんの存在です。もちろん三人とも名前は違っていても同じ人なのですが、その名前にあらわされる一人一人が素晴らしい才能を持っているのです。

加山雄三は現代の映画界を背負って立っている俳優であり、東宝映画のトップ・スターです。その個性的なマスクとカラリとした明るい演技で多くのファンの心をしっかりと握って離しません。又、東芝レコードでは歌手として五百万枚以上のレコードを売りつくしたミリオンセラー・シンガーでもあるのです。

彼自身歌には自信がないといっていますが、歌は心のひびきであり、テクニックよりもまずハートが優先するという欧米ポピュラー界の考え方からいえば、独特の声と表現力を持った素晴らしい歌手に違いありません。ルイ・アームストロングは、しわがれ声と、ガマ口(サッチモというあだ名は、ガマ口の意味)のような口を持ったルックスを与えられながらも、そのハートが人々に愛され、四十年もの人気を保っているのです。

加山雄三は、声、ルックス共に恵まれ、そしてハートもあります。おそらく彼のハートの響きは、いつまでも大衆から支持されることでしょう。ギター・プレーヤーとしての加山雄三もまた、立派なプロに違いありません。彼の一番新しいLPの中の曲「ハロー・スージー」を聞いた、日本のジャズ・ギターの第一人者横内章次が「うまい！」とうなりました。

彼は心を響かせ、音が唄うギターを弾きます。職業柄、多くのギタリストのレコーディングに立ち合いますが、「この曲は、加山さんだったら、もっとうまく生かしてくれるだろうに」などと考えてしまうこともあるくらい、素晴らしい魅力のある音を出してくれるのです。作曲家弾厚作氏。特別賞の時もこの名が加山雄三の名と並んで書かれました。〝中村八大より若い世代ですぐれた作曲家がいない〟という悲しむべきことが一年前のある本に書いてありましたが、しかし弾厚作の出現がこんな言葉を消し去ってしまったのです。彼の作品には、中村八大の作曲に通じる世界的なスケールの大きさがあります。

夏のある日、彼に招待された船の中で、彼が真赤に沈む夕陽に向かって弾いた「夕日は赤く」を私は忘れることが出来ません。いままでこれほどまでに的確に自然をとらえた曲があったでしょうか？　いまさらながら弾厚作の本質に触れたような気がしました。きっと小さな時から自然を愛し、育ってきた彼の自然に対する喜びや、親しみがメロディーの中に流れているのだと思います。

加山雄三という歌手と、弾厚作という作曲家は、彼らが目ざしている音楽を心から理解してくれる岩谷時子さんと、森岡賢一郎氏の手をへて、これからもますますみがきのかかったものになってゆくでしょう。彼が感じた自然や美の世界を誰にもわかる音楽にして、多くの人々の心に同じ喜びをわかちあうという彼の姿勢がつづくかぎり、彼の音楽はいつまでも世の人々に愛されつづけていくことと信じています。

池端直亮。加山雄三、弾厚作という名前を持ったために、とんでもない忙しさに巻き込まれた人です。彼は船長としても抜群の腕を持っていて、光進丸という船を上手に操る人でもあります。そしてスキーは指導員の腕前はもちろんのこと国体にも出場しています。英会話はビートルズと四時間も単独会見をやってきたほど！　ピアノ、ドラム、ギターは大ベテラン。スキン・ダイビング（海の潜ること）や水中カメラもプロ級ときては、出来ないことを捜した方が早そうです。一芸に秀でた人は少なくありませんが、これほど多芸に秀でた人はまず珍しいのではないでしょうか。

私には、彼が、中世、ルネサンスの頃に出現し、その多才振りをうたわれたダビンチやミケランジェロに似ているように思われてなりません。自然を愛し、美を愛する心を持っている優れた才能の持主だからなのです。この文を加山氏が読んだら「シブ、あまり賞めすぎてるよ」といつものようにテレた笑顔で怒るかもしれません。でも、これまで書いてきたことは、私の立場上から書いた〝加山雄三のちょうちん持ち的記事〟などとは絶対に思わないでください。自分が感じたままを書いているのです。〝良いものは良い〟と大声でいいたいと思う私の心からの気持ちがこの文を書かせました。ですから、彼をほんとに知っている人がいれば〝なるほどほんとうだ〟といってくれるはずです。

一九六六年、日本中の沢山の若者たちが、〝加山に作れるのなら〟と作曲や作詞をするようになりました。今まで一度だって経験のない人たちばかりがです。学校の文化祭や催しものに、そんな彼ら自身の手になる歌が発表され、関係者である私のところなどにも毎日のように作曲や作詞された作品が送られてきます。ギターを買い、バンドを結成した若者も沢山います。

加山雄三が多方面で自分の可能性を実現させていったことが、若者たちの心を揺り動かしたのです。日本の音楽界のためにも非常にいいことです。

一九六六年は素敵な年でした。加山雄三さん、そして弾厚作さん、来年もガンバッテください。僕も精一杯良い音をとります。加山雄三は単なる時代の産物じゃない。それを一九六七年には実証しましょう。

五十年以上たってからこの文章を読むとディレクター渋谷森久の指摘が現実になっているので感心させられます。

〈加山雄三DELUXE〉

一九六六年にケイブンシャ・ハイシートのシリーズの一つとしてリリースされた二枚組超厚盤ハイシートの「加山雄三DELUXE」を御存知ですか。私はこの二枚組の超厚盤ハイシートから、加山雄三&ザ・ランチャーズに入門しました。ですから現在でも、このミニアルバムの曲順が一番好きです。その曲順はというと、①君といつまでも②夕陽は赤く(ランチャーズ)③蒼い星くず(ブルー・ジーンズ)④白い浜(大橋節夫とハニー・アイランダース)⑤君の瞳の蒼空(この曲のみ宮川泰の編曲)⑥夜空の星(ブルー・ジーンズ)⑦麗しき乙女たち(ランチャーズ)⑧ブーメラン・ベビー(ランチャーズ)⑨恋は紅いバラ⑩ランニング・ドンキー(ランチャーズ)という曲順なのです。このミニ・アルバムの特徴は、ランチャーズやブルー・ジーンズ等のバンド・サウンドが中心で、「君といつまでも」等のバラード・タイプの曲が少なかったのです。特に「君の瞳の蒼空」、「麗しき乙女たち」、「ブーメラン・ベビー」の三曲は美しいメロディで、加山雄三&ザ・ランチャーズを代表する曲といってもよいほどで、後になって気づいたのですが、この三曲はいずれもファーストアルバム『Exciting sounds of Yuzo Kayama and the Launchers』に収録されている曲なのです。さらによく聴いてみると、「蒼い星くず」「白い浜」「恋は紅いバラ」「ブーメラン・ベビー」の四曲は、ファーストアルバム『Exciting sounds of Yuzo Kayama and the Launchers』から日本語や英語で歌って再録された曲なのです。ということは、このミニアルバムは、ある意味で、『Exciting sounds of Yuzo Kayama and the Launchers』の日本語カバーアルバムといった意味合いをもっているかもしれません。小学校五年生のときに購入したので、当時はわかりませんでしたが、本書を書くようになって気づいた点です。それだけ魅力的な曲がコンパクトに収録されているためか、現在でもこの曲順で聴く加山雄三&ザ・ランチャーズが大好きです。このミニアルバムのなかには、英語の解説で次のように書かれています。

In 1966 Kayama-Boom blew all through disk world of Japan, Aoihoshikuzu, Oyomenioide and other endless hit songs... do you know who is the composer of these songs? This super musician named Kosaku Dam is the most famous singer Yuzo Kayama.

これは、通常のアルバムのなかの紹介文よりもカッコイイ表現方法となっています。「お嫁においで」が紹介されているところを考えると、このミニアルバムは一九六六年七月以降に発表されたと示唆されます。

〈ML誌人気投票　一九六六年度〉

一九六六年度、つまりは一九六六年のおよそ一年間での人気を示す一つの指標なので少し詳しく提示したいと思います。一九六六年、加山雄三はML誌の洋楽ファンにとっても人気の高い男性シンガーだったのです。本当の実力、人気からいえばこの時点で加山雄三はナンバー1だったと示唆されます。

男性　1(一)マイク真木　2(一)加山雄三　3(1)坂本九　4(2)布施明　5(一)かまやつひろし　6(一)荒木一郎　7(一)井上順　8(4)尾藤イサオ　9(8)内田裕也　10(一)堺正章

女性　1(5)中尾ミエ　2(9)園まり　3(1)弘田三枝子4(6)伊東ゆかり　5(2)奥村チヨ　6(3)九重佑三子　7(7)木の実ナナ　8(一)梓みちよ　9(8)いしだあゆみ　10(一)森山良子

コーラスグループ　1(6)スパイダース　2(一)ブルー・コメッツ　3(一)サベージ　4(一)ブロード・サイド・フォー　5(1)ジャニーズ　6(2)ザ・ピーナッツ　7(4)ダーク・ダックス　8(一)シャープ・ホークス　9(一)ザ・ワイルド・ワンズ　10(5)マヒナ・スターズ

バンド　1(3)ブルー・コメッツ　2(2)スパイダース　3(一)サベージ　4(一)シャープ・フ

ァイブ　5(一)ランチャーズ　6(一)ブルー・ファイア　7(5)ドリフターズ　8(一)リリオ・リズム・エアーズ　9(一)ワゴン・エース　10(一)クレイジー・キャッツ

ランチャーズはインストゥルメンタルバンドとしての実力を認められて五位に入っていたのです。喜多嶋修、大矢茂(高校三年)、喜多嶋瑛(大学一年)のバンドとすればこれはすごいことです。

〈一九六六年度「ティーン・ビート」誌人気投票〉

「ミュージック・ライフ」誌よりもさらにコアなポップス・ロック・ファンによる人気投票です。

ベスト・アーティスト(月刊「ティーン・ビート」一九六七年二月号)

最優秀男性歌手　1位加山雄三　2位坂本九　3位マイク真木　4位布施明　5位尾藤イサオ　6位西郷輝彦　7位舟木一夫　8位堺正章　9位かまやつひろし　10位井上順　11位植木等　12位内田裕也　13位アイ・ジョージ　14位橋幸夫　15位富松千代志　16位荒木一郎　17位田辺靖雄　18位城卓也　19位ほりまさゆき　20位島和彦

最優秀女性歌手　1位エミー・ジャクソン　2位伊東ゆかり　3位弘田三枝子　4位中尾ミエ　5位園まり　6位奥村チヨ　7位いしだあゆみ　8位ミッチ・サハラ　9位九重佑三子　10位槇みちる　11位岸洋子　12位江利チエミ　13位梓みちよ　14位吉永小百合　15位木の実ナナ　16位日野てる子　17位由美かおる　18位越路吹雪　19位雪村いづみ　20位麻生京子

最優秀ヴォーカルグループ　1位スパイダース　2位ブルー・コメッツ　3位サベージ　4位ワ

イルド・ワンズ　5位ピーナッツ　6位ブロード・サイド・フォー　7位シャープ・ホークス　8位ダーク・ダックス　9位ドリフターズ　10位ジャニーズ　11位クレイジー・キャッツ　12位デュ一ク・エイセス　13位ランチャーズ　14位パラダイス・キング　15位ブルー・ジーンズ　16位キューティQ　17位ヴィレッジ・シンガーズ　18位スカーレッツ　19位シャデラックス　20位リリオ・リズム・エアーズ

最優秀インストゥルメンタルグループ　1位ブルー・コメッツ　2位ブルー・ジーンズ　3位スパイダース　4位サベージ　5位ドリフターズ　6位ランチャーズ　7位シャープ・ファイブ　8位シャープ・ホークス　9位ワイルド・ワンズ　10位バニーズ　11位シャープス&フラッツ　12位クレイジー・キャッツ　13位ハニー・アイランダース　14位ブロード・サイド・フォー　15位ブルー・サファイア　16位4・9・1　17位タイガース　18位アウト・キャスターズ　19位オール・スターズ・ワゴン　20位アイドルズ

〈ザ・ワイルド・ワンズ／加瀬邦彦の証言〉

一九六六年十一月五日、ザ・ワイルド・ワンズとしてデビューした加瀬邦彦についてです。加瀬も湘南ポップスの立役者のひとり。読売新聞での加瀬本人のインタビューの発言を紹介します。なお、この内容は二〇一一年十月十二日〜十一月十九日まで続いた読売新聞の「時代の証言」二十七回のなかで加瀬自身が語った部分を引用紹介したものです。

僕のすべてが始まったのは湘南の茅ヶ崎でした。

一九五七年(昭和三十二年)十一月、慶應義塾高校一年のとき、家庭の事情で東京から神奈川県茅ヶ崎市に引っ越しました。家の周りは畑で田舎だなあと思いました。

そんななかで一番印象に残ったのは往年の二枚目スター、上原謙さんの自宅でした。僕の家から歩いて七、八分、海の近くにあるヨーロッパ風の建物でとてもおしゃれだった。

引っ越してきた直後のことです。学校帰りの湘南電車でセーラー服姿の女子高生と目が合いました。すごくかわいい。とくに目がいい。どきどきしました。彼女は茅ヶ崎で降り、自転車に乗っていく。僕も自転車でゆっくり後をつけた。家までついていく勇気はなく、途中で離れましたが、翌日も同じ車両に彼女はいた。そして自転車で後を追う。それが五日間続きました。彼女も絶対僕のことを意識していたと思う。

でも、それから冬休みに入ってしまった。休み中は彼女に偶然会わないかなと、毎日、茅ヶ崎を自転車でうろうろしてました。そんなとき、慶應高校の先輩から「上原謙さんの家のクリスマスパーティーに誘われた。一緒に来てくれよ」と声をかけられた。踊れないし、スーツもない。でも上原さんの家には入ってみたかった。それでいとこからスーツとネクタイを借りました。鏡をのぞいてみると、七五三に行く子供みたいでしたね。

そしてパーティー当日。上原家の呼び鈴を押すと、「はーい、どなた」と女性の声。一瞬、目を疑いました。あの湘南電車の彼女なんです。互いに「えーっ」と声を上げました。

「私は池端章子。上原は父の芸名よ。湘南白百合高校の一年なの」

会場はアメリカ映画の世界でした。プレスリーの曲と踊り、コーラにサンドウィッチ。女の子は落下傘スカート。薄化粧もしている。圧倒されました。何しろこちらは七五三ですから。

「兄貴はあなたの先輩で慶應義塾大学の二年生よ」

彼女はそう言って、精悍な男性を紹介してくれた。すごく大人に見え、何も話すことができなかった。二年半後に加山雄三としてデビューする僕のヒーローとの出会いでした。この出会いが僕の人生を決めました。

一九五七年(昭和三十二年)のクリスマスパーティーの後、僕は加山雄三さんの家にしょっちゅう遊びに行くようになりました。元女優でお母さんの小桜葉子さんは明るく、太っ腹。怪談がすごくうまくて、つい長居してしまう。上原謙さんは家庭的なお父さんでした。派手でないし、威張ったりもしない。

初めて会った日のことはよく覚えています。帰ろうとすると、僕の自転車がピカピカになっている。近くにほほ笑んでいる男性。それが上原謙さんでした。

「物は大切にしなくてはだめだよ。ライトは直した。油もさしておいたよ」

僕は直立不動で挨拶し、逃げるように帰りました。

翌年二月十四日のことです。加山さんの妹アッコちゃん(章子さん)からプレゼントをもらいました。誕生日でもないのになぜだろう。そう思って包みを開けると、手編みのソックスにカードが添えられ、「今日は一年で一度だけ女性が好きな男性にプレゼントできるバレンタインデーです」と書いてありました。そんな日があるなんて、僕も慶應高校のませた仲間も知りませんでした。アッコちゃんとはその後、高校時代を通じてつきあうことになります。

上原家も僕をボーイフレンドとして認めてくれたんでしょう。だんだん家族みたいになっていきました。学校から帰ると、アッコちゃんがいなくても勝手口から家に入る。お手伝いさんは「お帰りなさい」なんて言って、おやつを出してくれました。

お目当ては上原謙さんの書斎のレコードでした。棚にはクラッシック。加山さんやアッコちゃんが好きなポップスのレコードはその辺に無造作に積んである。自由に出入りして、プレスリー、ポール・アンカ、ニール・セダカと片っ端から聴きました。それが僕の音楽の栄養になりました。(加山雄三自身もこれらの歌手の曲を当然聴いていたのでしょう)

加山さんは何でもできた。それも人並み以上にです。本当にすごくて、かっこよかった。あんな超人的な人を僕の周りでは見たことがないですね。楽器はギター、ベース、ドラム、ピアノ。泳いでも速いし、スキーは国体に出るレベル。自分でカヌーも作ってしまう。

後に出演する「若大将シリーズ」は本当に地でやってる感じでした。あの役柄は加山さんだからできた。ああいう映画をよくぞ作ったものだと思います。

高校二年の夏休みは毎朝起きると加山雄三さんの家に向かいました。茶の間で新聞を読んでいると、みんなが起きてくる。そして一緒に朝食。お母さんに「遊ぶのは宿題してから」と言われ、午前中は妹のアッコちゃんの部屋で二人でだらだら勉強です。そして午後はカヌーで海に出てサザエを捕ったり、海岸でフットボールをしたり、プールで泳いだり、こんな楽しい夏は初めてでした。

加山さんの手作りのカヌーの一つを僕とアッコちゃんがもらい、面白がってピンク色に塗り替えたこともありました。加山さんは「バカ野郎、みっともないだろ」と怒ってましたね。

当時、加山さんは慶應の仲間と作ったバンドの練習に熱中していました。僕はいつも一人で見ていた。ほとんどの曲は覚えました。そのうちに「バンドっていいな、やってみたいな」と思うようになり、「ギターを教えてください」とおそるおそる頼んだんです。

加山さんは「ほんとかよ、しょうがねえなあ」という感じでしたが二つのコードを教えてくれた。そしてすぐ、この二つだけで足りる「ジャンバラヤ」を弾かされました。加山さんは「こいつ才能ねえな」と思ったそうです。でも僕は少しでもギターを弾けた喜びの方が大きかった。それから加山さんのギターを借りて一人で練習するようになりました。

加山さんは口が悪いのですが、分からないことは、すぐ優しく教えてくれる。そんなところは今も同じです。夏休みが終わるころにはやさしい曲なら弾けるようになった。二、三カ月後、当時はやっていた石原裕次郎風の曲を作詞作曲してみました。友達はいい曲だと言ってくれました。詞は替えましたが、この曲は後にアルバムに入れました。

それから約半年後、大学卒業を控えた加山さんの東宝入りが決まります。

実は、自由に出入りしていた加山さんの部屋で商船会社とビール会社に宛てた履歴書を見たことがありました。「ああ、就職するのか、もったいないな……」と思ってたから、東宝入りを知ったときは内心うれしかった。僕のヒーローが大勢の人たちのヒーローになるんだと思いました。

僕の方は高校三年の後半、家庭の事情でまた東京に戻りました。その後、加山さんの家から次第に足が遠のくのですが、茅ヶ崎に越していなかったら加山さんに出会っていなかったら、今の音楽の仕事はしていなかったでしょう。

僕は一九四一年（昭和十六年）、東京都大田区大岡山で生まれました。家族は両親と一歳年上の姉の四人。おやじは親が興した材木輸入会社で働いていました。おふくろはワイヤロープを製造する会社のオーナー家の生まれです。自宅は高級住宅地にある大きな家。二百坪近かったのかなあ。お手伝いさん一人と僕とばあや二人、家の管理をする親子二人がいました。いとこも一人下宿していました。

戦後はそれほど裕福ではなくなりましたが、姉を田園調布雙葉の小学校、僕を慶應幼稚舎（小学校）に通わせてくれました。両親は何でも好きにやらせてくれた。僕はターザンごっこ、ザリガニ取りと遊び回り、テレビのプロレスに夢中でした。当然、成績は悪い。でも、何事にも動じない楽天家のおふくろは「落第しなけりゃいいんだよ」なんて言ってましたね。

音楽環境には恵まれていました。両親ともピアノが弾けた。おやじは洋楽好きでジャズなどのレコードがたくさんあった。英語ができ、戦後は米軍関係の仕事をしていたので、そういうところから手に入れたのかもしれません。仲間とハワイアンバンドも作っていた。いとこはドラムで学生時代から生活費を稼いでいました。

音楽で最初に衝撃を受けたのは中学生のときに観たアメリカ映画『暴力教室』の主題歌「ロック・アラウンド・ザ・クロック」です。「音楽ってすごい」と思いました。この曲からポップスに入っていった人は多かったと思います。同世代のビートルズのジョンやポールもそうじゃないかなあ。音楽に興味を持ち始めたのはそれからです。アメリカの曲を流すラジオを毎週聴くようになりました。

生活は次第に厳しくなっていったようです。中学一年のとき、田園調布の五十坪ほどの家に引っ越しました。そして高校一年のとき、両親が別居しました。事情はよくわからないのですが、おふくろは姉と僕を連れて茅ヶ崎に移り住みました。家はさらに小さくなった。

つらい思いもしました。仲間にスキーに誘われても家にお金がないことはわかっているから、ウソをついて断る。アメリカンフットボール部のレギュラーでしたが、費用がかかる夏の合宿は体が悪くなったと言って行きませんでした。だから大学に入ったらお金を稼がなくちゃと思っていました。いま考えるとそれが良かった。ギターをただ好きで弾くのとは上達度が違うと思うんですよ。

高校三年のとき、茅ヶ崎から東京に戻ったのは、おふくろの仕事の関係だったようです。お金が底をついてきたらしく、知人の家を間借りしたりしてました。

でも、おふくろは僕を絶対、大学に入れるつもりだった。入学金もどこかから借りてきたようです。成績は悪かったけれど、一九六〇年(昭和三十五年)、何とか慶應の法学部政治学科に進めました。

約二年ぶりにもどってきた東京は刺激的でした。

例えば、慶應幼稚舎の同級生だった川添象郎のお父さんが始めたイタリアンレストラン「キャンティ」。作家や作曲家、外国の大使、六本木の遊び人などが集まり、時代の先端の感性が凝縮されていた。まだ芸能人になっていない加賀まりこさんや大原麗子さんも出入りしていましたね。僕はお金がないから、スパゲティくらいしか頼めないけれど、オーナーの息子の友達ということで、余り物を出してもらったり、大人たちの話を横で聴かせてもらったり。こんな世界もあるんだなと思いましたね。新宿ACBなどのジャズ喫茶にもよく行きました。一番好きだったのは、カントリーウエスタンバンドの「マウンテン・プレイボーイズ」。最前列で何十回も見ました。リーダーがジミー時田さん、ベースがいかりや長介さん、ギターは寺内タケシさんというすごいメンバー。いかりや長介さんのギャグも最高でした。大学では慶應や成城の仲間と「トップビート」というバンドを作り、秋に何かのパーティーで演奏して初めてギャラをもらいました。一人百円。今なら五千円くらいかなあ。その後あちこちに呼ばれるようになりました。多かったのは米軍キャンプの仕事。弾いたのはアメリカのポップスです。若いから成長は速かったですね。

印象に残っているのは、後にドリフターズで活躍する仲本工事さんです。横須賀のキャバレーで演奏したとき、代役で参加してもらったんですが、無口でね。よれよれのコートに黒縁めがねといううくそまじめな格好でした。「これでよくエレキなんてやってるなあ」と思いました。人は見た目で判断しちゃいけないですね。ギターの腕はまあまあでした。

セミプロとして仕事を続けているうちに、横田基地の将校クラブで演奏することになりました。一つレベルが上がった感じですね。

ここで冷や汗をかく経験をしました。トップビート結成から約一年たった一九六二年（昭和三十七年）、慶應の仲間がこんな話を持ち込んできます。

「先輩の清野太郎さんが堀プロダクションでつくるバンドのギターを探している。お前を紹介しておいた」

まだ譜面も読めないけど、「ハワイ帰りの日本のプレスリー」と評判の清野さんには会ってみたい。それで二日後、堀プロダクションを訪ねました。清野さんは「好きな歌手は？」などと質問したあと、社長の堀威夫さんのところに連れて行き、いきなり「僕のバンドに入る加瀬君です」。堀さんも「頑張ってね」。耳を疑いました。こんな簡単にプロになっていいのかと。「無理です」と言い張りましたが、清野さんは「洋服屋が来てるからユニフォームの寸法を測って」とどんどん話を進める。観念するしかなかったですね。

翌日に初練習、数日後には新しいバンド「キャノンボール」の一員としてジャズ喫茶に出ていました。今の時代だったら信じられない話ですよね。ギターの腕も確かめずに決めちゃうんだから。若さが魅力だったのかなあ。給料は二万円。大卒初任給より多い。タクシー七十円、カレー八十円の時代です。

「これからはプロとしてやる。でも慶應は何年かかっても卒業する。学費も小遣いも自分で出す」おふくろにそう話すと、「よくあんたにお金なんか出すわねえ」なんて言ってましたが、うれしかったんじゃないですか。清野さんのセンスは抜群だし、メンバーも親切でした。ステージはだんだん楽しくなってきました。

ところが結成数カ月後、清野さんは突然やめます。奥さんが出身地ハワイでの生活を望んだようです。代わりに加わったのがムッシュかまやつさんです。初対面のときからこの人とは合いそうだと思いました。キャノンボールに入ることになったムッシュかまやつさんは、ロカビリー時代に有名になり、それからアメリカに勉強に行って帰ってきたばかりでした。かまやつさんは普通のロカビリー歌手とは違う感性を持ってました。アメリカの新しい音楽を仕入れてきていて、二人でハーモニーをつけたり、ステップを踏んだり、ほんとに楽しかった。バンドは「かまやつワールド」になりましたね。ファッションセンスもよかった。見たこともないボストンバッグを持っていて「フランスのルイ・ヴィトンというんだよ」なんて教えてくれました。プライベートでも気があった。六本木には夜な夜な出没しましたね。

仕事はジャズ喫茶が中心でしたが、客は入らず、いつもがらんとしてました。

一九六二〜六三年の日本のポップス界はロカビリー旋風が終わり、バンドは衰退していました。スターは歌手として独立し、ジャズ喫茶なんかは出ません。一番出世したのは「上を向いて歩こう」の坂本九さんでしたね。

でも客がいないのはある意味よかった。かまやつさんと好きな曲ばかりやり、多くのことを覚えました。

一九六三年三月、僕とかまやつさんはスキー場で遊んでいて仕事の予定を忘れる事件を起こします。ホリプロは「バンドは解散だ」とかんかんでした。そのまま首かなと思っていたら「加瀬とかまやつは明日からスパイダースだ」って言うんです。当時のスパイダースはまだ有名ではなかった。事件を口実に僕らを移籍させようとしたんでしょうね。

スパイダースにはマチャアキ（堺正章さん）も新たに加わります。まだ十六歳くらいでした。小生意気な感じで、こまっしゃくれている。でも憎めないんです。すぐ仲良くなりました。彼はおしゃれでねえ。三つぞろいのスーツを着て、雨も降っていないのに英国製の傘を持ち歩く。遊びに行く前はそれを銀座の傘屋で細くきれいに巻いてもらうんです。驚きましたね。慶應の友達にもこんなおしゃれはいませんでしたから。ただ、バンドはおもしろくなかった。リードギターはジャズ出身の人で僕がアメリカンポップスのフレーズを弾くと「そんなのは邪道だ」なんて言う。リーダーの田辺昭知さんは「おやじたちを全部くびにするから」と話していましたが、やめたいと思い始めました。

そんな頃、寺内タケシさんから電話がありました。寺内タケシさんからの電話は加入の誘いでした。

「今やっているブルージーンズをエレキ中心にしたい。おまえ、来ないか」

寺内さんとは二年前、横田基地の舞台で一緒になっただけ。「なぜ僕に？」と思いましたが、ジャズ喫茶に見に行くとかっこいい。寺内さんに、友達がアメリカで買ったベンチャーズの最初のアルバムを聴かせ、「こういう曲がやりたい」と話すと、「いいな、やろう」と言う。それで加入を約束しちゃいました。でもスパイダースはまだ入って三カ月。リーダーの田辺昭知さんは辞めさせてくれなかった。本当に困っちゃいましたね。

そして、寺内さんに移籍を約束した日。スパイダースは浅草の新世界、ブルージーンズは新宿のACBのステージでした。僕は最初の曲を8小節ほど弾いたところで「お世話になりました、やめます」と言い、ギターを抱えて脱走しました。田辺さんはドラムを叩いたまま「加瀬、バカ野郎、待て」と叫んでましたが、僕は外で待つ友達の車に飛び乗りました。

新宿のACBに着くと一回目の演奏が終わった休憩時間。楽屋はジーパンや臭いブーツが放り投げられ、運動部の部室みたいでした。二回目のステージにはもう立たされました。練習もなしにです。ボーカル内田裕也さんの歌の間奏のときには寺内さんに「おまえ、ソロだ」と背中を押され、いきなり前に出された。僕は腹を決め、両膝をつく派手なポーズでギターを弾く。内田さんも片膝をつき、僕をあおる。過激で恐ろしいバンドでしたね。寺内さんは僕の不良っぽくない新鮮な印象が気に入ったのかなあ。新しい何かを持ってきてくれそうだという期待もあったんでしょう。実際、外国の曲を聴かせ、やりましょうと言うと、ほとんど受け入れてくれた。テケテケをやっている曲、パイプラインを横浜で見つけてきたのも僕でした。

ブルージーンズでは内田さんと僕のトークも絶妙だったと思います。笑わせた後にバンと曲に入るタイミングもすごく良かった。

当時、いかりや長介さんが、まだ売れていないドリフターズのメンバーを引き連れ、僕らのステージをよく見に来ました。このタイミングを勉強しろってね。その後、ベンチャーズの日本公演で一緒に回ることが決まります。公演一カ月前、寺内さんに「エレキの曲を作れ。彼らの曲をやるわけにはいかない」と言われました。それでエレキの曲「ブルージーンNO1」が誕生しました。プロになって初めての作曲でした。僕がプロになって初めて作った「ブルージーンNO1」はエレキの曲です。ブルージーンズにとっても初のオリジナル曲でした。

でも自信はなかった。それで宮川泰(作・編曲家)さんに聴いてもらおうと考えました。宮川さんは僕らがよく出ていたテレビ番組「ザ・ヒットパレード」の編曲担当でした。休憩時間に曲を聴いてもらったのですが何も言わない。質問攻めが始まったのは、その晩に連れて行かれた新宿のバーでした。「作曲の勉強はしたの」「すみません、何も」「コード進行はどうやって考えたの」「すみません、自然に」「俺は音楽の学校で理論をしっかり勉強した」「すみません、お時間取らせちゃって」僕はひたすら謝りました。

しかし、それから信じられない展開になります。「ビートルズや君のコード進行は僕の音楽理論にはないんだ。なんでああなるの」「その方が何か気持ちいいんです」

すると宮川さんは膝を打つように言いました。

「それなんだ、感覚なんだよ。悔しいけど、俺たちにはまねができない」

そしてこう続けました。「君たちの時代が来る。作曲家になりなさい」

これには驚きましたね。数日後、招かれた宮川家で、また驚かされます。

宮川さんは「作曲ごっこをやろう」という。三十分間でそれぞれ曲を作り、感想を言い合うというんです。えらいことになったと思いました。片や大作曲家、こちらはレコードも出していない学生です。宮川さんは「俺は別の部屋で」と出て行く。僕はギターを弾き、でたらめ英語でメロディーを口ずさみ始めました。ふと気づくと部屋のドアが少し開いている。外を見ると、廊下に何と宮川さんが寝そべっていたんです。「一体どうしたんですか」「君がどうやって曲をつくるか、見たかったんだ」

そして僕の曲作りの説明に「なるほどなあ」と感心し、「俺もギターで曲を作ろうかな」と言うんです。すごい、と思いましたね。大作曲家なのに時代の流れをいち早くつかみ、自分の作曲法の変更も考える。なかなかできないですよ。名前は明かせませんが、「こんなコード進行はだめだ。ちゃんと正統な音楽を勉強しなさい」と説教する有名な音楽家もいました。宮川さんは、僕らが属する渡辺プロダクションの渡辺晋社長に「加瀬は手放すな」と話してくれたらしい。そのおかげで僕は渡辺プロで好きな仕事が長く続けられることになります。

ベンチャーズは一九六五年(昭和四十年)一月に来日しました。最高、最良のベンチャーズでした。すごくロックしていましたね。一緒に公演するブルージーンズはオリジナル曲「ブルージーンNO

1」だけでなく、もう一つの準備に必死でした。指の筋トレです。

彼らはギターの音を簡単にクウィーンと上げている。でも寺内タケシさんや僕は指が痛くてできない。「指の力が違うんだ」と思い、僕らはハンドグリップで筋力アップに励みました。それでもなかなかできない。公演の音合わせのときはリードギターのノーキー・エドワーズの指先をじっと見てました。クウィーンはいとも簡単にやっている。やはり戦争に負けるわけだ、指の力がこんなに違うんだからと思いましたね。

ところが、メンバーが楽屋に戻った後のことです。僕らはステージに上がり、置いてあったギターをこっそり弾いてみました。「何だ。こんなことか」と寺内さん。僕もすぐわかった。弦がすごく細いんです。僕の指でも簡単にクウィーンが出せました。あの指の筋トレは一体何だったのか。やはり戦争に負けるわけだ。そもそも頭の力がこんなに違うのだから、と思いましたね。

指の筋トレの話をすると彼らは大笑いでした。ノーキーはすごく親切で、僕に細い弦を五セットほどプレゼントしてくれました。インターネット時代の今とは違い、当時は外国の情報が入ってくるのが何百倍も遅い時代だったんです

衝撃と言えば、その数カ月前に来日したイギリスのリバプールファイブはもっと大きかったですね。日本ではリバプールビートルズと名前を変えていました。そんなことがまかり通る時代だったんですが、このグループが出す音の衝撃は二年後に来日する本物のビートルズ以上でした。一緒に公演する僕たちは「どうせ物まねバンドだろ」とバカにしていた。

ところが演奏が始まるとイスから転げ落ちるほど驚いた。ビートルズの「ハードデイズナイト」だったんですが、最初のジャーンという音の迫力がすごい。演奏もうまい。イギリス恐るべし、と思いましたね。演奏後、僕と寺内さんは早速ステージに上がり、スピーカーやマイクを全部チェックして回りました。このグループに衝撃を受けた人は何人もいました。

もう時代が違うんだ、新しいことをやらなくちゃ、と思いました。そんな新しい時代の到来を一番かんじさせてくれたのはやはりビートルズでした。ビートルズの曲を最初に聴いたのは一九六四年(昭和三十九年)に入ってからだったと思います。僕が所属するブルージーンズのファンに、上智大学へ通うアメリカ人の女の子たちがいました。僕は当時、そのなかのケイという子とつきあっていました。

ある日、ケイの友達がビートルズの曲を録音したテープをくれたんです。

「いまイギリスではやってるの。丸坊主の四人組よ」

「抱きしめたい」とか四曲くらい入っていた。これはいいなあ、と思いました。

しばらくしてムッシュかまやつさんと日比谷にある、アメリカ雑貨を扱う店に寄ったら輸入盤のアルバム『ミート・ザ・ビートルズ』が置いてあった。「なんだ、丸坊主じゃないんだ。だまされてたのか」と思いながら、早速買いました。このアルバムは擦り切れるほど聴きました。プレスリーとかいろんな音楽が好きだったけれど、ビートルズは何かを目覚めさせてくれた。新しい時代を感じさせてくれた。このレコードは僕の人生を変えました。まずコード進行とか音楽そのものがすごく新鮮だった。自分たちで曲を作り、楽器を弾きながら歌うのも、すごくいい。もうこれしかないと思いました。

ただ、昔からバンドをやっていた人たちは興味なさそうでした。ビートルズの話をしても「そんなのいるんだって」とか言うだけ。今までやってきたことでお金がもらえればいい、と考えていたんでしょう。ほとんどの楽屋で音楽の話は出ない。終わるとポーカーやマージャンの賭け事ばかり。この人たちは本当に音楽が好きなのか、こういう世界にいては僕も駄目になる、と思いましたね。

ブルージーンズにも音楽の夢を語り合える人はいなかった。僕の周辺ではかまやつさんくらいでした。時代流れを感じ取るのはやはり若者です。音楽をずっと勉強してきたとか、音楽の仕事に精通しているとかではなく感性の問題だから。それは今でも、音楽以外の世界でも、言えることだと思いますね。もうエレキの演奏が中心のバンドなんかやってる場合じゃない。自分たちで作った曲を自分たちで演奏して歌うビートルズのようになりたい。そんな思いが強くなっていきました。

それで作ったのが、もう売れっ子になっていた安井かずみさんに詞をお願いした「ユア・ベイビー」です。オリジナルの曲を作りたい。そう思って作曲に取りかかると、メロディはすぐできました。でも詞ができない。思い浮かんだのは安井かずみさんでした。安井さんには、それまでの日本の作詞家にはないポップな感性がある。すごくいいな、と思っていました。

そこで渡辺プロダクションの担当者に「安井さんに詞をお願いしたい」と頼みました。「ヒット曲もないくせにずうずうしいよ」と言われましたが、「そこを何とか」と曲を録音したテープを渡したんです。

しばらくして担当者が「ＺＵＺＵ、いいって言ってるよ。自宅に行って打ち合わせして来いよ」という。うれしかったですね。レコード会社専属の作曲家ではなく、バンドをやっている若い男の子がオリジナルを作った。そこに彼女はぴんと来たのかもしれません。会ってみると、すごくセンスのいい人だった。部屋も服もすべてがかっこよかった。特に印象に残っているのは、おかっぱみたいなヘアスタイルですね。「ユア・ベイビー」という曲名はとても気に入りました。ほかの作詞家に頼んで「カラスがとっても黒いから」なんて付けられたらたまらないですからね。

そして一週間後にレコーディングし、一九六五年(昭和四十年)八月に発売されました。僕が初めて作った歌の曲ですが、フジテレビの「ザ・ヒットパレード」では十数位まで上がりました。ブルージーンズのような人気バンドが自作の歌をテレビで歌うのは初めてだったんじゃないかなあ(実際には加山雄三自作曲「Dedicated」は映画『ハワイの若大将』で放映されたので、これが一九六三年八月十一日と時期的には一番早い)。

この年、スパイダースのムッシュかまやつさんとブルー・コメッツの井上大輔さんも自作曲を作ります。かまやつさんの「ノー・ノー・ボーイ」はすごくいい。スパイダースのオリジナルでは一番好きです。井上さんの「青い瞳」は僕が「ユア・ベイビー」を作ったのを見て「俺もやるぞ」って作曲したものです。これは一番売れましたね。グループサウンズという言葉はまだありませんでしたが、この年、日本のポップスは確実に変わり始めたと思います。

一九六六年(昭和四十一年)七月一日。僕は日本武道館の客席からビートルズの公演を見ていました。本来ならブルージーンズの一員として前座のステージに立っていたはずでした。前座への出演が決まったときは跳び上がらんばかりに喜びました。ビートルズに会える、握手ができる、サインやギターのピックももらえるかもしれないと。ところが公演の約一カ月前、信じられない話をマネージャーから聞かされます。僕たち前座バンドは演奏後、楽屋に入れ、外から鍵をかける。ビートルズはその後、武道館に入り、公演が終わったらすぐホテルに戻る。その間、僕らはずっと楽屋に閉じこめられている、というのです。当時は警備にそれほどピリピリしていたんですね。めったなことでは怒らない僕も前にあったイスを思い切りけとばしました。ふざけるな、と思いましたね。そして、この機会を逃したら二度とビートルズの生演奏は聴けないだろうとも。

僕は三年間いたブルージーンズをやめました。もともと脱退したい思いは強まっていました。寺内タケシさんは津軽じょんがら節をエレキ演奏したりしていましたが、あまり好きじゃなかった。もっとポップな曲を自分で作って歌いたかった。音楽に対するセンスが違ったんですね。その寺内さんもこの年の春、ブルージーンズを脱退しました。渡辺プロダクションを離れ、新しい会社を作りたかったようです。寺内さんについて行く気のなかった僕はリーダーをやらされます。でも、みんな年上だし、荷が重かった。ギターも寺内さんほどうまくないですしね。ビートルズ公演は脱退のいいきっかけでした。

公園の当日はネクタイ、スーツ姿の人が意外に多かった。ビートルズが本当に好きというより、社会現象を見ておこうという大人たちです。でもビートルズが現れると、女の子たちからせきを切ったようにギャーという声が上がった。こんな光景を見るのはロカビリー全盛期以来でしたね。ステージに立った四人はまるで宇宙人ような感じでした。公演はあっという間に終わりました。三十分くらいだったかなあ。サウンドは二年前のリバプールファイブの方が衝撃的でした。コーラスのバランスをもよくない。でもそんなことは関係ない。本物のビートルズが目の前で歌い、演奏しているんです。そして改めて思いました。

「よし、やるぞ。今度は僕たちの番だ」と。

新しいグループのメンバー探しはブルージーンズをやめた直後に始めました。渡辺プロダクションは乗り気でなかった。「バンドはもうやらない。やめとけ」と言う人もいました。ビートルズ旋風が世界に広がり、日本も来日を控えて大騒ぎしている。なのに何を言ってるんだ、と思いましたね。音楽のプロの世界でも新しい波を感じていない人が多かったんです。だから僕は、メンバー探しも楽器の用意も隠れてこそこそと進めました。グループのコンセプトは考えていました。ビートルズと同じ四人編成。プロの世界に毒されていない十代でアイビーが似合う清潔感のある人を集めようと。技術の方は若さで何とかなると思っていました。

めざしたのはフォークロックです。ビートルズは大好きだけど、まねしたって絶対かないませんからね。メンバー探しは大変でしたね。「歌がうまい」と聞いて会ってみると、舟木一夫さんの

「高校三年生」を歌いだす人もいたりして。

まず決めたのはドラムの植田芳暁。浪人中で川崎のダンスホールに出ていた。銀座で会うと黄色と黒のモッズルック風ネクタイをして来た。これがはまってないうえ、「バコタ屋のチャンバーにチーミを訊いて来た」なんて話す。僕の嫌いなバンド言葉ですが、何でも逆にすればいいわけじゃない。「バコタ屋」は「モク屋」が正解。「チャンバー」はいいが、「チーミ」は間違い。「ミチ」でいい。でも話しているうちに懸命に背伸びしていることがわかった。純真な少年の感じもある。それで採用決定。

ギターの鳥塚しげきは立教大学の軽音楽部にいました。ポロシャツにコインローファーのアイビー。折り目正しく清潔感もある。歌わせると甘い声だ。彼にもOKを出しました。

ベースの島英二は慶應の後輩の紹介で会いました。兄弟二人で来て、兄だけが質問する。彼に翌々日の練習に来てね、と言ったら、現れたのは無言だった弟の英二。緊張してたんでしょう。彼も浪人中でした。

島はギターもやってましたが、「弦が二本少ないから何とかなるよ」とベースを弾かせました。さすがにたどたどしかったけれど、まじめで一生懸命だ。彼で行こうと思いました。

まだ名前はついていませんが、ザ・ワイルド・ワンズの誕生です。僕は二十五歳、彼らは十八～十九歳でした。

ワイルド・ワンズのメンバーは、

加瀬邦彦：昭和十八年三月六日生まれ
植田芳暁：昭和二十三年二月七日生まれ
テレビ番組「勝ち抜きエレキ合戦」で入賞したバンドである、ザ・ディメンション出身。ワイルド・ワンズ解散後はZOO、サーフライダーズなどで活動。その後ワイルド・ワンズ再結成。
鳥塚繁樹：昭和二十二年三月二十三日生まれ
立教大学のカントリー・フレッシュメン出身
島英二：昭和二十二年十月二十四日生まれ
その後、渡辺茂樹が五人目のメンバーとして加入。
そして七月七日、合宿に入ります。不安だらけでしたが、月末にはもう舞台に立つことになります。僕たち四人の合宿先は静岡・伊東のホテルでした。十日間、同じ部屋に寝泊まりし、練習を続けました。
いま考えると笑っちゃう話がほんとに多かった。「合宿ならメシだ」と米を持参したんですが、仲居さんは「戦争中じゃないのよ。うちにはいくらでもある」と大笑いでした。
ホテルを紹介してくれた慶應の仲間が激励に訪ねてきたときのことです。彼は「差し入れに生ものを二つ持ってきた」と言う。ぼんぼんの彼がよく行くナイトクラブの女性二人を遊びがてらに連れてきたんです。彼らしいジョークだとわかっている僕は「またバカなこと言ってる」と相手にしなかったけれど、若いメンバー三人は困惑してました。夜になると酒の入った彼は調子に乗り、

「彼女たちの部屋に行け。それが礼儀だ」なんてけしかける。

みんな「遠慮します」と断ってましたが、翌朝、鳥塚(しげきさん)の布団はもぬけの殻でした。荷物もない。逃げ出したんです。なんて不純な世界なんだ、とショックを受けたんでしょう。鳥塚は夕方には戻ってきたんですが、みんな本当にまじめでしたね。

ワイルド・ワンズのデビュー曲「想い出の渚」は僕の作品で一番好きな曲です。その後もこの曲を超えるものは作れていない。そんな曲が一作目ででき、大ヒットしてしまう。よくあることですが不思議ですよね。メロディはテレビを見ながらギターを弾いていたら自然に出てきました。

時代の風を感じてたんでしょうか。ヒット曲を理屈で作ることはある程度できる。でも世の中に残るような曲は無意識のうちに生まれるのかもしれません。

でも、最初は何とB面の予定だったんです。レコード会社の担当者は僕がブルージーンズ時代に作った「ユア・ベイビー」をA面にするという。その方が安全だし、海の歌は夏に向けて出すものだと。僕は反発しましたね。

「それは違う。こっちの方がずっと新鮮だ。渚だから夏なんてのもおかしい」

担当者は顔を真っ赤にして引かない。

「会議で決まったんだ。君はこの業界がわかってない。プロにまかせなさい」

僕もひかなかった。

「長くやってるのは関係ない。感覚の問題です」

最後は僕の主張が認められましたが、問題はそれだけではありませんでした。ジャケットを見たらひどい。古くさいんです。悲しい歌だから悲しい顔する必要なんかないのに。替えてほしいと頼むと、もう印刷に回ったから無理だという。十万枚売れたら替えてくれるかと聞くと、いいよって。売れると思ってなかったんでしょう。

ところが、発売十日で注文が十万枚超えちゃった。当時としてはすごい数字です。新しいジャケットの方が若々しくて、アイビーっぽくて、いい感じでしょ。

僕はこうしたことは会議で決めるものじゃないと思う。みんながクリエイティブなんてことはありえないのに、今までの常識のなかで判断して良い悪いという。そんなやり方でいいヒット曲は出ないと思います。ただ、僕自身も大ヒットするとは思っていなかった。

翌年の元旦、僕はラジオのリクエスト番組を聴いていました。当時はビートルズが圧倒的に強かった。「想い出の渚」はベストテン直前まで来てたんですが、その日はなかなか出てこない。消えちゃったのかなと思ったら、最後に「一九六七年一月一日の一位は何と日本の曲です」って。ビートルズのイエローサブマリンを抜いたんです。うれしかったですね。

ワイルド・ワンズが初めてテレビに出たのは一九六六年(昭和四十一年)十月です。「想い出の渚」が発売される前月でした。日本テレビ系の新番組「あなた出番です！」で伊東ゆかりさん、ドリフターズとともにレギュラーになったんです。

毎週、東京の後楽園ホールで公開録画がありました。会場は学校帰りの女子高生で満員で、当時大人気の踊って歌うアイドルグループ、ジャニーズには「ギャー」、僕らには「シーン」でした。でも翌週は二十～三十人くらいから「キャー」という声。ジャニーズのファンが一部寝返ったらしい。いかりや長介さんには「手を振れ、翌週には倍になるぞ」と言われてました。実際そうなっていきましたね。

本当に驚いたのは十一月に広島にコンサートで行ったときです。飛行機を降りると「キャー」という声。ジャニーズが来てるのかと思ったけれど、どうも違う。空港のビルに近づくと「加瀬くーん」なんて叫んでいる。「えっ、俺たち？　ウソだろ」って思いました。

パトカーに先導されて着いた会場はもっとすごかった。ファンが入りきれなくてガラスが割れてたり。舞台の内側で音合わせをするだけで「ギャー」。なんでこんなことになっちゃったのか、と思いましたね。やっぱり五カ月前のビートルズ来日の余波だったと思います。グループサウンズのブームに火がつき始めてたんですね。

タイガースのジュリー（沢田研二さん）とは一九六六年十月ごろ、初めて会いました。彼との関りは後でたっぷり話すとして、僕らも休みはほとんど取れなくなっていきます。作曲する時間もない。新幹線で移動中、当時あった荷物室へ車掌さんに頼んで入れてもらい、ギターを弾いて曲を作ったこともありました。

年三回開く日劇ウエスタンカーニバルは戦場でしたね。僕たちは一九六七年一月から出場しましたが、ファンの声援が人気のバロメーターみたいになり、「キャー」と言わせたいため、どんどん過激な方向に行く。

一番人気があったころの一九六八年三月、僕は七年かかって何とか慶應義塾大学を卒業しました。卒業式には雑誌など七社が取材に来ました。どの社も一着ずつ、僕が持ってなかった慶應の制服を用意していた。それを次々と着替えては各社に写真を撮ってもらう。卒業式で新品の制服が七着なんて慶應の歴史でも初めてだったんじゃないかなあ。制服は後で全部後輩にあげました。

(これは加瀬邦彦の貴重な証言なので引用しました。一九六〇年代の日本のポップス界の真実の一部が含まれているのです。)

〈「想い出の渚」に関する加瀬の証言〉

ザ・ワイルド・ワンズのデビュー曲である「想い出の渚」に対して、作曲者である加瀬邦彦は次のようにコメントしています。

「想い出の渚」は、ヒットさせようと作為的にやったんじゃなくて無意識にできた曲なの。メンバーがウチに練習に来てて、練習が終わってから食事までのあいだに、テレビを見ながらギターいじってるうちにできたのね。自然にできたんですよ。

二作目は「小さな倖せ」っていうんだけど、あれはイヤだったね。東芝のディレクターとすごいケンカしたんですよ。実は一作目のときもね。ディレクターは「ユア・ベイビー」(加瀬邦彦作曲・安井かずみ作詞。寺内タケシとブルー・ジーンズ盤で一九六五年八月に発売)のほうをA面にするって言ったんです。ワイルド・ワンズは知名度が低いんだから、「ユア・ベイビー」は、ブルー・ジーンズでやってて知名度があるから、こっちのほうが安全パイだって言うわけですよ。僕は、「ブルー・ジーンズでやった曲はそのイメージがあるから良くない。絶対「想い出の渚」だ。もしダメならオレやめていい」ってケンカしたの。それで「想い出の渚」をA面にしたら、ヒットしたでしょ。そしたら二曲目はオレの言うことをきけって言われて、続編みたいな「小さな倖せ」を出したんですけどね。「想い出の渚」の三分の一くらいですよ、余勢で売れただけで。僕としては三曲目に出した「夕陽と共に」、あれを二枚目に出したかったの。それはちゃんと計算が合って、「想い出の渚」の次はゴロンと変えて植田（芳暁）の歌で出せば、「あ、ワイルド・ワンズってのはああいうのもやるしこういうものもやるんだ」っていうことで曲調についても幅を出したかったのね。「夕陽と共に」は「想い出の渚」を抜けないかもしれないけど、ワイルド・ワンズを絶対に大きくするという確信があったんですね。

なお「想い出の渚」は、東芝レコードのレーベルではなく、東芝から当時リリースしてされていたキャピトル・レーベルを使用してリリースされました。従ってフィリップス・レーベルのスパイダース、CBSレーベルのブルー・コメッツ等と同様、レコードのヒットチャートでは洋楽（ポピュラー）部門でランクされていました（例外はあるもので、一九六七年十月にリリースされたザ・ランチャーズの「真冬の帰り道」は、加山雄三&ザ・ランチャーズの曲が東芝レーベルでリリースされていたためか外国レーベルではなく、東芝レーベルでリリースされています。そのため、後述する「真冬の帰り道」のヒット・チャートの分類は歌謡曲部門でランクされていました)。

〈一九六六年のまとめ〉

一九六六年の一年間、ラジオ番組で加山雄三(&ザ・ランチャーズ)が放送された部分を記載しましたが、連日のように加山の曲が放送されていたことが確認できました。おそらく、テレビで放映されたことよりもラジオのほうがはるかに強い影響力があったと示唆されます。湘南はポップミュージックの一大発信地だったのです。

なお、加山雄三(&ザ・ランチャーズ)の名前が確認できたラジオ番組(つまり番組の項目に放送されたであろう加山雄三の名前が確認できたもの)は、一年間で合計二〇二回にもおよんでいました。これは一九六六年のラジオ番組表で認めたビートルズの二倍以上にあたるのです。加山雄三という名前が確認できずに放送された番組はおそらくこの二〇二回の倍以上は存在するのではないかと考えられます。ということは、一九六六年はほぼ毎日、一回以上は加山雄三の曲が放送されていたと示唆されます。これは現代ではとても考えられないことです。

第六章　一九六七年

〈一九六七年一月〉

一月よりワイルド・ワンズも本格的に活動を始め、テレビなどのメディアに多く出演するようになりました。またさまざまなバンド（ＧＳ）も台頭してきます。ここから加山雄三＆ザ・ランチャーズ及びワイルド・ワンズを中心にとりあげていきます。

一月一日（日）　ＴＢＳラジオ　午後六時四十五分〜八時　「新春オールスターパレード」

加山雄三「君といつまでも」、三田明、舟木一夫等が放送

一月一日（日）　文化放送　午後六時〜三十分　「世界のヒットパレード」

ウォーカー・ブラザーズ放送

一月二日（月）　ニッポン放送　午後三時五十分〜四時三十分　「歌謡パレード」加山雄三

一月五日（木）　ＴＢＳテレビ　午前八時〜九時　「おはようにっぽん」加山雄三一家出演

一月七日(土)　TBSラジオ　午後九時三十分~十時　加山雄三、坂本九放送
一月八日(日)　ニッポン放送　午前九時三十分~十時　「スターハイライト・ショー」　加山雄三
一月十二日(木)　ニッポン放送　午後一時四十五分~二時　「花形歌手」加山雄三
一月十三日(金)　TBSラジオ　午後九時三十分~十時　「ヒットパレード」
一月十四日(土)　ニッポン放送　午前十一時二十分~四十分　加山雄三、西田佐知子放送
「地獄のカクテル」ザ・シャドウズ、「バス・ストップ」ホリーズ等が放送
一月十六日(月)　TBSラジオ　午後九時三十分~十時　加山雄三、フォー・タイムズ
一月十六日(月)　フジテレビ　午前九時~三十分　「ミュージックフェア'67」
荒木一郎、坂本九が出演
一月十九日(木)　ニッポン放送　午前十一時二十分~四十分　加山雄三放送
一月二十一日(土)　TBSラジオ　午後六時四十五分~七時三十分　「歌謡曲をぶっとばせ」
ワイルド・ワンズ出演
一月二十三日(月)　TBSラジオ　午後九時三十分~十時　加山雄三、フォア・ダイムズ
一月二十六日(木)　フジテレビ　午後九時三十分~四十五分　「スター千一夜」
スパイダース、ブルー・コメッツが出演
一月二十九日(日)　ニッポン放送　午前十時三十分~十一時　加山雄三、荒木一郎放送

一月三十一日(火)　夕刊　ヒット盤
歌謡曲　①加山雄三：夜空を仰いで　②荒木一郎：今夜は踊ろう　③加山雄三：まだ見ぬ恋人　④美空ひばり：悲しい酒　⑤バーブ佐竹：ネオン川
ポピュラー　①ピーター・ポール&マリー：虹と共に消えた恋　②ザ・ワイルド・ワンズ：思い出の渚　③ザ・スパイダース：夕陽が泣いている　④ブルー・コメッツ：何処へ　⑤モンキーズ：恋の終列車　(都内レコード店調べ)

一月は加山雄三の「夜空を仰いで／旅人よ」および「まだ見ぬ恋人」が大ヒット。それに続いて湘南の仲間であるザ・ワイルド・ワンズの「思い出の渚」も大ヒット。加山は一九六六年五月に「君といつまでも」と「夕陽は赤く」が、さらには八月「お嫁においで」と「夕陽は赤く／蒼い星くず」が同時にランクされていました。一九六七年一月にも再度「夜空を仰いで」と「まだ見ぬ恋人」が二曲同時にランクされています。実質的に「夜空を仰いで」と「旅人よ」は両面ヒットなので「まだ見ぬ恋人」を入れるとベスト5に三曲ランクインということになります。二年続けてこのような現象が起きていたことはすごいことです。つまり、一九六六年八月にはベスト5に「お嫁においで」「夕陽は赤く」「蒼い星くず」の三曲も同時にチャートに、さらには一九六七年一月に「夜空を仰いで」「旅人よ」「まだ見ぬ恋人」と二年連続してベスト5に三曲同時にランクされているのです。

〈一九六七年一月　TBSヤング720〉
二日(月)ブルー・コメッツ、弘田三枝子　三日(火)スパイダース　四日(水)美樹克彦、萩原秀樹、フィンテット　五日(木)秋元薫、フィンテット　六日(金)吉永小百合、横内章次カルテット　七日(土)パラダイスキング　九日(月)新川二郎、ドン・ファーマーズ、岡田真澄　十日(火)島和彦
十一日(水)ワイルド・ワンズ、柏木由紀子　十二日(木)B&Bセブン　十三日(金)メリーメーカーズ　十四日(土)望月浩　十六日(月)スウィングウエスト　十七日(火)スパイダース　十八日(水)B&Bセブン　十九日(木)大木晋、モダン・カントリーボーイズ　二十日(金)東京ビートルズ
二十一日(土)パラダイスキング　二十三日(月)ジョーン・バエズと歌おう　ジュニア・ジャンボリー　二十四日(火)ジョーン・バエズと歌おう　二十五日(水)ジョーン・バエズと歌おう　二十六日(木)シャープ・ファイブ　二十七日(金)ブルー・コメッツ　二十八日(土)「ジョーン・バエズと歌おう」ブルー・コメッツ　三十日(月)放送なし　三十一日(火)中尾ミエ、ザ・サベージ、モダン・フォークトリオ

〈一九六七年二月〉
二月五日(日)　NHKテレビ　午後七時三十分～八時十五分　「歌のグランドショー」
荒木一郎、西田佐知子、スパイダース等が出演
二月十日(金)　TBSテレビ　午後七時三十分～八時

歌うバラエティ「ビート・ア・ゴーゴー」ザ・ウォーカー・ブラザーズが出演
二月十一日(土) TBSラジオ 午後九時三十分~十時 「歌謡パレード」加山雄三、黛ジュン
二月十二日(日) フジテレビ 午後三時~四十五分 「ビート・ポップス」
来日したザ・ウォーカー・ブラザーズ、大橋巨泉が出演
二月十八日(土) NHKテレビ 午後十時十分~四十分 「夢をあなたに」
ワイルド・ワンズ、伊東きよ子出演
二月十九日(日) フジテレビ 午後三時~四時 「ビートポップス」
ザ・ウォーカー・ブラザーズ、サンレモ音楽祭特集
二月二十日(月) フジテレビ 午後九時~三十分 「ミュージック・フェア'67」
ザ・サベージ、日野てる子等が出演
二月二十一日(火) ニッポン放送 午後三時五十二分~四時三十分 「歌謡パレード」加山雄三

………………

二月二十五日(土) ヒット盤
歌謡曲 ①水原弘:君こそわが命 ②加山雄三:二人だけの海 ③西郷輝彦:恋人をさがそう
④吉永小百合・トニーズ:勇気あるもの ⑤石原裕次郎:夜霧よ今夜も有難う
ポピュラー ①レインボウズ:バラバラ ②ザ・スパイダース:なんとなくなんとなく ③ザ・
ワイルド・ワンズ:小さな幸せ ④ザ・ブルー・コメッツ:何処へ ⑤ザ・ウォーカー・ブラザー

ズ：孤独の太陽　(都内レコード店調べ)

二月も湘南ポップス系である加山雄三「二人だけの海」、ワイルド・ワンズ「小さな倖せ」がヒット。なお「二人だけの海」のバックの演奏はワイルド・ワンズなので、このときはワイルド・ワンズは二曲ヒットさせていたことになります。

二月二十七日(月)　ニッポン放送　午後六時四十分～七時　「デイトタイムス」

ワイルド・ワンズ出演

二月二十八日(火)　ニッポン放送　午後三時五十分～四時三十分　「歌謡パレード」加山雄三

二月二十八日(火)　ニッポン放送　午後四時四十分～五時　加山雄三、梶光夫放送

〈一九六七年二月　TBSヤング720〉

一日(水)高橋元太郎、森川信、デキシー・シング　二日(木)パラダイス・キング、加賀城みゆき　三日(金)寺内タケシとバニーズ　四日(土)レッド・コースターズ　六日(月)北島三郎、B&Bセブン　七日(火)ブルー・ファイアー、B&Bセブン　八日(水)東京ベンチャーズ、水原弘　九日(木)田辺靖雄、東京ビートルズ　十日(金)ウォーカー・ブラザーズ、奥村チヨ　十一日(土)山田太郎、デキシー・キング　十三日(月)横内章次カルテット　十四日(火)パラダイスキング、水前寺清子　十五日(水)ザ・キャラバン、ビリー・バンバン　十六日(木)ザ・サベージ、久保浩、ファイ

ブ・トラベラーズ　十七日(金)アウトキャスト、槇みちる　十八日(土)バニーズ、恵ともこ　二十日(月)B&Bセブン、島和彦　二十一日(火)ザ・ワイルド・ワンズ、クッキーズ　二十二日(水)シャープ・ファイブ　二十三日(木)ザ・サベージ、伊東ゆかり　二十四日(金)ブルー・コメッツ、モダン・フォークメイツ　二十五日(土)尾藤イサオ、東京ベンチャーズ　二十七日(月)美樹克彦、B&Bセブン　二十八日(火)パラダイス・キング、木の実ナナ

〈一九六七年三月〉

三月一日(水)　フジテレビ　午後九時三十分~四十五分　「スター千一夜」ザ・サベージ出演

三月四日(土)　TBSラジオ　午後九時三十分~十時　加山雄三、坂本九放送

三月四日(土)　ニッポン放送　「歌の並木路」加山雄三放送

三月四日(土)　TBSラジオ　午後零時三十分~四十分

加山雄三「旅人よ」が放送(「夜空を仰いで」のB面であった「旅人よ」が大ヒット)

三月四日(土)　TBSラジオ　午後九時三十分~十時　「歌謡パレード」加山雄三、島乃ひとみ

三月五日(日)　新聞評「歌謡曲の新盤」

加山雄三「二人だけの海」(二月十五日発売)岩谷時子作詞による自作自演のポピュラー調

三月六日(月)　TBSラジオ　午後九時三十分~十時　加山雄三、市川染五郎放送

三月六日(月)　フジテレビ　午後九時三十分~十時　「ミュージック・フェア'67」

ジャクリーヌ・フランソワ、吉永小百合出演
三月十日(金)　ＴＢＳテレビ　午後七時三十分〜八時
歌うバラエティ「バラエティ・ア・ゴーゴー」ザ・サベージ、荒木一郎出演
三月十一日(土)　フジテレビ　午後九時三十分〜四十五分　「スター千一夜」
加山雄三出演(映画『続何処へ』のプロモーション、三月十二日公開)
三月十八日(土)　フジテレビ　午後九時四十五分〜十時　「歌うトップスター」
荒木一郎、ワイルド・ワンズ
三月二十日(月)　フジテレビ　午後九時〜三十分　「ミュージック・フェア'67」
市川染五郎、スパイダース等が出演
三月二十一日(火)　フジテレビ　午後七時〜三十分　「ザ・ヒットパレード」
ザ・ウォーカー・ブラザーズ、ピーナッツ、中尾ミエ、布施明、ワイルド・ワンズが出演(ザ・ウォーカー・ブラザーズとワイルド・ワンズが共演していたのはおどろきです)
三月二十四日(金)　フジテレビ　午後九時三十分〜四十五分　「スター千一夜」
ワイルド・ワンズ出演
三月二十四日(金)　日本テレビ　午後十時二十分〜十一時　「すてきなショー」
朝丘雪路、雪村いづみ、フランス・ギャル、ケスター・シスターズ
三月二十四日(金)　新聞広告　映画『続・何処へ』主演加山雄三、共演九重佑三子、酒井和歌子

三月二十五日(土)　フジテレビ　午後九時四十五分〜十時「歌うトップスター」

スパイダースが出演

〈一九六七年三月　TBSヤング720〉

一日(水)北原謙二、高田美和　二日(木)ザ・スウィング・ウエスト、ザ・リバーサイズ　三日(金)守屋浩、本間千代子　四日(土)梶光夫、B&Bセブン　六日(月)寺内タケシとバニーズ、高山ナツキ　七日(火)ヴィレッジ・シンガーズ、ザ・ウエイス　八日(水)ザ・スウィング・ウエスト、ザ・モダンフォーク・カルテット　九日(木)高山ナツキ　十日(金)バニーズ、槇みちる、クロスカントリー　十一日(土)ザ・サベージ、高山ナツキ　十三日(月)オールスターズ・ワゴン、望月浩　十四日(火)シャープ・ホークス、シャープ・ファイブ　十五日(水)デキシー・キング、加賀城みゆき　十六日(木)　都はるみ、アウトキャスト　十七日(金)横内章次、森山良子、木の実ナナ　十八日(土)ジャクリーン・フォード、笹みどり　二十日(月)島和彦、B&Bセブン、アイビー・トゥインズ　二十一日(火)ザ・ワイルド・ワンズ、田辺靖雄　二十二日(水)バニーズ、森進一、人見明　二十三日(木)尾藤イサオ、ブルー・コメッツ　二十四日(金)ザ・スパイダース、布施明、ブルー・インズ　二十五日(土)久保浩、フォー・ナイン・エース　二十七日(月)トニーズ、伊東ゆかり　二十八日(火)田辺靖雄、パラダイスキング　二十九日(水)北原謙二、レッド・コースターズ　三十日(木)B&Bセブン、克美しげる　三十一日(金)クッキーズ、アウトローズ、布施明

〈一九六七年四月〉

四月三日(月)　ＴＢＳラジオ　午後六時四十分〜七時　「歌謡曲でぶっとばせ」

加山雄三、田代美代子放送

四月四日(火)　ニッポン放送　午前十一時二十分〜四十分　加山雄三、橋幸夫放送

四月十日(月)　フジテレビ　午後九時〜三十分　「ミュージック・・フェア'67」

ブルー・コメッツ、水原弘等が出演

四月十日(月)　フジテレビ　午後九時三十分〜四十五分　「スター千一夜」

加山雄三、植木等(映画『クレージー黄金作戦』四月二十九日公開についてです。映画のなかで加山は「二人だけの海」を歌って出演)

四月十二日(水)　ＴＢＳラジオ　午前十時二十分〜四十分　ワイルド・ワンズ放送

四月十七日(月)　日本テレビ　午後七時〜三十分　「あなた出番です」

ワイルド・ワンズ、ドリフターズ、山本リンダ、伊東ゆかり等が出演

四月十八日(火)　フジテレビ　午後七時〜三十分　「ザ・ヒットパレード」

スパイダース、ブルー・コメッツ、伊東ゆかり等が出演

四月二十三日(日)　ＮＨＫテレビ　午後九時三十分〜十時十分

「アンディ・ウイリアムス・ショー」「綿つみの歌」「マイ・ファニー・バレンタイン」「かわいい君」「マリア」ミヨシ梅木、アラン・ヤング

四月二十六日(水)　NHKテレビ　午後九時四十分〜十時三十分　「音楽は花ひらく」由美かおる、佐良直美、ザ・ワンダース

四月二十六日(水)　新聞広告

映画『クレージー黄金作戦』加山雄三「二人だけの海」、園まり「つれてって」を歌い共演

〈一九六七年四月　TBSヤング720〉

一日(土)日野てる子、テリーズ　三日(月)アウト・キャスト、ヤング・ボックス　四日(火)スウィング・ウエスト、ステップ・イン・ストン　五日(水)タイガース　六日(木)吉永小百合、ブルー・コメッツ　七日(金)ヴィレッジ・シンガース　八日(土)山本リンダ、東京ベンチャーズ　十日(月)いしだあゆみ、なべおさみ　十一日(火)バニーズ　十二日(水)新川二郎、レッド・コースターズ、J・バエズ　十三日(木)スパイダース、中尾ミエ　十四日(金)寺内タケシとバニーズ　十五日(土)アウトキャスト、木の実ナナ　十七日(月)ザ・ワンダース、ザ・ブルージーンズ　十八日(火)B&Bセブン、尾藤イサオ　十九日(水)シャープ・ホークス、奥村チヨ　二十日(木)都はるみ、ジャニーズ、バニーズ　二十一日(金)アウト・キャスト、森山良子、槇みちる　二十二日(土)ウォーカー・ブラザーズ、ザ・ワンダース、ザ・スカーレット　二十四日(月)ブルー・コメッツ、ワンダース　二十五日(火)ザ・ワンダース、ザ・サンダーバーズ　二十六日(水)ザ・ワンダース、レッド・コースターズ　二十七日(木)布施明、クール・キャッツ　二十八日(金)ザ・ワンダース、スウ

ィングウエスト　二十九日(土)バニーズ

茅ヶ崎市出身の尾崎紀世彦がザ・ワンダースの一員としてデビュー。そして四月十七日ザ・ワンダースはザ・ウォーカー・ブラザーズと共演。

〈一九六七年五月〉

五月四日(木)　夕刊広告

五月五日初日〜十二月まで「日劇ウエスタン・カーニバル、麓風に唄うフォーク・ロック、爆発するエレキ・ビート」

出演グループはスパイダース、シャープ・ファイブ、タイガース、アウト・キャスト、寺内タケシとバニーズ、尾藤イサオ、岡田光弘、シャープ・ホークス、ワイルド・ワンズ、ブルー・コメッツ。五月の時点では、GSと呼ばれるビートバンドに対して、フォークロックとエレキビートという表現を使っていたようです。一九六六年十二月頃のフォークブームの記事から考えると、ワイルド・ワンズ等はフォーク・ロックのバンドとして見られていたのでしょう。

五月五日(金)　新聞広告　「日劇ウエスタン・カーニバル」

スパイダース、シャープ・ファイブ、タイガース、アウトキャスト、寺内タケシとバニーズ、尾藤イサオ、ワイルド・ワンズ、ブルー・コメッツ等が出演

五月七日(火)　ニッポン放送　午前一時三十分〜二時　加山雄三、金沢晃子放送

五月十一日(木)　夕刊　ヒット盤
ポピュラー　①ウォーカー・ブラザーズ：ダンス天国／孤独の太陽　②ブルー・コメッツ：ブルー・シャトウ　③ビートルズ：ストロベリー・フィールズ・フォー・エバー　④レインボウズ：バラバラ
歌謡曲　①水原弘：君こそわが命　②石原裕次郎：夜霧よ今夜もありがとう　③舟木一夫：星の広場に集れ　④西郷輝彦：恋人をさがそう　⑤扇ひろ子：新宿ブルース　(都内レコード店調べ)

五月十七日(水)　フジテレビ　午後七時三十分～八時
「若さで歌おうヤア！　ヤア！　ヤア！」ワイルド・ワンズ、森進一が出演
五月十九日(金)　TBSテレビ　午後七時三十分～八時　「歌うバラエティ」
荒木一郎とマックスファイブ、スパイダースが出演
五月二十一日(日)　NHKテレビ　午後九時三十分～十時十分
「アンディ・ウイリアムス・ショー」アンディ・ウイリアムス、アンソニー・ニューリー、ナンシー・ウィルソン
五月二十一日(日)　TBSラジオ　午後五時二十五分～六時二十五分　「加山雄三の世界」
「ハロー・スージー」が放送

五月二十二日(月)　文化放送　午後零時四十分〜一時　加山雄三歌の花束
五月二十三日(火)　新聞紙上
「夢見るツィッギー」について(日本へもスウィンギング・ロンドンの影響が出現し始めた)
五月二十四日(水)　ＴＢＳラジオ　午後十時二十分〜四十分　「歌うジャケット」加山雄三
五月二十七日(土)　フジテレビ　午後四時〜五時　「日劇ウエスタンカーニバル」
スパイダース、ブルー・コメッツ、ワイルド・ワンズ等が出演

〈一九六七年五月　ヤング720〉
一日(月)Ｂ&Ｂセブン、フェイサイドフーズ　二日(火)シャープ・ファイブ、ワイド・リバース
三日(水)久保浩、秋元薫クインテット　四日(木)横内章次カルテット、オーセ・クリーブランド
五日(金)オーセ・クリーブランド、オールスター・ワゴン　六日(土)オーセ・クリーブランド、ザ・スタックス　八日(月)ザ・ワイルド・ワンズ　九日(火)ザ・サベージ　十日(水)フォー・ナイ・エース　十一日(木)ブルー・ジーンズ、望月明　十二日(金)布施明、オールスターズ・ワゴン
十三日(土)フランツ&ブルーファイヤー、バニーズ　十五日(月)Ｂ&Ｂセブン、カントリー・セブン　十六日(火)トニーズ、大形久仁子　十七日(水)シャープ・ホークス、島和彦　十八日(木)アウト・キャスト、槇みちる、渥美清　十九日(金)ザ・プリシャース　二十日(土)サウンズ・オブ・ウエスト　二十二日(月)ジュディ・コリンズ、バニーズ　二十三日(火)ジュディ・コリンズ、ザ・

タイガース　二十四日(水)ジュディ・コリンズ、B&Bセブン　二十五日(木)ジュディ・コリンズ、B&Bセブン、槇みちる　二十六日(金)ジュディ・コリンズ、尾藤イサオ、紀本ヨシオ　二十七日(土)ジュディ・コリンズ、ザ・サベージ　二十九日(月)ミッキー・カーチス、バニーズ　三十日(火)ジ・アウトロウズ、フロンティア　三十一日(水)レッド・コースターズ、小松みどり、五月みどり

〈一九六七年六月〉

六月一日(木)　フジテレビ　午後九時三十分~四十五分　「スター千一夜」
スパイダースと女親衛隊が出演

六月三日(土)　TBSラジオ　午前六時三十五分~七時　「田遠ソング」加山雄三放送

六月四日(日)　NHKテレビ　午後七時三十分~八時十五分　「歌のグランド・ショー」
ワイルド・ワンズ、三田明、西郷輝彦等が出演

六月四日(日)　NHKテレビ　午後九時十五分~十時
「アンディ・ウイリアムス・ショー」「ザ・マン・アイ・ラヴ」ペギー・リー、アル・ハート、ジャック・ジョーンズが出演

六月四日(日)　ニッポン放送　午後二時~三十分　ワイルド・ワンズ

六月四日(日)　新聞紙上　加山雄三「君のために」(五月十五日発売)紹介、渚ゆう子デビュー盤

六月五日(月)　フジテレビ　午後九時〜三十分　「ミュージック・フェア'67」
ジュディ・コリンズが出演
六月七日(火)　ニッポン放送　午後四時四十分〜五時　加山雄三、三田明放送
六月七日(火)　ニッポン放送　午後九時三十分〜十時
シャドウズ特集「地獄のカクテル」、「春がいっぱい」が放送
六月八日(木)　新聞夕刊　映画『太陽をつかもう』広告、主演クリフ・リチャード、来日決定
六月十日(日)　NHKテレビ　午後八時〜五十分　「ジュリー・アンドリュース・ショー」
「スペインの雨」ジーン・ケリー、ニュー・クリスティ・ミンストレルズ
六月十日(土)　新聞夕刊　コカ・コーラ宣伝　加山雄三
六月十三日(火)　フジテレビ　午後七時〜三十分　「ザ・ヒット・パレード」
ブルー・コメッツ、ジャニーズ、ワイルド・ワンズが出演
六月十四日(水)　ニッポン放送　午後九時三十分〜十時
ベンチャーズ特集「霧雨の舗道」「別れた人と」が放送
六月十五日(木)
ザ・ワイルド・ワンズLP『THE WILD ONES ALBUM』六月十五日発売
A面①想い出の渚②可愛い恋人③帰らぬ舟④ALL　OF　MY　LIFE⑤JUST　ONE
MORE　TIME⑥風よつたえて　B面①夕陽と共に②ひとりぼっちの渚③マイ・ファース

ト・ロマンス④トライ・アゲイン⑤太陽の海⑥ちいさな幸せ
六月十七日(土) 夕刊記事 映画『欲望』紹介、スウィンギング・ロンドン
六月十八日(日) NHKテレビ 午後九時三十分~十時十分
「アンディ・ウイリアムス・ショー」「すばらしい日」ロイ・ロジャース
六月十九日(月) フジテレビ 午後九時~三十分 「ミュージック・フェア'67」
ボブ・マグラス、ジャニーズが出演
六月十九日(月) ニッポン放送 午前十一時二十分~四十分 加山雄三、梓みちよ放送
六月二十四日(土) フジテレビ 午後七時三十分~八時 「新グー・チョキ・パー」
「大嫌い! 大そうじ」ワイルド・ワンズ、谷幹一等が出演

六月二十九日(水) 夕刊 ヒット盤
歌謡曲 ①伊東ゆかり:小指の想い出 ②菅原洋一:知りたくないの ③布施明:恋 ④加山雄三:君のために ⑤扇ひろ子:新宿ブルース
ポピュラー ①ブルー・コメッツ:ブルシャトウ ②ザ・タイガース:シーサイド・バウンド ③ザ・ワイルド・ワンズ:夕陽と共に ④アンディ・ウィリアムス:恋はリズムに乗せて ⑤ザ・ウォーカー・ブラザーズ:二人の太陽 (都内レコード店調べ)

五月にはGSのヒットグループであるブルー・コメッツ、タイガース、ワイルド・ワンズがチャートに入っているのが目立ちます。湘南ポップスの曲とすれば加山の「君のために」とワイルド・ワンズの「夕陽と共に」がヒットしていたことになります。

〈一九六七年六月　ヤング720〉
一日(木)B&Bセブン、平尾昌晃　二日(金)ウォーカー・ブラザーズ、伊東きよ子、ベニーズ
三日(土)ワイルド・ワンズ、伊東ゆかり　五日(月)B&Bセブン、ミッキー・カーチス　六日(火)ジ・アウトロウズ、ザ・キューピッツ　七日(水)ザ・シンガース、ミッキー・カーチス　八日(木)ザ・ルビーズ、スリー・レーズンズ　九日(金)オールスターズ・ワゴン、ミッキー・カーチス　十日(土)B&Bセブン、スリー・レーズンズ　十二日(月)タイガース、岡田真澄　十三日(火)テンプターズ　十四日(水)プレイボーイズ、黒澤久雄　十五日(木)ワイルド・ワンズ、伊東ゆかり　十六日(金)アウトキャスト　十七日(土)レッド・コースターズ　十九日(月)バニーズ、マミローズ
二十日(火)フォー・ナイン・エース　二十一日(水)スパイダース、黒澤久雄　二十二日(木)布施明、タイガース　二十三日(金)ザ・サベージ、黒澤久雄　二十四日(土)スウィング・ウエスト、ジュン・アダムス　二十六日(月)シルバー・サウンズ、ジャッキー・サムエルズ　二十七日(火)シルバー・サウンズ、ジャッキー・サムエルズ　二十八日(水)梓みちよ、森山良子、プラネッツ　二十九日(木)ザ・ビーバーズ、山本リンダ　三十日(金)ワイルド・ワンズ、ウィー・フォーク

〈一九六七年七月〉

七月一日(土)　TBSテレビ　午後六時〜三十分　「歌の五番街」

梓みちよ、ジミー時田、バニーズ、ブルー・ハワイアンズ等が出演

七月二日(日)　NHKテレビ　午後九時三十分〜十時十分

「アンディ・ウイリアムス・ショー」ヴィック・ダモン、デック・ショーが出演

七月三日(月)　文化放送　午後零時十分〜四十分　ビーチ・ボーイズ特集

七月四日(火)　フジテレビ　午後九時三十分〜四十五分　「スター千一夜」

加山雄三とファンが出演(映画『南太平洋の若大将』についてと考えられます)

七月九日(日)　TBSラジオ　午前十一時三十分〜十二時　加山雄三、西郷輝彦放送

七月十三日(木)　フジテレビ　午後九時三十〜四十五分　「スター千一夜」

吉永小百合、荒木一郎が出演

七月十四日(金)　新聞広告　映画『サンダーバード』でクリフ・リチャード&ザ・シャドウズとして「SHOOTING STAR」を歌い、ザ・シャドウズとして「LADYPENELOPE」を演奏。映画『太陽をつかもう』クリフ・リチャードにもふれていました。

七月十六日(日)　NHKテレビ　午後九時三十〜十時十分

「アンディ・ウイリアムス・ショー」C・ベイシー、T・ベネット、レスリー・ゴーア等が出演

七月十七日(月)　夕刊記事

ビートルズ新盤『サージェント・ペパーズ・クラブ・ロンリーハート』について
七月二十一日(金)　フジテレビ　午後八時～五十分　「今週のヒット速報」
加山雄三、ワイルド・ワンズ、ブルー・コメッツ、タイガース、スパイダースが出演(加山とワイルド・ワンズが共演。ソロシンガーの加山以外はグループで占めていた)
七月二十三日(日)　NHKテレビ　午後九時三十分～十時十分
「アンディ・ウイリアムス・ショー」デイヴ・グルーシン、レッド・ノーオ等が出演
七月二十六日(水)　フジテレビ　午後九時三十分～四十五分　「スター千一夜」
美空ひばり、ブルー・コメッツが出演(ひばりの「真っ赤な太陽」がヒット)
七月三十一日(月)　NHKテレビ　午後八時～九時
「ファミリー・ショー」の「ヒット・メロディ」のコーナーに加山、奥村チヨ、横内正が出演。
加山雄三の八月五日リリースのLP『太陽の恋』のなかの一曲であるボサノヴァ「ア・サンバ」で加山と横内正は共演。この番組で「ア・サンバ」が歌われたものと考えられます。
七月のベンチャーズのライブ録音がおこなわれ一九六八年一月にリリース。
LP『ベンチャーズ・アゲイン～北国の青い空』
A面①ブルー・シャトー②北国の青い空(唄：奥村チヨ)③ブラック・サンド・ビーチ④恋はちょっぴり⑤ウーリー・ブーリー⑥二人の銀座　B面①涙のギター②ラ・バンバ③夢のカリフォルニア④蜜の味⑤夕陽は沈む⑥ダイアモンド・ヘッド'67

ベンチャーズは七月二十五日より八月十七日まで滞在し、六度目の来日公演をおこなっています。一九六七年はライブで「ブラック・サンド・ビーチ」を演奏し、ライブ録音しています。このときも加山雄三&ザ・ランチャーズに親近感があったのでしょう。

〈一九六七年七月プロマイド売上(マルベル堂)〉

男性

1位　舟木一夫
2位　西郷輝彦
3位　赤木圭一郎
4位　三田明
5位　ザ・スパイダース
6位　ザ・タイガース
7位　ブルー・コメッツ
8位　高倉健
9位　ザ・ワイルド・ワンズ
10位　加山雄三

女性

1位　松原智恵子
2位　園まり
3位　吉永小百合
4位　大原麗子
5位　由美かおる
6位　酒井和歌子
7位　内藤洋子
8位　山本リンダ
9位　恵とも子
10位　吉村絵梨子

一九六九年九月

男優

1位　高倉健
2位　赤木圭一郎
3位　石原裕次郎
4位　加山雄三
5位　川口恒

女優

1位　松原智恵子
2位　吉永小百合
3位　酒井和歌子
4位　大原麗子
5位　内藤洋子

〈一九六七年七月　ヤング720〉
一日(土)森山良子、ゴールデン・カップス　三日(月)シャープ・ファイブ、森山良子　四日(火)ワイルド・ワンズ、バックターントリオ　五日(水)ブルー・コメッツ、森山良子　六日(木)サベージ、ハングリー・ボーイズ　七日(金)デキシー・キングス、森山良子　八日(土)尾藤イサオとザ・バロンズ、ジェリー藤尾　十日(月)アウト・キャスト、岡田真澄　十一日(火)ザ・トニーズ、フォー・スウェインズ　十二日(水)ザ・プラネッツ、ウェイファシース　十三日(木)タイガース　十四日(金)ジャガーズ、ハニー・ビーズ　十五日(土)カーナビーツ、木の実ナナ、三保敬太郎　十七日(月)ブルー・コメッツ、岡田真澄　十八日(火)山内賢とヤングアンドフレッシュ　十九日(水)シャープ・ホークス、シャープ・ファイブ、ザ・ラバーズ　二十日(木)スパイダース、スクールメイツ、

テンプターズ　二十一日(金)三保敬太郎、山内賢　二十二日(土)パラダイスキング、田辺靖雄
二十四日(月)ビーバーズ　二十五日(火)ブルーファイヤー、佐良直美　二十六日(水)ゴールデン・カップス　二十七日(木)バンドックス　二十八日(金)ゴールデン・カップス、インディアナフォークス　二十九日(土)パラダイスキング、浅丘ルリ子　三十一日(月)ワイルド・ワンズ

〈一九六七年八月〉

八月一日(火)　TBSテレビ　午後八時〜五十分「歌のグランプリ」
ザ・ワイルド・ワンズ出演、共演はタイガース、橋幸夫、三田明等
八月二日(水)　夕刊記事　加山のすごい人気、東宝映画『乱れ雲』撮影現場
八月三日(水)　TBSラジオ　午前十一時十五分〜五十分　ザ・ワイルド・ワンズ放送
八月四日(金)　フジテレビ　午後八時〜五十六分「今週のヒット速報」
加山雄三、ブルー・コメッツ、タイガース、ジャニーズ等出演
八月六日(日)　NHKテレビ　午後九時三十分〜十時十分
「アンディ・ウイリアムス・ショー」サミー・デービス・ジュニア、ニュー・クリスティ・ミンストレルズ出演
八月六日(日)　新聞記事　奥村チヨ「北国の青い空」ベンチャーズ作曲
八月七日(月)　フジテレビ　午後九時〜三十分「ミュージック・フェア'67」スパイダース出演

八月八日(火)　フジテレビ　午後七時〜三十分「ザ・ヒットパレード」
ベンチャーズ出演、共演はブルー・コメッツ、伊東ゆかり(六度目の来日、「七月二十五日〜八月十七日」もまだベンチャーズの人気は高かった。なお八月十六日の公演は、日本テレビ「すてきなすてきなベンチャーズ」の題名で二週にわたって特別プログラムとして放送)
八月八日(火)　フジテレビ　午後七時三十分〜八時「若さで歌おう、ヤァヤァヤング」
ザ・ワイルド・ワンズ出演、共演はタイガース
八月十三日(日)　NHKテレビ　午後九時三十分〜十時十分
「アンディ・ウイリアムス・ショー」ケイト・スミス

……………

八月十五日(火)　夕刊　ヒット盤
ポピュラー　①ブルー・コメッツ：マリアの泉　②タイガース：シーサイド・バウンド　③スパイダース：風が泣いている　④ジャガーズ：君に会いたい　⑤ワイルド・ワンズ：夕陽と共に(都内レコード店調べ)　ポピュラーのコーナーはベスト5の全曲がGSの曲で占められていました。
歌謡曲　①美空ひばり・ブルー・コメッツ：真っ赤な太陽　②伊東ゆかり：小指の想い出　③菅原洋一：知りたくないの　④荒木一郎：いとしのマックス　⑤布施明：恋　(都内レコード店調べ)

……………

八月十九日(土)　TBSテレビ　午後七時〜三十分「ヤング・ジャンボリー」

ベンチャーズ出演、共演はブルー・コメッツ
八月二十日(日)　NHKテレビ　午後九時三十分~十時十分
「アンディ・ウイリアムス・ショー」J・ヒザート、L・ホーン、オズモンド・ブラザーズ出演
八月二十日(日)　NETテレビ　午後七時三十分~八時　「スターものまね大合戦」
ワイルド・ワンズ出演、共演はジュディ・オング
八月二十三日(水)　フジテレビ　午後七時三十分~八時　「若さで歌おうヤァ・ヤァ・ヤング」
ワイルド・ワンズ出演、共演はタイガース

〈一九六七年八月　ヤング720〉
一日(火)ヴィレッジ・シンガーズ　二日(水)シャープ・ホークス　三日(木)東京ベンチャーズ、新川二郎　四日(金)ザ・サベージ　五日(土)シャープ・ホークス　七日(月)中川三郎、なべおさみ
八日(火)奥村チヨ、ビーバーズ　九日(水)尾藤イサオとザ・バロン　十日(木)シャープ・ファイブ　十一日(金)B&Bセブン、伊東きよ子　十二日(土)パラダイスキング、B&Bセブン、槇みちる　十四日(月)ザ・ハプニング、クレイバー・トレット　十五日(火)ヴィレッジ・シンガーズ
十六日(水)ザ・スウィング・ウエスト、コクス・コムズ　十七日(木)ザ・ワイルド・ワンズ、久保浩　十八日(金)ゴールデン・カップス　十九日(土)アウト・キャスト　二十一日(月)ザ・ベンチャーズ、マイク真木　二十二日(火)ザ・ベンチャーズ、ピーターパン　二十三日(水)ザ・ベンチャー

ズ、ザ・マイクス、山本リンダ　二十四日(木)ザ・ベンチャーズ、ザ・タイガース　二十五日(金)ザ・ベンチャーズ、ザ・マイクス、永井秀和　二十六日(土)ザ・ベンチャーズ、フォーク・ラベンダース　二十八日(月)ブルー・コメッツ、ザ・マイクス　二十九日(火)ヴィレッジ・シンガーズ、フォーリーブス　三十日(水)パラダイスキング、愛田健二　三十一日(木)フォー・ナイン・エース
八月二十一日〜二十六日まで毎日ベンチャーズがゲスト出演(録画?)。そのときタイガースも出演していたなんてとても興味深い。

〈一九六七年九月〉
九月三日(日)　NHKテレビ　午後九時三十分〜十時十分
「アンディ・ウイリアムス・ショー」エラ・フィッツジェラルド出演
九月七日(木)　日本テレビ　午後九時〜三十分　「今週のスター」ザ・ワイルド・ワンズ
九月十日(日)　TBSテレビ　午後二時三十分〜三時　「歌うプレゼントショー」
加山雄三、ザ・ベンチャーズ出演。共演は山内賢、和泉雅子
加山は九月十五日にシングル曲「別れたあの人」がリリース予定のためこれを歌ったものと考えられます。加山とベンチャーズでの演奏はあったのでしょうか。もしかしたら「君といつまでも」を加山が歌い、ベンチャーズがバックで演奏したかもしれません。加山雄三(&ザ・ランチャーズ)、ザ・ベンチャーズとも日本のポップス界にまだまだ強い影響力をもっていたと示唆されます。

九月十七日(日)　ＴＢＳテレビ　午後二時三十分〜三時　「歌うプレゼントショー」
加山雄三出演、共演は黛ジュン
九月十七日(日)　ＮＨＫテレビ　午後九時三十分〜十時十分
「アンディ・ウイリアムス・ショー」ミッキー・ルーニー等が出演
九月十八日(月)　フジテレビ　午後九時〜三十分　「ミュージック・フェア'67」
スプリング・フィールド、布施明、金井克子等が出演
九月二十四日(日)　ＴＢＳテレビ　午後二時三十分〜三時　「歌うプレゼントショー」
ザ・ワイルド・ワンズ出演
九月二十四日(日)　ＮＨＫテレビ　午後九時三十分〜十時十分
「アンディ・ウイリアムス・ショー」ハーブアルパートとティファナブラス等が出演
九月二十四日(日)　ニッポン放送　午後二時〜三十分　加山雄三、扇ひろ子放送
九月二十五日(月)　フジテレビ　午後九時〜三十分　「ミュージック・フェア'67
加山雄三出演、共演はフランク永井、九重佑三子
九月二十六日(火)　フジテレビ　午後七時〜三十分　「ザ・ヒットパレード」
ザ・ワイルド・ワンズ、タイガース出演
九月二十六日(火)　フジテレビ　午後七時三十分〜八時　「スター芸能大会」
加山雄三、ジュデイ・オング出演

九月二十七日(水)　フジテレビ　午後七時三十分～八時　「若さで歌おうヤァ・ヤァ・ヤング」
ワイルド・ワンズ、カーナビーツ出演
九月二十七日(水)　フジテレビ　午後九時三十分～四十五分　「スター千一夜」
グラウディア・カルディナーレ出演
九月二十九日(金)　フジテレビ　午後八時～五十六分　「今週のヒット速報」
ブルー・コメッツ、タイガース、ザ・ワイルド・ワンズ、ジャガーズ出演

〈一九六七年九月　ヤング720〉
一日(金)カーナビーツ、ザ・マイクス　二日(土)トニーズ　四日(月)ブルー・コメッツ、マイクス　五日(火)サベージ、北原謙二、モダン・フォーク・フェロー　六日(水)ブルー・コメッツ、マイクス　七日(木)タイガース、丘ひろみ、島和彦　八日(金)寺内タケシとバニーズ、マイクス　十一日(月)ブルー・コメッツ　十二日(火)ワイルド・ワンズ、城卓也　十三日(水)B&Bセブン、スターライクファイブ　十四日(木)バニーズ、和泉雅子、レイジーフェローズ　十五日(金)ヴィレッジ・シンガーズ、伊東きよ子　十六日(土)オールスターズ・ワゴン、ランブリングボーイズ　十八日(月)フランツ・フリーデル　十九日(火)ビーバーズ　二十日(水)スパイダース　二十一日(木)タイガース　二十二日(金)ジャガーズ、久保浩　二十三日(土)ゴールデン・カップス　二十五日(月)B&Bセブン、レ・ブチトロア　二十六日(火)ワイルド・ワンズ　二十七日(水)ダニー飯田

とパラダイスキング　二十八日(木)テンプターズ、愛田健二、ピーター・パン　三十日(土)坂本九、サベージ

〈一九六七年十月〉

十月一日(日)　フジテレビ　午後十時十五分〜三十分　「スター千一夜」内藤洋子出演
十月一日(日)　NHKテレビ　午後九時三十分〜十時十分
「アンディ・ウイリアムス・ショー」「月に乗って」パット・ブーン、「チェリッシュ」アソシエイション
十月一日(日)　新聞紙上　加山雄三「別れたあの人」(九月十五日発売)紹介
十月三日(火)　フジテレビ　午後七時〜三十分　「ザ・ヒットパレード」
ワイルド・ワンズ、ヴィレッジ・シンガーズ出演
十月三日(火)　TBSテレビ　午後八時〜五十六分　「歌のグランプリ」
加山雄三出演、共演は荒木一郎、タイガース、ブルー・コメッツ
十月六日(金)　フジテレビ　午後八時〜五十六分　「今週のヒット速報」
ワイルド・ワンズ、タイガース、ジャガーズ、ヴィレッジ・シンガーズ等が出演
十月八日(日)　NHKテレビ　午後九時三十分〜十時十分
「アンディ・ウイリアムス・ショー」ニュー・クリスティ・ミンストレルズ等が出演

十月八日(日)　TBSラジオ　午後六時三十分～七時　加山雄三、坂本九放送

十月九日(月)　夕刊　ヒット盤
ポピュラー　①ザ・タイガース：モナリザの微笑　②ブルー・コメッツ：北国の二人　③ザ・ワイルド・ワンズ：青空のある限り　④ヴィレッジ・シンガーズ：バラ色の雲　⑤黛ジュン：霧の彼方へ　(都内レコード店調べ)　この時点でもポピュラーのコーナーはGSでうまっています。

十月九日(月)　夕刊　ヒット盤
歌謡曲　①舟木一夫：夕笛　②奥村チヨ：北国の青い空　③加山雄三：別れたあの人　④美空ひばり：真っ赤な太陽　⑤菅原洋一：知りたくないの　(都内レコード店調べ)

加山は「別れたあの人」をヒット。バージョン違いでLP『加山雄三のすべて第三集』にも収録。
十月九日(月)　フジテレビ　午後九時～三十分　「ミュージック・フェア'67」
エンリコ・マシアス、市川染五郎出演
十月十一日(水)　NHKテレビ　午後九時四十分～十時三十分　「音楽の花ひらく」
ワンダース、マイク真木、佐良直美
十月十一日(水)　TBSラジオ　午後六時三十分～八時　加山雄三「別れたあの人」等が放送

十月十三日(金)　フジテレビ　午後八時〜五十六分　「今週のヒット速報」

ワイルド・ワンズ、タイガース、ブルー・コメッツ、ヴィレッジ・シンガーズ、舟木一夫が出演

十月十五日(日)　NHKテレビ　午後九時三十分〜十時十分

「アンディ・ウイリアムス・ショー」ジャック・ジョーンズ出演

十月十五日(日)　TBSラジオ　午後六時三十分〜七時　加山雄三、奥村チヨ放送

十月十六日(月)　フジテレビ　午後九時三十分〜四十五分　「スター千一夜」スパイダース出演

十月十九日(木)　フジテレビ　午後九時三十分〜四十五分　「スター千一夜」

ニュース特集「ツィッギー」

十月二十日(金)　フジテレビ　午後八時〜五十六分　「今週のヒット速報」

加山雄三出演、共演はワイルド・ワンズ、タイガース、ブルー・コメッツ

十月二十二日(日)　NHKテレビ　午後九時三十分〜十時十分

「アンディ・ウイリアムス・ショー」ペギー・リー等が出演

十月二十二日(日)　フジテレビ　午後十時十五分〜十時三十分　「スター千一夜」

上原謙、小桜葉子夫妻が出演

十月二十四日(火)　夕刊広告　「週刊平凡」十一月二日号

①ワイルド・ワンズ：七十二時間に及ぶ富士山麓でワイルド・ワンズ強化合宿

②速報グラフ：東京のツィッギー(スウィンギング・ロンドンのツィッギーが来日中)

十月二十七日(金)　フジテレビ　午後八時~五十六分　「今週のヒット速報」
加山雄三出演、共演はワイルド・ワンズ、タイガース、ブルー・コメッツ
十月二十八日(土)　ＴＢＳラジオ　午後六時三十分~八時　「歌謡曲でぶっとばせ」
加山雄三「別れたあの人」が放送
十月二十九日(日)　ＮＨＫテレビ　午後九時三十分~十時十分
「アンディ・ウイリアムス・ショー」レノン・シスターズ、トリニ・ロペス出演
十月二十九日(日)　文化放送　午前十一時三十分~十二時　加山雄三、水原弘放送

〈一九六七年十月　ヤング７２０〉
二日(月)バニーズ　三日(火)森山良子、尾藤イサオとザ・バロンズ　四日(水)パラダイスキング　五日(木)フランツ・フリーデルとブルー・ファイブ　六日(金)カーナビーツ　七日(土)寺内タケシとバニーズ　九日(月)ヴィレッジ・シンガーズ　十日(火)ザ・ランチャーズ、木の実ナナ(「真冬の帰り道」リリース前に出演)　十一日(水)サベージ、島和彦　十二日(木)中村晃子、ビーバーズ　十三日(金)タイガース、ワンダース、槇みちる　十四日(土)ピーナッツ、ゴールデンカップス　十六日(月)スパイダース　十七日(火)パラダイス・キング　十八日(水)尾藤イサオとザ・バロン、スクール・メイツ　十九日(木)スパイダース、マルピーヌ　二十日(金)ワンダース、シャープホークス、スクールメイツ　二十一日(土)中尾ミエ、ジャガーズ、ジャックス　二十三日(月)ブルー・

コメッツ、高山ナツキ　二十四日(火)フランツ・フリーデルとブルーファイブ　二十五日(水)寺内タケシとバニーズ　二十六日(木)ワイルド・ワンズ、高山ナツキ　二十七日(金)伊東ゆかり、アウトキャスト　二十八日(土)カーナビーツ　三十日(月)ラリーズ、伊東きよ子

〈一九六七年十一月〉

十一月三日(金)　フジテレビ　午後八時〜五十六分　「今週のヒット速報」

加山雄三出演、共演はタイガース、ブルー・コメッツ、ワイルド・ワンズ

十一月五日(日)　NHKテレビ　午後九時三十分〜十時十分

「アンディ・ウイリアムス・ショー」「恋に恋して」ジミー・ダグラスが出演

十一月五日(日)　TBSラジオ　午後六時三十分〜七時　加山雄三、浜田光夫放送

十一月七日(火)　夕刊記事

異常な人気を集めるグループサウンズ。わずか半年で一時代、音楽的には疑問が多い――という記事がありましたので紹介します。

レコード各社が、グループ・サウンズに力を入れだしたのは昨年(一九六六年暮れ)から今年(一九六七年)のはじめにかけてだ。それまでエレキギター、フォークソングの流行があり、みんな自分で音を作り歌うという下地が出来上がっていた。こうして出てきたのが、従来の歌謡曲とも外来のポピュラー曲ともつかない「中間歌謡」といったもので〝和製ポップス〟。これを歌ったブル

ー・コメッツやザ・スパイダースなど二、三のグループの人気が急激にのび、それにビートルズの来日公演が熱狂的に迎えられたことが拍車をかけた。雨後のタケノコのようにグループ・サウンズが生まれ、その数もいまは約六十もあるという。その増え方の早さは驚くほど。わずか半年ほど(つまりは一九六七年五月頃)でグループ・サウンズ時代をつくりあげた……とあります。さらには、二、三のグループをのぞけば音楽的には疑問のあるものがほとんどで、最近では音楽よりも鑑賞に訴えてくるものがふえている……等の指摘もありました。この時点(一九六七年十一月)でプロマイドが売れているのは、ザ・タイガース、ザ・スパイダース、ブルー・コメッツ、ザ・ワイルド・ワンズ、ザ・カーナビーツ等とされていました。これらのバンド内にソングライターが存在した実力のあるバンドは、ザ・ワイルド・ワンズ(加瀬邦彦作曲)、ザ・スパイダース(かまやつひろし作曲)、ブルー・コメッツ(井上忠夫作曲)等限定されていました。この時点での評論しているように、ザ・タイガース、ザ・カーナビーツなど、当初はビジュアルを全面にうちだしたバンドが作りだした世界がGSの世界といえるかもしれません。ザ・タイガースは、ライブの音源を聴くと、カバー曲で実力発揮しているのがわかりますが、ビートルズのようにプロデュース的側面まで関与することは、なかなか困難だったかもしれません。

では、加山雄三&ザ・ランチャーズはというと、どうやらこのときでもエレキインスト系のバンドと考えられていたのか、GSという範囲には入ってこなかったのです。GSの多くがビートルズ、ローリングストーンズ、ビージーズなどブリティッシュ系の音のイメージでつくられていたのに対して、加山雄三&ザ・ランチャーズはインスト曲以外に、サーフィン系、ハワイアン系、アメリカン・ポップス系など、アメリカ系のポップスの影響を受けていたと考えられるので、当時のリスナーの耳にはGSとは異なるということになったのかもしれません。湘南ポップス系のバンドであるザ・ワイルド・ワンズも当初はアメリカン・ポップスに近い音をしていたと考えられます。スパイダースは、当初からリバプール・サウンドに対して東京サウンドをめざしており、かまやつひろしが指摘していたように、ブリティッシュ・ビートの影響を強くうけたといえるでしょう。つまりこの時点での加山雄三&ザ・ランチャーズの音は、アメリカン・ポップス・ロック系なのに対していわゆるGSはブリティッシュ系ポップス・ロック系といえるでしょう。

十一月七日(火)　フジテレビ　午後七時～三十分　「ザ・ヒットパレード」
タイガース、ブルー・コメッツ、ビッキーが出演
十一月七日(火)　フジテレビ　午後七時三十分～八時　「スター芸能大会」
加山雄三、ワイルド・ワンズ出演
十一月七日(火)　TBSテレビ　午後八時～五十六分　「歌のグランプリ」
ワイルド・ワンズ、ブルー・コメッツ、奥村チヨ出演
十一月八日(水)　フジテレビ　午後七時三十分～八時
「若さで歌おう。ヤァ！　ヤァ！　ヤング！」ワイルド・ワンズ、伊東ゆかり出演
十一月十日(金)　フジテレビ　午後八時～五十六分　「今週のヒット速報」　加山雄三出演

十一月十日(金) フジテレビ 午後九時三十分〜四十五分 「スター千一夜」
ヴィレッジ・シンガーズ出演
十一月十二日(日) NHKテレビ 午後九時三十分〜十時十分
「アンディ・ウイリアムス・ショー」ジョージ・チャキリス、シュプリームス出演
十一月十四日(火) フジテレビ 午後七時〜三十分 「ザ・ヒットパレード」
ワイルド・ワンズ、中尾ミエ、ブルー・コメッツ出演
十一月十七日(金) フジテレビ 午後八時〜五十六分 「今週のヒット速報」
加山雄三出演、共演はワイルド・ワンズ、タイガース、ブルー・コメッツ、舟木一夫等
十一月十七日(金) 新聞広告 映画『乱れ雲』
十一月十九日(日) NHKテレビ 午後九時三十分〜十時十分
「アンディ・ウイリアムス・ショー」ポール・リンチ

十一月二十一日(火) 夕刊 ヒット盤
ポピュラー ①スコット・マッケンジー：花のサンフランシスコ ②ブルー・コメッツ：北国の二人 ③ザ・タイガース：モナリザの微笑 ④ディヴ・ディィ・グループ：オーケー！ ⑤ザ・ワイルド・ワンズ：青空のある限り (都内レコード店調べ)
歌謡曲 ①佐良直美：世界は二人のために ②加山雄三：別れたあの人 ③舟木一夫：夕笛 ④

奥村チヨ：北国の青い空　⑤仲宗根美樹：聞かせてほしい（都内レコード店調べ）

加山の「別れたあの人」は先月に比較してランクアップし、第二位と大ヒット。また湘南の仲間であるザ・ワイルド・ワンズも「青空のある限り」をヒットさせていたのです。

十一月二十四日(金)　フジテレビ　午後八時～五十六分　「今週のヒット速報」
加山雄三出演、共演はタイガース、ブルー・コメッツ、舟木一夫等

十一月二十六日(日)　NHKテレビ　午後九時三十分～十時十分
「アンディ・ウイリアムス・ショー」「メイム」「ボーン・フリー」ナンシー・エイムス、ヴィク・ダモン、オズモンド・ブラザーズ等が出演

〈一九六七年十一月　ヤング720〉
一日(水)バニーズ、山本リンダ　二日(木)日野てる子、オールスターズワゴン　三日(金)シャープホークス、シャープ・ファイブ　四日(土)ジャガーズ、坂本九　六日(月)タイガース　七日(火)ヴィレッジ・シンガーズ、ノーマンズ　八日(水)ヴィレッジ・シンガーズ、梓みちよ　九日(木)レオ・ビーツ、森田敏子　十日(金)スージーQ、ピーター・ラベンダース　十一日(土)スパイダース、槇みちる、ブルーベリーズ　十三日(月)ヴィレッジ・シンガーズ　十四日(火)シャープホークス、シャープ・ファイブ　十五日(水)寺内タケシとバニーズ　十六日(木)日野てる子、ビーバーズ

十七日(金)北原謙二、アタックメン、ピーター・ラベンダース　十八日(土)モップス、早瀬久美
二十日(月)寺内タケシとバニーズ、奥村チヨ　二十一日(火)シャープホークス、シャープ・ファイブ　二十二日(水)サベージ、中尾ミエ　二十三日(木)森進一、テンプターズ、ケンタッキー・ファミリー　二十四日(金)ヴィレッジ・シンガーズ、スクールメイツ　二十五日(土)アウトキャスト
二十七日(月)いしだあゆみ、尾藤イサオとザ・バロンズ　二十八日(火)ジュディ・オング、中山仁、麻生れい子　二十九日(水)愛田健二、ゴールデンカップス　三十日(木)ハプニングス・フォー

〈一九六七年十二月〉
十二月三日(日)　TBSテレビ　午後二時三十分〜三時　「歌うプレゼントショー」
加山雄三出演、共演はワイルド・ワンズ、マヒナスターズ(加山はハプニングス・フォーと共に「幻のアマリリア」を歌ったと考えられます。ワイルド・ワンズは「青空のある限り」または「愛するアニタ」一九六八年一月十日発売のいずれかだったでしょう)
十二月三日(日)　NHKテレビ　午後九時三十分〜十時十分
「アンディ・ウイリアムス・ショー」キングストン・トリオ、スティーブ・ローレンス、イーディ・ゴーメ出演
十二月四日(月)　フジテレビ　午後九時〜三十分　「ミュージック・フェア'67」
ハービー・マン、アイ・ジョージ等が出演

十二月九日(土)　フジテレビ　午後三時十五分～四時　「ビート・ポップス」
タイガース出演
十二月十一日(月)　フジテレビ　午後九時～三十分　「ミュージックフェア'67」
ミルバ、ブルー・コメッツ出演
十二月十六日(土)　フジテレビ　午後三時十五分～四時　「ビート・ポップス」
アウトキャスト出演
十二月十七日(日)　NHKテレビ　午後九時三十分～十時十分
「アンディ・ウイリアムス・ショー」
十二月十九日(火)　TBSテレビ　午後八時～五十六分　「歌のグランプリ」
加山雄三出演、共演はタイガース、ロス・プリモス、ブルー・コメッツ、伊東ゆかり
十二月二十二日(金)　フジテレビ　午後八時～五十六分　「今週のヒット速報」
加山雄三出演、共演はブルー・コメッツ、スパイダース
十二月二十四日(日)　NHKテレビ　午後九時三十分～十時十分
「アンディ・ウイリアムス・ショー」クローディンヌ・ロンジェ、オズモンド・ブラザーズ
十二月二十五日(月)　加山雄三&ハプニングスフォー「幻のアマリリア／夢の瞳」
「夢の瞳」は加山雄三&ザ・ランチャーズ+1　加山雄三LP『加山雄三のすべて第三集』発表

十二月二十七日(水)　夕刊　ヒット盤
ポピュラー　①ザ・モンキーズ：モンキーズのテーマ　②ディヴ・ディ・グループ：オーケー！
③スコット・マッケンジー：花のサンフランシスコ　④ザ・スパイダース：いつまでもどこまでも　⑤ブルー・コメッツ：ブルー・シャトゥ　(都内レコード店調べ)
歌謡曲　①黒澤明とロス・プリモス：ラブユー東京　②佐良直美：世界は二人のために　③布施明：愛のこころ　④ザ・ランチャーズ：真冬の帰り道　⑤舟木一夫：センチメンタル・ボーイ
(都内レコード店調べ)

……………………………………

四位ザ・ランチャーズ「真冬の帰り道」(このレコードは他のGSとは異なり、洋楽系のレーベルではなく東芝レコードから発売されたので歌謡曲扱いとなったのかもしれません。それにしても「真冬の帰り道」は大ヒットしたのです)
十二月二十九日(金)　フジテレビ　午後八時〜五十六分　「今週のヒット速報」
加山雄三出演、共演はブルー・コメッツ、石原裕次郎(十二月二十五日、加山は「幻のアマリリア」をリリース。このときは「幻のアマリリア」が歌われたかもしれません)
〈一九六七年十二月　ヤング720〉
二日(土)スパイダース、バニーズ　四日(月)ザ・ハプニングス・フォー、ザ・シェリーズ　五日

（火）シャープホークス、ザ・シェリーズ　六日（水）ブルー・コメッツ、城卓也　七日（木）ザ・ビーバーズ、ザ・シェリーズ　八日（金）寺内タケシとバニーズ、井上ひとみ　九日（土）ザ・ゴールデンカップス、ザ・シェリーズ　十一日（月）ザ・カーナビーツ、伊東きよ子　十二日（火）伊東きよ子、ザ・サベージ、三保敬太郎　十三日（水）高山ナツキ、早瀬久美、山本リンダ　十四日（木）尾藤イサオ、田辺靖雄、高山ナツキ　十五日（金）スパイダース、レオ・ビーツ　十六日（土）ザ・スパイダース、ザ・スパッツ　十八日（月）ブルー・コメッツ　十九日（火）ザ・シェリーズ、水原弘、高山ナツキ　二十日（水）寺内タケシとバニーズ、高山ナツキ　二十一日（木）槇みちる、アタックメン二十二日（金）ザ・ジャガーズ、伊東ゆかり、早瀬久美　二十三日（土）シャープホークス、久保浩二十五日（月）ヴィレッジ・シンガーズ、舟木一夫　二十六日（火）島和彦、フランツ・フリーデルとブルーファイアー　二十七日（水）ザ・ジャガーズ、佐良直美　二十八日（木）ザ・ビーバーズ、布施明　二十九日（金）ヴィレッジ・シンガーズ、モローズ　三十日（土）寺内タケシとバニーズ、九重佑三子

〈一九六七年度「ティーン・ビート」誌人気投票〉

最優秀男性歌手

1位沢田研二　2位加山雄三　3位布施明　4位坂本九　5位堺正章　6位井上順　7位荒木一郎　8位尾藤イサオ　9位かまやつひろし　10位西郷輝彦　11位アイ高野　12位舟木一夫　13位デ

イブ平尾　14位岡本信　15位マイク真木　16位アイ・ジョージ　17位ヘンリー　18位井上忠夫　19位植田芳暁　20位植木等

最優秀女性歌手

1位黛ジュン　2位伊東ゆかり　3位森山良子　4位中尾ミエ　5位伊東きよ子　6位小畑ミキ　7位佐良直美　8位弘田三枝子　9位奥村チヨ　10位園まり　11位徳永芽里　12位木の実ナナ　13位梓みちよ　14位岸洋子　15位山本リンダ　16位美空ひばり　17位いしだあゆみ　18位江利チエミ　19位由美かおる　20位越路吹雪

最優秀ヴォーカルグループ

1位タイガース　2位スパイダース　3位ブルー・コメッツ　4位ワイルド・ワンズ　5位ゴールデン・カップス　6位ジャガーズ　7位カーナビーツ　8位テンプターズ　9位バニーズ　10位シャープ・ホークス　11位ヴィレッジ・シンガーズ　12位ピーナッツ　13位モップス　14位サベージ　15位ドリフターズ　16位ビーバーズ　17位アウト・キャスト　18位ジャニーズ　19位4・9・1　20位デューク・エイセス

最優秀インストゥルメンタル・グループ

1位バニーズ　2位ブルー・コメッツ　3位スパイダース　4位シャープ・ファイブ　5位タイガース　6位ランチャーズ　7位ワイルド・ワンズ　8位フィンガーズ　9位サベージ　10位ドリフターズ　11位ゴールデン・カップス　12位シャープス&フラッツ　13位ジャガーズ　14位ブル

ー・ジーンズ　15位ヴィレッジ・シンガーズ　16位4・9・1　17位テンプターズ　18位モップス　19位ビーバーズ　20位キンクス

以上は一九六八年二月の「ビート・ポップス」誌に載ったものです。コアなポップス・ロック・ファンの人気投票で一九六七年の一年間の人気では、加山雄三は沢田研二に次いで2位でした。よくいわれているように一九六七年はGSの年ということで、加山雄三（&ザ・ランチャーズ）の記事があまり載っていない本が多いのですが、この「ティーン・ビート」誌の人気投票及び、新聞紙上のヒット盤の状況から考えると、加山雄三（&ザ・ランチャーズ）の人気はまだまだ強かったのだと考えられます。ランチャーズだってインストゥルメンタル部門で6位だったのですからね。日本の歌謡曲～ポップスをとりあげている本のなかには、加山雄三&ザ・ランチャーズの大ヒット現象をほんの数行しかあつかっていない本さえあるのです。これは加山雄三&ザ・ランチャーズの好き嫌いでその内容を決めているとしか思えないのです。ここまで書いてきたテレビ、ラジオ、レコード・ランキング及びティーン・ビート誌の人気投票（一九六六年度、一九六七年度）を見れば、加山雄三&ザ・ランチャーズの大ヒット現象が明確になってくるのです。

〈ランチャーズに関して〉

ここでまとめて一九六六年以降のランチャーズ及び喜多嶋修についてのべていきます。まずは喜多嶋修とベンチャーズについてです。

喜多嶋修と話していたとき、ベンチャーズの話になったことがあります。そのとき喜多嶋修の発言では、日本で一番最初にリリースされたLP『カラフル・ベンチャーズ』は本当によく聴いたとのべていました。最初は気づかなかったのですが、一九六二年に日本でリリースされたLP『カラフル・ベンチャーズ』は、アメリカ盤のLP『カラフル・ベンチャーズ』と比較して一部の内容や曲順が異なるのです。日本で一九六二年四月にリリースされたLP『カラフル・ベンチャーズ』の曲目を見てみると、A面①急がばまわれ(Walk Don't Run)②ブルー・ムーン③黄色のジャケット④セレソ・ロサ⑤遥かなるアラモ⑥ブルー・スカイSideB①グリーン・フィールズ②レッド・トップ③ホワイト・シルヴァー・サンド④イエロー・バード⑤オレンジ・ファイア⑥シルヴァー・シティでした。つまりアメリカ盤のLP『カラフル・ベンチャーズ』のA面③のブルーアー・ザン・ブルーをはずして「Walk Don't Run 急がばまわれ」を収録した内容だったのです。喜多嶋修は、当初はベンチャーズ等に熱心だったのがしだいにビートルズへとかたむいていきます。

一九六七年四月、ランチャーズとして喜多嶋修、喜多嶋瑛、大矢茂、渡辺有三の四人でスタートすることになります。まずは渡辺有三を加えた加山雄三&ザ・ランチャーズとして一九六七年五月十三日の日本武道館でのステージに立っています。このライブは、映画『南太平洋の若大将』の撮影時のエキストラの人々の御礼だったので、無料コンサートとなりましたが、実際には日本武道館でビートルズに次いで加山雄三&ザ・ランチャーズは二番目(日本人のグループとしては初)にコンサートをおこなったグループということになります。ランチャーズ単独では、一九六七年十月十日にTBSの朝の番組である「TBSヤング720」に出演しています。一九六七年十一月五日にシングル曲「真冬の帰り道／北国のチャペル」でデビューし、十二月から翌年一月にかけて前述のごとくヒットチャートのベスト5以内にランクされました。その後、一九六八年三月一日「教えておくれ／愛のささやき」、六月一日「シリウスの涙／想い出のジュリエット」、十二月五日「不機嫌な水溜り／HELLO! BABY MY LOVE」等がリリース。デビュー当初は「渚のプリンス」というキャッチコピーを認めることもありました。そして十二月五日、ファーストアルバム『フリー・アソシエイション』がリリースされます。このアルバムには、前述のシングル曲以外にも多数の新曲が収録されました。そこで喜多嶋修自身に曲の解説を書いてもらいました。この文章を読むと、ランチャーズの曲作り、誰がボーカルやコーラスを担当していたかがわかり、びっくりする内容です。

〈楽屋話〉

『フリー・アソシエイション』

(1)Hello! Baby My Love

瑛のリードボーカル。今でも彼が髪を振り乱してドラムを叩きながら歌っているのが目に浮かびます。サビでF#mに行くこと自体気持ちがいいですが、テンポがスローダウンするのが味噌です。

(2)ねすごした小鳥

バロック調のメロディとコード進行ですが、特にサビの部分でマイナーになってからもメジャーとセブンスを細かく上手に使って変化を出しながら最後にDのコードでメジャーに戻るところが好きです。一日中仕事に追われ、すっかり疲れ切った日の夜遅い時間に今はなき当時の溜池にあった東芝EMIスタジオで、このボーカルを録音した記憶があります。息も絶えだえって感じですが、それでもなぜか今でもこれを聴くと不思議と癒されるんです。

(3)シリウスの涙

同じく疲れ切った日に録音した歌。見事なナイロンギターのソロは今は亡き横内章次さんが来て弾いてくれました。その後、ライブでは大矢茂がそのソロを再現していました。

(4)You Are There

お馴染み、喜多嶋兄弟のデュエット曲。メロディは修、高音部は瑛が担当。当時の日本ではまずないような川口真氏のストリングスアレンジがランチャーズの演奏とマッチしています。

(5)悲しみにサヨウナラ

大矢茂、唯一のリードボーカル曲。彼のボーカルタッチはどちらかというとリンゴ・スター調だったので、この曲以外にライブではビートルズの With A Little Help From My Friends を担当していました。この曲調はビートルズのラバーソウル辺りの雰囲気がありますね。

(6)教えておくれ

川口真氏によるイントロの弦楽四重奏で当時の業界が度肝を抜いた曲です。リードボーカルは今は亡きベースの渡辺有三。オクターブ下で修がユニゾンでリードをバックアップしています。これもシンプルながらサビの部分の絶妙なＥｍ７、Ｅｍ＃５、Ｅｍ／Ａなどの展開が気持ちいいですね。

(7)風船のお話

これはビージーズのファーストアルバムの影響があると思います。ロンドンでバリー・ギブ本人とも対面しましたが一九六七年頃のバリーの曲は輝いていました新鮮でした。「真冬の帰り道」同様、修と大矢の掛け合いのような間奏がいいですね。ライブでは「真冬の帰り道」よりも頻繁によく歌っていました。

(8)不機嫌な水溜り

当時の日本のポップス界にはまったく存在していなかった曲調で、どちらかと言えばアメリカの一九四〇年代風です。東芝が思い切ってシングルを切ったのですが、売れ行きは思わしくありませんでした。ビートルズを筆頭とするブリティッシュ系のグループは結構この手のアプローチを試みていましたが、アメリカのラヴィン・スプーンフルのジョン・セバスチャンも好んでいたタイプの曲調ですね。

(9)想い出のジュリエット

いきなりヨーロッパの街並みに連れて行かれそうな曲調ですが、自分が書いた曲のなかでは絶妙なメロディとコード進行が自然と生まれた瞬間の喜びがとても大きかったのを記憶しています。昔のヨーロッパ映画のテーマ曲を思わせる運びですね。今は亡き偉大なプロデューサー渋谷森久氏に絶賛された曲です。

(10)誰も読めない手紙

当時としては「誰も読めない手紙」というよりも誰も理解できないような曲でした。川口真さんのストリングスアレンジと瑛のローチューニングのドラムフィルターが巧妙に語り合っていますが、夜中のスタジオで、もう歌えないほど疲れ切っていたのに時間内にどうしてもという録音でした。

(11)My Love…The Sea

この曲を聴くと、茅ヶ崎で生まれ育った自分、そして海をこよなく好きだった若かりし頃を思い出します。美しい月夜の晩にひとり海辺で遠い海の向こうの世界に思いを馳せていました。

(12)真冬の帰り道

ご存知、加山氏から独立後のランチャーズのデビュー曲。それまでただ好きで音楽に夢中になっていましたが、この曲を書いたその瞬間に「あぁ、自分はプロとしてこのまま音楽の道に進むぞ！」と思った記念の曲ですね。ある日突然、いとも簡単に頭から終わりまでス～っとできてしまいました。当時のギター小僧たちみんなが大好きで一生懸命コピーしたというあの間奏も含めて、一気に書き上げてしまった曲です。

ランチャーズの曲のヴォーカルが誰だったのか、およびどのようにして曲が作られたのか判明して、ほんとうに驚きました。

一九六八年、映画『リオの若大将』の撮影が決定したとき、加山雄三、喜多嶋修はとてもうれしかったそうです。当時から二人ともボサノヴァのファンで、五月の新聞記事にも載りましたがボサ

THE LAUNCHERS

ノヴァ・アルバムを作ろうとしたのです。一九六八年以前にも一九六七年一月の加山雄三&ランチャーズのアルバム『加山雄三のすべて第二集』でインスト曲「ハロー・スージィ」を、一九六七年六月のアルバム『太陽の恋』のなかで加山のスキャット・ボサ「ア・サンバ」などをリリースしていましたが、一九六八年に本格的なボサノヴァ・アルバムを制作しようとしたのです。当初、シングル曲となった「ある日渚」はボサノヴァ・アレンジだったそうです。一九六八年六月、ブラジルに映画『リオの若大将』を撮影に行き、喜多嶋修は撮影の合間をぬってボサノヴァのライブを多数見たそうです。特に印象に残ったのが、バーテン・パウエルのライブだったそうです。

一九六八年八月二十日、大阪フェスティバルホールで加山雄三&ザ・ランチャーズとして公演をおこなっています。このときにランチャーズ単独としてインスト曲「お嫁においで」、ランチャーズ自身の曲「シリウスの涙」、ジミ・ヘンドリックスの曲のカバー「ストーン・フリー」を単独で演奏しています。当時、日本でもジミ・ヘンドリックスは紹介されていたので当然「ストーン・フリー」は知っていたのでしょうが、なぜランチャーズがこの曲をとりあげたのか不思議でした。喜多嶋修と六〇年代の音楽の話をしているとき、一九六七年に来日してパシフィック・ホテル茅ヶ崎で演奏していたフィリピン・バンドのデ・スナーズの話になって、デモで喜多嶋修が歌って、バックでデ・スナーズが演奏した曲が残されているのだそうです。ランチャーズもパシフィック・ホテル茅ヶ崎でよく演奏していたそうですから、当然、デ・スナーズとは面識があり、このようなセッションもあったのでしょう。デ・スナーズは、R&Bの曲を得意としており、彼らのファーストア

ルバムにも「ストーン・フリー」は収録されていたので、喜多嶋修も「ストーン・フリー」にはなじみ深かったのかもしれません。一九六八年十一月にランチャーズのフジテレビの番組「ビート・ポップス」に出演したときは、やはりジミ・ヘンドリックスの「紫のけむり」を演奏しています。このとき喜多嶋修いわく、当時のサイケデリックなカラフルな衣装を着て演奏したと話していました。またこの「ビート・ポップス」に出演したとき、一九六八年に「ハニー」を大ヒットさせたボビー・ゴールズボロと共演したはずなのですが、この点に関しては喜多嶋修本人はまったくおぼえていないそうです(もしかしたらボビー・ゴールズボロは来日していましたが、番組では収録で共演したかもしれません)。

一九六九年六月十日にはシングル曲「砂のお城/雲を追いかけて」、一九七〇年三月五日には「マドレース/昔も現代も真実はこれにつきる」、その間に一九六九年九月一日にセカンドアルバム『OASY王国』がリリースされています。ランチャーズの二枚のアルバムは、確かにビートルズ色が強くでており、ビートルズ遺伝子をもった内容といえるかもしれません。私は個人的に一九七一年六月にリリースされる『ジャスティン・ヒース・クリフ』のアルバムと合わせてビートルズ遺伝子の三部作と考えています。確かにランチャーズのファースト、セカンドアルバムはビートルズのアルバム『リボルバー』以降に特に影響をうけているかもしれません。よくセカンドアルバム『OASY王国』は、ビートルズのコンセプトアルバム『サージェント・ペパーズ・ロンリーハーツ・クラブ・バンド』の影響を受けているのではないかといわれているので、その点を喜多嶋修自身に質問したところ、そうではないという答えでした。

セカンドアルバム『OASY王国』に関しても喜多嶋修自身が解説を書いてくれました。

『OASY王国』

(1)OASY国歌

当時、イギリスやアメリカの国歌が好きで、それらしき曲に憧れて書いた曲です。私の先生だった浦田健次郎氏(川口真の弟子)にパイプオルガン用にこの曲をアレンジしていただき、ロンドンの教会で挙げた結婚式の入場曲としても使いました。壮大なるChurch of Englandの教会に響き渡った自分の曲は感動的でした。Osamu, Akira,Shigeru,Yuzoの頭文字をとって名付けたOASY王国。当時の若者が築き上げた夢の王国です。

(2)Wake Up

ビートルズのMagical Mystery Tourの映画公開前、マスターフィルムが日本に届いたときに星加ルミ子さんと数人で日本初の試写を観て、感動した勢いで書いた曲です。通常は瑛が高音部を歌うのですが、珍しく逆で修が高音部、瑛が低音部を担当しています。

(3)海をなくした女の子

シンプルなメロディとコード進行ですが、D6とEmadd9とA13などメロディとの微妙な絡み合い方が好きです。また、サビの部分でマイナーとディミニッシュが自然に溶け合うように流れて行く感じがいいですね。

（4）Together

曲調はやはりビージーズのファーストアルバムにあるIn My Own Timeかジョージ・ハリソンが書きそうなブリティッシュタッチの曲ですね。なかなか粋でかっこいい曲でボーカルのハーモニーアレンジもかなり高度なんですが、ＴＢＳのテレビ出演の録画が終わって夜遅い時間にスタジオ入りした上、録音時間も短くて練習不足で満足いかず、かなり残念な思いをした記憶があります。曲としては今でも好きです。

（5）髭男

こういう遊び心は小さい時からあって、変な声を出してよく遊んでいました。これも「不機嫌な水溜り」同様、四十年代っぽい曲調でふざけている時に生まれた曲です。トニックのメジャーからセブンス、サブドミナントのメジャーから次のディミニッシュ、そしてドミナントに行くところが味噌ですね。フェイドアウトのチェンバロのようなピアノは当時の日本では唯一の音楽プロデューサーだった渋谷森久氏が弾いています。

（6）なにも知らない王様

これこそバロック調のポップですが、「Together」同様、疲れ切ったところに、限られた録音時間、ピッチの悪いボーカルの修正も許されずに不満足も甚だしい状況でスタジオを去ったのが忘れられません。せっかくの川口真氏のストリングアレンジも台無しって感じです。それでも、曲そのものは今でも好きです。

(7)雲を追いかけて

この曲と「砂のお城」の二曲だけは残りの曲とは別の日に録音しました。それにスタジオ時間も一日に二曲だけという時間的にも十分余裕がある状況だったので出来も良く、満足感がありました。水島哲氏の「羊のような雲が……オレンジの花咲く港……娘たちはみんな、小麦色の肌を競い合う」等々、端々に私が将来カリフォルニアに永住してしまいそうな予言めいた歌詞が出てくるので今聴くと不思議な感じがします。音楽的には基本メジャーの曲ですが、節々でマイナーを巧妙に使い、サビでマイナーに行ったあと三拍子でＥｍ～Ｅｂ～Ｄの展開で主旋律に戻るところがいいですね。

(8)砂のお城

大好きなアコースティックギターの良さ・魅力を自分なりに自然にうまく表現できた曲です。シンプルなコード進行の中でシックスやセブンス・ディミニッシュを使ってとてもいい味を出しています。ナイロン弦のクラシックギターのソロ(間奏)も大好きです。ボーカルのメロディは修、高音部は瑛で兄弟のボイスクォリティがとてもマッチしていて気持ちがいいですね。瑛の何気ないちょっぴりカリプソっぽい味のドラミングも最高です。

(9)目を閉じたまま

これは慶大在学中の期末手当の期間、親友の麻生(呼称・虚無僧)宅に寝泊まりしているときに、突然書いた曲です。やはり六〇年代後半のブリティッシュ系の音を感じる曲ですが、一晩に十数曲も録音しなければならないハードスケジュールのプレッシャー下で無理やりふぃにさせたので、いつ聴いても心残りな曲です。曲そのものは自分なりによくできていると自負しているので、非常に残念です。

(10)The Wind Is Wind

どちらかと言えば、変な言い方ブリティッシュカントリー調の曲ですね。マッカートニーやバリー・ギブが遊び感覚でちょっとカントリーっぽくアプローチしているタッチに近いか感じでしょうか。自分自身、英語曲のなかではあまり好きな方ではありません。

(11)サヨナラは見えない

この曲も一晩で十数曲録音という厳しいプレッシャーのなかで録音されたこともあって、録音された音(歌)に関しては不満がいっぱいなんですが、川口真氏のストリングスアレンジは素晴らしいですね。聴く度に曲もアレンジもいいのに、惜しいなぁと思ってしまいます。

(12)ネコは死んでもホトトギス

昔の悪小僧・波乗り仲間の通称セーボー(中村氏)と粋な言葉遊びをしていて生まれた名言(迷言?)です。したがって、作詞はしらぬ間に水島哲になっていましたが、正しくは私とセーボーの共作です。真意はネコは死んだあとにも三味線の皮になってホトトギスのように見事にさえずるという意味です。残念ながら名前は忘れてしまったんですが、バックグラウンドに流れるジャズクラリネット奏者のインプロビゼーションは見事です。エンディングにHe takes, he takes... と言っているのは瑛と修ですが、ネコが三味線作りに連れ去られるのを惜しんでいる様子・発言です。

（13）Lullaby Of Breeze

これも同様、一晩で十数曲録音という厳しいプレッシャーのなかで歌のダビングをした苦しい思い出があります。せっかくの川口真氏のストリングスアレンジが生かされていないひ弱なボーカルで恥ずかしいし残念です。曲としては今聴いても、とても素敵なメロディて暖かく、気候の良い季節のロンドンを思い出します。メジャーセブンスとシックス、マイナーセブンスの使いこなしが自然にヨーロッパテイストになっていて、チャーリー・チャップリンを思わせる流れがありますね。

（14）ＯＡＳＹ国歌

昔のアナログ時代のラジオ放送をチューナーで探していたら、聴こえてきたどこかの国の国歌、そうです、四人の若者が治める国・ＯＡＳＹ王国の国歌を国民が合唱しているんですね。夢いっぱいの当時の若者たちの心意気が感じられます。

そして一九六九年六月、喜多嶋修は個人でイギリスに行っています。約三週間滞在したそうです。そのとき、小野洋子の妹・和子にセーターを渡してほしいと頼まれたそうです。喜多嶋修は、ロンドンに到着後、洋子に電話し、和子から頼まれたセーターのことを直接、日本語で話したそうです。直後、洋子から他の人へ電話の相手が変わり、英語で洋子が忙しくて着物を受けとれないのでアップルへ持っていってほしいと喜多嶋修はたのまれたそうです。

〈喜多嶋修インＵＫ　一九六九年六月〉

喜多嶋修は一九六九年六月に渡英し、ＥＭＩのアビー・ロード・スタジオ等にでかけましたが、スタジオ内の見学はできませんでした。当時、できたばかりのモーガン・スタジオを紹介され、でかけていくと、デビュー前のバンドがスタジオ内でリハーサルをかねた演奏をしていたそうです。そしてスタジオ内でこのバンドを長時間にわたって見学していたのでした。彼らの演奏能力の高さに驚かされたそうです。そのバンドはデビュー前のキング・クリムゾンでした。

一九六八年末、ロバート・フリップ、マイケル・ジャイルズ、イアン・マクドナルド、ピート・シンフィールド、グレッグ・レイクのメンバーで、キング・クリムゾンが結成されます。一九六九年二月、ムーディー・ブルースを担当していたプロデューサーのトニー・クラークがキング・クリムゾンのリハーサルの様子を見に訪れたそうです。彼はプロデュースを申しでたそうです。一九六九年六月十二日、彼のプロデュースのもとに、モーガン・スタジオでデビュー・アルバムのレコーディングを開始しています。しかし、彼の制作意図とキング・クリムゾンの音づくりの意図が異なり、作業はいったん中止となったそうです。おそらく喜多嶋修は七月におこなわれた、トニー・クラークとの最後のセッションを見ているのです。演奏能力がすごいので思わず長時間にわたって見てしまったそうです。というのは、喜多嶋修の証言では、モーガン・スタジオで見たグループが一九六九年七月五日、ローリング・ストーンズの故ブライアン・ジョーンズの追悼となったハイド・パークのフリーコンサートに出演しているのを偶然見たのだそうです。その日に多くの人びとがハイド・パークに向かって行くので、いったい何がおこるのだろうかという気持ちで、ついていったそうです。そこでおこなわれた、フリー・コンサートの会場の前座アクターとしてキング・クリムゾンが出演しており、喜多嶋修はモーガン・スタジオで見た、あのバンドということに気づいたのです。つまり、喜多嶋修は、デビュー前のキング・クリムゾンとローリング・ストーンズのハイド・パークのフリーコンサートを見た唯一の日本人とも言えるのです。ハイド・パークのコンサートでは、多数の群衆で身動きがとれず、女性がトイレに行きたくてもいけない状況だったので、トイレに行けない女性のために一人の女性を囲んで、まわりの目からわからなくするようにして女性は用をたしたそうです。喜多嶋修は、このときの光景を本当によくおぼえているそうです。

渡英時、モーガン・スタジオの人がすごく親切で、スタジオの機材の種類から、その使用方法まで、こと細かく教えてくれたそうです。それらをノートに記し、日本にもってかえってディレクターの渋谷森久に、機材の購入について頼んだそうです。これらの機材は、当時高価だったので少しづつそろえていったそうです。また、その後の渡英時に、たまたまスタジオ内で桜沢如一(マクロビオティックスの創始者の一人)の英訳本を読んでいる人がいて、その本を見せてもらい、日本人である桜沢如一が主張する玄米食主義に触れたそうです(その後、喜多嶋修は肉食をやめ、玄米菜食を中心とする食事になり、現在まで続けているそうです)。またモーガン・スタジオで教えてもらった録音方法を日本にもちかえり、ビートルズの音質に限りなく近づけたいという喜多嶋修の意志で、録音技術を向上させながら制作したのがランチャーズのセカンドアルバム(一九六九年九月一日発売)のLP『OASY王国』ということになります。このときのエンジニアが吉野金次だったそうです。

一九六四年当初、ベンチャーズ、シャドウズ、ビーチボーイズ等から影響をうけて結成されたランチャーズは、一九六六年のビートルズ来日の影響もあったのかもしれませんが、たった五年間のあとに、その実力はLPを制作するまでいたったのです。一九六九年六月の喜多嶋修の渡英は、英国的音像やの制作方法、さらにはキング・クリムゾンの単なるロックを超えた音楽(これは後に喜多嶋修のソロアルバム『弁財天』を制作するときに無意識に影響している可能性あり)、そして後に(一九七二年渡英時)玄米菜食を知ることで、いわゆる「和」への注目につながるのです。それが後に喜多嶋自身が琴や琵琶を習って自分の音のスタイルにとり入れていくことになります。この一九六九年六月の渡英は、日本のポップ・ロック・シーンの大きなターニングポイントとなったのです。喜多嶋修が英国の音の作り方を日本にもってきたことが、三つ目の大きな革命なのです。音だけをおっかけていくとGSが発生したことが一つの大きな変化かもしれませんが、それらは日本の職業作家の人たちがアメリカ、イギリス、特にイギリスのロック・グループをイメージして日本で制作したポップ・ミュージックということになります。ですから、歌謡曲的なメロディに何となくいわゆる洋楽に近づけたサウンドで作られたのがGSといってもよいかもしれません(なかには演奏能力が高く完全コピーに近いものもあります)。ですから今の耳で聴くと、何となく違和感があるのです。

喜多嶋修は一九六四年当初より、ビートルズ・サウンドを検証し、おいかけてきたそうです。そして一九六九年六月の渡英で、実際の音づくりを耳にして、録音機材や録音方法を目にし、日本にもちかえって、それらをもとに実行したのです。『OASY王国』の後、シングル曲「マドレーヌ」を一九七〇年二月にリリースします。この曲はビートルズの「ディス・ボーイ」にインスパイアされて作った曲なのですが、録音時ものすごく疲れていて納得できる音づくりができなかったそうです。さらに一九七〇年には、ソロアルバム『ジャスティン・ヒースクリーフ』を制作しました。そのときに制作を手伝ったのが吉野金次です。吉野はその音の作り方で、後のはっぴいえんどの音づくりに協力したのです。ある本で吉野金次の発言内容でレコード・エンジニアの職についたときから、ビートルズ的な音づくりの感覚はもっていたとしていますが(鈴木惣一朗『細野晴臣　録音述』DU　BOOKS)、これはある意味で誤りです。喜多嶋修が追究し、英国で学んできた音づくりの機材、方法論を知ることで吉野はビートルズ的な音づくりのイメージを習得したのです。

〈デ・スナーズについて〉

「ミュージック・ライフ」(一九六八年九月号)にデ・スナーズに関する記事が載っていました。それは次のような内容です。

スナーズという名前を初めて耳にしたのは半年も前のことでしょうか。新宿の「B&B」にフィリピンのバンドが出演しているよ。なかなかいい曲をやっているらしい。教えられたときは、また特異さだけ売り物にする種のバンドだろうと聞きながしていました。その後、二、三のグループサウンズのメンバーの口からスナーズの名前を聞き、いよいよスナーズを聞きに行く段になり、そのとき「スナーズが出演しているステージを見に行くと、客席にグループサウンズの連中がたくさんいるよ」とおせっかいなアドバイスをしてくれた人がいました。でもまさか、あの忙しいグループサウンズのメンバーたちが、スナーズが少しくらいうまいからといって、タムラ・モータクン・フェスティバルではあるまいし、わざわざ聞きにいく余裕があるはずがない、と半信半疑で出かけて行きました。ステージを見てみると、まずヴォックスのアンプが林立しているのにどぎもをぬかれました。そして何とまあ、ジミ・ヘンドリックスと見まちがえるようなのが出てくると、「紫のけむり」を軽くやってのけたのです。驚きました、と書かれていました。さらに、あとで気づいたのですが、その日、スパイダースのかまやつひろしとタイガースの加橋かつみが、私の隣の席でステージを見上げていました、と書かれていたのです。そして、ここ数カ月間(一九六八年六〜八月頃)、和製ポップス界に目に見えない変化が起こりつつあります。二年前(一九六六年)、和製ポップスというジャンルが確立し、グループサウンズという言葉が生まれて以来、ほとんど横ばい状態と言ってよかった音楽としての和製ポップスが、この数カ月、まるでアメリカのポップスが革命に呼応したかのように急激に成長を見せているのがおわかりになるでしょうか、と書かれていました。

ところで、デ・スナーズは一九六三年にフィリピンのマニラでR&Bのカバーバンドとしてスタート。一九六六年、香港フットボール・スタジアムで、キンクスやマンフレッド・マンと共演。香港で演奏中に加山雄三の妹夫妻に見いだされ、一九六七年六月に来日しています。茅ヶ崎のパシフィック・パーク茅ケ崎のレストラン「一閣」の専属バンドとなります。この頃に喜多嶋修と知りあったのでしょう。また、一九六七年十二月二十五日発売のLP『加山雄三のすべて第三集』のなかで、加山の曲である「夜空の星」をインストルメンタルとしてカバーしLPに収録されています。六〇年代にあっては、海外のバンドとセッションする機会などまったくといってよいほどなかったでしょうから、加山雄三&ザ・ランチャーズ、喜多嶋修は、ベンチャーズ、デ・スナーズと海外のバンドとセッションする機会に恵まれ、喜多嶋修の音楽の一部を形成したにちがいないのです。だからこそ本物のビートルズのサウンドづくりが知りたくて一九六九年六月にイギリスに行くことになるのでしょう。

〈一九六八年ランチャーズ・ライブ〉

ランチャーズのメンバーは全員ビートルズの曲が好きだったので、ビートルズ・ナンバーをカバーしています。そして一九六八年の音源が残されているのです。それは、八王子市民公会堂で録音されたものです。それらは、「She Loves You」「Baby's In Black」「Do You Want to Know a Secret」「This Boy」等です。四曲とも聴きましたが、いずれも完成度の高いライブバージョンで、当時のランチャーズの高度な演奏力およびハーモニー能力を示した内容です。特に「This Boy」は、ビートルズのライブバージョンをさらに超えた究極の内容となっています（つまりビートルズのスタジオ録音内容により近い)。これには、びっくりです。

〈加山雄三&ザ・ランチャーズとはっぴぃえんどの関係〉

「加山雄三&ザ・ランチャーズ」喜多嶋瑛、喜多嶋修、大矢茂、渡辺有三

「ジャスティン・ヒース・クリフ」喜多嶋修、喜多嶋瑛、エンジニアとして吉野金次

「はっぴぃえんど」細野晴臣、大瀧詠一、鈴木茂、松本隆、吉野金次(エンジニア)

喜多嶋修(ソロアルバム『弁財天』) 細野晴臣参加

細野晴臣(ソロアルバム)

加山雄三(ソロアルバム『加山雄三通り』 松本隆(作詞家として参加)

ここで加山雄三&ザ・ランチャーズ、ランチャーズがどのようにして七〇年代はっぴぃえんどに関係していったかを述べておきます。加山雄三&ザ・ランチャーズとはっぴぃえんどのメンバーの相互関係は一見するとなさそうですが「音」という面で接点があるのです。これは、くり返しになりますが喜多嶋修が英国からもちかえった英国の機械類及び録音方法を吉野金次が学び、はっぴぃえんどの音づくりに関与することになります。さらには後年、喜多嶋修のソロアルバム「弁財天」にベーシストとして細野晴臣が参加。加山雄三のアルバム『加山雄三通り』の作詞者として松本隆の関与があげられるのです。加山雄三、喜多嶋修の音楽への情熱は、はっぴぃえんどにも伝わっていくことになるのです。さらに大瀧詠一にも次のようなことで影響を及ぼすことになります。

喜多嶋修、渋谷森久らが一九六九年から一九七〇年頃に、東芝音楽工業のレコーディングスタジオに導入した機材はその後どうなったのでしょうか。一九七〇年の加山雄三のアルバム『愛はいつまでも』は、従来の加山のアルバムと比較すると、音の奥行きが深く、格段に音質が良くなったといえます。また、一九七一年の喜多嶋修のソロアルバム『ジャスティン・ヒースクリフ』は、一段とビートルズサウンドの音質に近づいたといえるでしょう。このような名盤を生み出した東芝音楽工業のレコーディングスタジオの行く先は、意外なところだったのです。では、いったい機材はどこにいったのかというと、それは、大瀧詠一が主宰する「福生スタジオ」にいきました。大瀧が書いた『All About Niagara』(白夜書房刊)に記載されています。大瀧は一九七五年、かまやつひろしに「お先にどうぞ」という曲を提供したそうです。このとき、東芝がスタジオ機材を新しくするということでこの録音時に使用された機材が廃棄されるということを聞き、売ってもらったのが「福生スタジオ」の機材だったとのことです。大瀧いわく、この東芝の機材から植木等の「スーダラ節」や黛ジュンの「霧のかなたに」、加山雄三&ザ・ランチャーズ等の曲が生まれ、エンジニアの吉野金次や吉田保が直接手を触れた歴史的なものだったのです。さらには、この流れから考えると、ムッシュのアルバムの音は歴史的な東芝サウンドの最後だったのかもしれないと大瀧は記しています。ということは、加山雄三&ザ・ランチャーズが作り出した「ブラック・サンド・ビーチ」や「夕陽は赤く」等のいわゆる東芝サウンドの音に加えて、喜多嶋修が持ち帰ったモーガンスタジオの機材の音がブレンドされた一九七〇年代の加山雄三の「美しきヴィーナス」や喜多嶋修のソロアルバム『ジャスティン・ヒースクリフ』の後期東芝サウンドの音をつくりだした機材で、初期ナイアガラ・レーベル(一九七五~七八年)の音がつくられたといえそうです。つまりは湘南ポップスの音が、ナイアガラ・サウンドの音に引き継がれたといっても過言ではないかもしれません。

ここで大瀧詠一の福生スタジオについてもう少し述べてみたいと思います。先の大瀧の著書によれば、一九七五年一月二十六日に、「福生スタジオ」での初録音がおこなわれたとされています。このとき録音したのはアルバム『ナイアガラ・ムーン』の「福生ストラット・パート2」だったそうです。ただし、このときの録音機材はまだリースだったそうです。そして二月二日、かまやつひろしの「お先にどうぞ」を録音となっているので、これ以降のいずれかの日に東芝の録音機材が「福生45スタジオ」に搬入されたと考えられます。一九七五年四月三十日に、シュガー・ベイブのアルバム『SONGS』がリリースされているので、「福生45スタジオ」で録音しているかもしれません。そこで、アルバム『SONGS』の録音に使用したスタジオのクレジットを見てみると、どの曲かは判明しませんでしたが、「福生45スタジオ」の名前も記載されていました。二〇〇六年に出版された「The DIG」のシュガー・ベイブ『SONGS』の三十周年記念特集の記事のなかで、一九七四年十月末からデビューアルバム『SONGS』のレコーディングがスタート。ソニーの六本木スタジオに加え、福生に完成したばかりの大瀧詠一のプライベート・スタジオ(福生45スタジオ)でもヴォーカル録りなどがおこなわれたと記載されていたので、一部の曲でこの東芝サウンドの機材が使用されたと示唆されます。つまり、東芝でつくられた湘南ポップスの音がナイアガラ・サウンドに伝わっていったといってもよいのではないでしょうか。

〈一九六七年十月九日　ヒット盤〉
ポピュラー　①ザ・タイガース：モナリザの微笑　②ジャッキー吉川とブルー・コメッツ：北国の二人　③ザ・ワイルド・ワンズ：青空のある限り　④ヴィレッジ・シンガーズ：バラ色の雲　⑤黛ジュン：霧のかなたに
歌謡曲　①舟木一夫：夕笛　②奥村チヨ：北国の青い空（ベンチャーズ）　③加山雄三：別れたあの人　④美空ひばり：真っ赤な太陽　⑤菅原洋一：知りたくないの　（都内レコード店調べ）

〈一九六七年十一月二十一日　ヒット盤〉
ポピュラー　①スコット・マッケンジー：花のサンフランシスコ　②ジャッキー吉川とブルー・コメッツ：北国の二人　③ザ・タイガース：モナリザの微笑　④ディヴ・ディ・グループ：オーケー！　⑤ザ・ワイルド・ワンズ：青空のある限り
歌謡曲　①佐良直美：世界は二人のために　②加山雄三：別れたあの人　③舟木一夫：夕笛　④奥村チヨ：北国の青い空　⑤仲宗根美樹：聞かせてほしい　（都内レコード店調べ）

〈一九六七年十二月二十七日　ヒット盤〉

ポピュラー　①ザ・モンキーズ：「モンキーズのテーマ」　②ディヴ・ディ・グループ：オーケー！　③スコット・マッケンジー：花のサンフランシスコ　④ザ・スパイダース：いつまでもどこまでも　⑤ジャッキー吉川とブルー・コメッツ：ブルー・シャトウ
歌謡曲　①黒澤明とロス・プリモス：ラブユー東京　②佐良直美：世界は二人のために　③布施明：愛のこころ　④ザ・ランチャーズ：真冬の帰り道　⑤舟木一夫：センチメンタル・ボーイ
（都内レコード店調べ）

加山の「別れたあの人」やザ・ランチャーズの「真冬の帰り道」は一九六八年一月開始のオリコンチャートではやや低いポジションとなっていますが、実際には一九六七年に発売されていたので「別れたあの人」二位、「真冬の帰り道」四位と大ヒットしていたのです。喜多嶋修の記憶では、東芝社内に掲示されていた週間ランキングで「真冬の帰り道」が一位だったこともあるそうです。

〈一九六七年のまとめ〉

一九六六年に大ブレイクした加山雄三&ザ・ランチャーズは、さらにマイペースで創作し、ヒット曲を出し続けることになります。バンドブームが始まっていますが勢いはおちてこないのです。一九六七年には湘南ポップスの典型曲といってよい「二人だけの海」「君のおもかげ」「白い砂の少女」等がリリースされているのです。またランチャーズは「真冬の帰り道」でデビューするのです。

第七章　一九六八年

一九六七年～六八年頃がＧＳのピークだったかもしれません。しかし商業的に作られたバンドが多く、歌謡曲的な内容だった側面も強いのです。六月以降、加山雄三は、世界的に大ヒットしていたボサノヴァにチャレンジします。これは現在評価されており、加山のボサノヴァ・アルバムである『君のために』はさまざまな音楽の本でとりあげられています。

〈一九六八年一月〉
一月一日(月)　ＴＢＳテレビ　午後二時～三時「スターびっくり玉手箱」
加山雄三出演　共演は、西郷輝彦、三田明等
一月一日(月)　フジテレビ　午後四時～六時「新春かくし芸大会」
ワイルド・ワンズ、伊東ゆかり、ブルー・コメッツ、スパイダース等出演

一月一日(月)　新聞広告　映画『ゴー！　ゴー！　若大将』加山雄三、星由里子共演
キャッチコピーとして「歌に恋にラリーに若さダッシュ！　新春に加山雄三のエンジン爆発！」
とありました。映画の挿入歌として「幻のアマリリア」「ホワイ・ドント・ユー」「クール・クー
ル・ナイト」があげられています。「ホワイ・ドント・ユー」「クール・クール・ナイト」は両者と
もランチャーズのバックで、ビート感あふれるナンバーとなっています。
一月一日(月)　日劇　一日～三日まで
「加山雄三ショー」がのっています。加山雄三、いしだあゆみ、ザ・ランチャーズが出演。
一月二日(火)　ＴＢＳテレビ　午後八時～五十六分　「歌のグランプリ」
加山雄三出演　共演は、吉永小百合等
一月三日(水)　12チャンネル　午後八時～九時　ウォーカー・ブラザーズ・ショー(日本武道館)
一月四日(木)　ＴＢＳテレビ　午後九時～三十分　「植木等ショー」
「加山雄三と共に」加山雄三、梓みちよ出演
一月四日(木)　12チャンネル　午後九時～十時三十分　映画『白銀は招くよ』
トニー・ザイラー出演
一月五日(金)　フジテレビ　午後八時～五十六分　「今週のヒット速報」
加山雄三出演、共演ブルー・コメッツ、スパイダース、ロス・プリモス等
一月五日(金)　ＴＢＳラジオ　午後六時三十分～八時　「歌謡曲でぶっとばせ」

加山雄三放送「幻のアマリリア」、伊東ゆかり「恋のしずく」
一月七日(日)　TBSテレビ　午後二時三十分~三時　「歌うプレゼントショー」
加山雄三、黛ジュン、マヒナ・スターズ出演
一月七日(日)　NHKテレビ　午後九時三十分~十時
「アンディ・ウィリアムス・ショー」ヘンリー・マンシーニ、エラ・フィッツジェラルド出演
一月九日(火)　TBSテレビ　午後八時~五十六分　「グループ・サウンズ・ヒット10」開始
ブルー・コメッツ、カーナビーツ、ヴィレッジ・シンガーズ、ザ・ワイルド・ワンズ出演
一月十三日(土)　フジテレビ　午後八時~五十六分　「笑って笑って成人式」
スパイダース、ワイルド・ワンズ、ヴィレッジ・シンガーズ、伊東ゆかり出演
一月十四日(日)　NHKテレビ　午後九時三十分~十時十分
「アンディ・ウィリアムス・ショー」「ザ・ソング・イズ・ユー」ミルトン・パール
一月十五日(月)　フジテレビ　午後九時三十分~四十五分　「スター千一夜」
フォーク・クルセダーズ出演

一月十八日(木)　夕刊　ヒット盤
ポピュラー　①ザ・フォーク・クルセダース：帰ってきたヨッパライ　②ザ・タイガース：君だけに愛を　③ザ・ビートルズ：ハロー・グッドバイ　④ザ・ビージーズ：マサチューセッツ　⑤

ザ・モンキーズ：モンキーズのテーマ
歌謡曲　①黒澤明とロス・プリモス：ラブユー東京　②佐良直美：世界は二人のために　③ザ・ランチャーズ：真冬の帰り道　④加山雄三&ザ・ハプニングス・フォー：幻のアマリリア　⑤三田明：数寄屋橋ブルース　（都内レコード店調べ）

「幻のアマリリア」のB面は「夢の瞳」でこの曲は加山雄三&ザ・ランチャーズの演奏なので、ランチャーズは同時期に二曲ランクされたことになります。

一月二十一日(月)　NHKテレビ　午後九時三十分～十時十分
「アンディ・ウィリアムス・ショー」アル・ハート出演
一月二十一日(月)　文化放送　午前十一時三十分～十二時　ザ・ランチャーズ放送
一月二十三日(火)　TBSテレビ　午後八時～五十六分　「歌のグランプリ」
加山雄三出演、共演はブルー・コメッツ、伊東きよ子
一月二十四日(水)　フジテレビ　午後九時三十分～四十五分　「スター千一夜」
ビートルズ、加山雄三(この番組の内容がどのようなものであったのかは不明です)
一月二十七日(土)　フジテレビ　午後三時十五分～四時　「ビートポップス」カーナビーツ出演
一月二十八日(日)　TBSテレビ　午後二時三十分～三時　「歌うプレゼントショー」
黛ジュン、フォーク・クルセダーズ出演

一月二十九日(月)　フジテレビ　午後九時～三十分　「ミュージックフェア'68」
アストラッド・ジルベルト出演、共演は園まり
一月三十日(火)　ＴＢＳテレビ　午後八時～五十六分　「歌のグランプリ」
加山雄三出演、共演はブルー・コメッツ、ロス・プリモス

〈一九六八年一月　ヒット曲ベスト20〉
①ザ・フォーク・クルセダーズ：帰って来たヨッパライ　②タイガース：君だけに愛を　③黛ジュン：乙女の祈り　④ロス・プリモス：ラブユー東京　⑤中村晃子：虹色の湖　⑥美空ひばり：むらさきの夜明け　⑦ビージーズ：マサチューセッツ　⑧加山雄三：幻のアマリリア　⑨モンキーズ：モンキーズのテーマ　⑩森進一：命かれても　⑪ザ・ワイルド・ワンズ：愛するアニタ　⑫ロス・プリモス：雨の銀座　⑬森進一：盛り場ブルース　⑭佐良直美：世界は二人のために　⑮ザ・ビートルズ：ハロー・グッドバイ　⑯西田佐知子：涙のかわくまで　⑰ディヴディ・グループ：オーケー　⑱舟木一夫：くちなしのバラード　⑲モンキーズ：ディ・ドリーム　⑳伊東ゆかり：恋のしずく　（総合芸能市場調査調べ）

この時期に加山雄三の「幻のアマリリア」とワイルド・ワンズの「愛するアニタ」、そしてビートルズの「ハロー・グッドバイ」がヒットしていたのですね。

〈一九六八年一月　TBSヤング720〉
一日(月)ワイルド・ワンズ、ジュデイ・オング　二日(火)ヴィレッジ・シンガーズ　三日(水)ザ・サベージ　五日(金)カーナビーツ　六日(土)ジャガーズ、九重佑三子　八日(月)ピーナッツ、アウトキャスト　九日(火)テンプターズ、カンネッツ、水前寺清子　十日(水)永井秀和、槇みちる、ピーター・パン　十一日(木)ヴィレッジ・シンガーズ、黛ジュン、酒井和歌子　十二日(金)カーナビーツ　十三日(土)ザ・ワイルド・ワンズ、ウィリーズ　十五日(月)ヴィレッジ・シンガーズ、園まり　十六日(火)ヴィレッジ・シンガーズ　十七日(水)フランツ・フリーデルとブルー・ファイア　十八日(木)ザ・フェニックス　十九日(金)ヴィレッジ・シンガーズ　二十日(土)ゴールデン・カップス、北島三郎　二十二日(月)カーナビーツ　二十三日(火)黒澤明とロス・プリモス、ザ・サニーファイブ　二十四日(水)シルビー・フォックス、バーバラ寺岡　二十五日(木)ゴールデン・カップス　二十六日(金)ブルー・コメッツ　二十七日(土)荒木一郎、アタックメン　二十九日(月)ヴィレッジ・シンガーズ　三十日(火)寺内タケシとバニーズ　三十一日(水)ビーバーズ、高山ナツキ

〈一九六八年二月〉
二月一日(木)　ザ・ワイルド・ワンズ『THE WILD ONE ALBUB VOL2』
A面①青空のある限り②愛するアニタ③幸せの道④シーズ・ア・ウィッチ⑤ラヴ・ユー・ラヴ・ユー⑥あの人　B面①花のサンフランシスコ②夢のカリフォルニア③イエスタデイ④ラ・ラ・ラ⑤

サニーは恋人⑥ソー・ロング
ザ・ワイルド・ワンズの二枚目のアルバムがリリースされています。このなかにかくれた名曲「あの人」が収録されています。
二月一日(木) 日本テレビ 午後七時〜八時五十六分 「グループ・サウンズ・ヒット10」
ワイルド・ワンズ、ブルー・コメッツ、カーナビーツ、ジャガーズ出演
二月二日(金) フジテレビ 午後八時〜五十六分 「今週のヒット速報」
加山雄三出演、共演はフォーク・クルセダーズ、スパイダース、ロス・プリモス
二月二日(金) TBSラジオ 午後六時三十分〜八時 「歌謡曲でぶっとばせ」
加山雄三「幻のアマリリア」、黛ジュン「乙女の祈り」放送
二月四日(日)TBSテレビ 午後二時三十分〜三時 「歌のプレゼントショー」
加山雄三出演、共演は小川知子、水原弘
二月四日(日) 日本テレビ 午後七時〜三十分 「ゴールデン・ショー」
ワイルド・ワンズ、吉永小百合、テンプターズ出演
二月四日(日) NHKテレビ 午後九時三十分〜十時十分
「アンディ・ウィリアムス・ショー」ノエル・ハリソン、マルコス・バリー出演
二月六日(水) フジテレビ 午後七時三十分〜八時
「若さで歌おうヤア! ヤア! ヤング!」ワイルド・ワンズ、ジャガーズ出演

二月八日(木)　日本テレビ　午後八時～五十六分　「グループ・サウンズ・ヒット10」
ワイルド・ワンズ、ブルー・コメッツ、ヴィレッジ・シンガーズ、リンド&リンダース出演
二月九日(金)　フジテレビ　午後八時～五十六分　「今週のヒット速報」
加山雄三出演、共演はフォーク・クルセダーズ、タイガース、スパイダース、ロス・プリモス
二月十一日(日)　NHKテレビ　午後七時三十分～八時十五分　「歌のグランド・ショー」
ワイルド・ワンズ、伊東ゆかり、舟木一夫出演
二月十一日(日)　NHKテレビ　午後九時三十分～十時十分
「アンディ・ウィリアムス・ショー」ピーター・ローフォード出演
二月十二日(月)　フジテレビ　午後九時三十分～四十五分　「スター千一夜」
ワイルド・ワンズ出演
二月十六日(金)　フジテレビ　午後八時～五十六分　「今週のヒット速報」
加山雄三出演、共演はタイガース、スパイダース、フォーク・クルセダーズ、美空ひばり
二月十八日(日)　NHKテレビ　午後九時三十分～十時十分
「アンディ・ウィリアムス・ショー」オズモンズ出演
二月二十日(火)　フジテレビ　午後七時～三十分　「ザ・ヒットパレード」
ワイルド・ワンズ、ブルー・コメッツ出演
二月二十日(火)　TBSテレビ　午後八時～五十六分　「歌のグランプリ」

加山雄三出演、共演はフォーク・クルセダーズ等
二月二十三日(金) フジテレビ 午後八時～五十六分 「今週のヒット速報」
加山雄三、共演はタイガース、ブルー・コメッツ、フォーク・クルセダーズ等
二月二十五日(日) NHKテレビ 午後九時三十分～十時十分
「アンディ・ウィリアムス・ショー」ウィリアム・ブラザーズ出演

加山雄三は、四曲入りEP盤を二月に二枚リリースしています。「幻のアマリリア/北風に/別れたあの人/夢の瞳」。これらは全曲LP『加山雄三のすべて第三集～ゴーゴー加山雄三』に収録されていた曲です。また、もう一枚の四曲入りEP盤は「Cool Cool Night/So So Fine / Shake Shake / Why Don't You」です。これらも全曲LP『加山雄三のすべて第三集』に収録されていた曲ですが、全曲英語詞でシャウトする加山とキレのよいロックのリズムが見事に表現されています。六七～六八年当時のUSおよびUKの曲といっても充分通用する内容です。私が当時これらの曲を聴いたとき、加山雄三のヒット曲ばかり聴いていた耳には違和感を感じましたが、今の耳で聴くと六五年に比較すると六七～六八年の加山とランチャーズの演奏力がパワーアップし、よりロックテイストを強くもっているのがよくわかるのです。当時の日本のポップス・ロック・シーンのなかで、これらの音源は最先端をいっていたと考えられます。加山雄三&ザ・ランチャーズの演奏力が強力であったのは、一九六八年十二月五日にリリースされたLP『オン・ステージ(ランチャーズと共に)』

を聴くとよくわかります。このアルバムでも加山雄三&ザ・ランチャーズとして「アイ・フィール・ソー・ファイン」「ソー・ソー・ファイン」を演奏しています。ライブで聴く音も実力は確かなものです。

〈一九六八年二月　TBSヤング720〉

一日(木)シャープ・ホークス、ゴースト・ライダース　二日(金)タイガース、ジャイアンツ　三日(土)アウトキャスト　五日(月)カーナビーツ　六日(火)バニーズ　七日(水)ジェノバ　八日(木)レオ・ビーツ、加賀まりこ　九日(金)ジャガーズ、山本リンダ　十日(土)ゴールデン・カップス、伊東ゆかり　十二日(月)ヴィレッジ・シンガーズ　十三日(火)ハプニングス・フォー、ゴールデン・カップス　十四日(水)ザ・バロン　十五日(木)ガリバース、小川知子　十六日(金)フォーク・クルセダーズ　十七日(土)フォーク・クルセダーズ、アウト・キャスト　十九日(月)シャープ・ホークス、弘田三枝子　二十日(火)カーナビーツ　二十一日(水)ビーバーズ、梓みちよ　二十二日(木)ワイルド・ワンズ　二十三日(金)バニーズ、ジャックス、久保浩　二十四日(土)ゴールデン・カップス　二十六日(月)ジャガーズ、森進一　二十七日(火)テンプターズ、加賀城みゆき　二十八日(水)森山良子、サベージ　二十九日(木)ベビーズ、トリオ・モレノ

〈一九六八年三月〉
三月一日（金）　ニッポン放送　午後七時二十分〜十一時四十分　ザ・ランチャーズ放送
三月三日（日）　ＮＨＫテレビ　午後九時三十分〜十時十分
「アンディ・ウィリアムス・ショー」「夢からぬけてた君」「恋してこそ一人前」アーニー・フォード
三月六日（水）　フジテレビ　午後九時三十分〜四十五分　「スター千一夜」
中村晃子、小川知子出演
三月九日（土）　フジテレビ　午後三時十五分〜四時　「ビート・ポップス」
ゲーリー・ウォーカー出演
三月十日（日）　ＴＢＳテレビ　午後二時三十分〜三時　「歌うプレゼントショー」
加山雄三出演、共演はワイルド・ワンズ等
三月十日（日）　ＮＨＫテレビ　午後九時三十分〜十時十分
「アンディ・ウィリアムス・ショー」「君と踊る時」マーサ・レイ
三月十一日（月）　フジテレビ　午後九時〜三十分　「ミュージックフェア'68」
ジョージ・チャキリス、ブルー・コメッツ
三月十三日（水）　フジテレビ　午後七時三十分〜八時
「若さで歌おうヤア！　ヤア！　ヤング！」ワイルド・ワンズ、ジュデイ・オング出演三月十四日(木)　日本テレビ　午後八時～五十六分　「グループ・サウンズ・ヒット10」
ブルー・コメッツ、ジャガーズ、スウィングウエスト、ゲーリー・ウォーカー出演
三月十五日(金)　フジテレビ　午後九時三十分～四十五分　「スター千一夜」
ゲーリー・ウォーカー出演
三月十七日(日)　NHKテレビ　午後九時三十分～十時十分
「アンディ・ウィリアムス・ショー」「君を思えば」ソニーとシェール、ロバート・モース
三月十八日(月)　日本テレビ　午後七時～三十分　「あなた出番です」
ゲーリー・ウォーカー、伊東ゆかり、ドリフターズ出演
三月十九日(火)　フジテレビ　午後七時～三十分　「ザ・ヒットパレード」
ワイルド・ワンズ、タイガース出演
三月二十一日(木)　夕刊広告　映画『さらばモスクワ愚連隊』加山雄三出演
この映画は未DVD化で現在では見ることはできません。しかも加山雄三の曲も挿入されていないのです。にもかかわらず、『さらばモスクワ愚連隊』の映画パンフレットを眺めているだけで、一九六八年当時のジャズの音が聞こえてきそうな感じがするのです。ぜひともDVDで見てみたいものです。
三月二十三日(土)　フジテレビ　午後三時十五分～四時　「ビート・ポップス」
セルジオ・メンデスとブラジル66出演

世界的なボサノヴァブームでセルジオ・メンデスとブラジル66も大ヒットをとばしていたのです。その影響は加山雄三や喜多嶋修も受けているのかもしれません。

三月二十三日(土) 夕刊 ヒット盤

ポピュラー ①ザ・ビージーズ：マサチューセッツ ②ザ・モンキーズ：ディ・ドリーム ③ヴィレッジ・シンガーズ：亜麻色の髪の乙女 ④テンプターズ：神様お願い ⑤ザ・ダーツ：ケメ子の歌 (都内レコード店調べ)

歌謡曲 ①伊東ゆかり：恋のしずく ②小川知子：ゆうべの秘密 ③中村晃子：虹色の湖 ④高石友也：受験生ブルース ⑤ジャイアンツ：ケメ子の歌

三月二十四日(日) NHKテレビ 午後九時三十分〜十時十分
「アンディ・ウィリアムス・ショー」「アイ・ラブ・ユー」リタ・レンノ、シェリー・パー

三月二十六日(火) フジテレビ 午後七時〜五十六分 「ザ・ヒットパレード」
ゲーリー・ウォーカー、ワイルド・ワンズ出演

三月二十七日(水) 新聞広告 映画『帰ってきたヨッパライ』フォーク・クルセダーズ

三月二十八日(木) 日本テレビ 午後八時〜五十六分 「グループ・サウンズ・ヒット10」最終回
ブルー・コメッツ、フォーク・クルセダーズ、中村晃子、ザ・ダーツ、大原麗子出演

三月三十日(土)　フジテレビ　午後三時十五分～四時　「ビート・ポップス」
リンド&リンダース出演
三月三十一日(日)　TBSテレビ　午後二時三十分～三時　「歌うプレゼントショー」
加山雄三出演、共演は小川知子等
三月三十一日(日)　NHKテレビ　午後九時三十分～十時十分
「アンディ・ウィリアムス・ショー」「明るい足取り」ペトゥラ・クラーク、エディ・アーノルド

〈一九六八年三月　TBSヤング720〉
一日(金)シャープホークス、森山良子　二日(土)パープル・シャドウズ　四日(月)バニーズ、加賀まりこ、森山良子　五日(火)テンプターズ　六日(水)スウィングウエスト、泉アキ　七日(木)シルビー・フォックス　八日(金)ゴールデン・カップス、荒木一郎、森山良子　九日(土)カーナビーツ、中村晃子　十一日(月)フォー・セインツ、伊東きよ子　十二日(火)ザ・ビーバーズ、ザ・ダーツ　十三日(水)レオ・ビーツ　十四日(木)佐良直美、前田美波里、アウト・キャスト　十五日(金)坂本九、ザ・テンプターズ　十六日(土)ゲーリー・ウォーカー、ザ・カーナビーツ、九重佑三子
十八日(月)サニー・ファイブ　十九日(火)ダイナマイツ、いしだあゆみ　二十日(水)ザ・ガリバーズ、水戸浩二　二十一日(木)ザ・ワイルド・ワンズ、バニーズ　二十二日(金)バニーズ、佐良直美、B&Bセブン　二十三日(土)ザ・バロン、ジェリー藤尾、フォー・スタッグス　二十五日(月)ザ・

ビーバーズ　二十六日(火)ザ・カーナビーツ、ザ・ダーツ　二十七日(水)ザ・ピーコックス
二十八日(木)ヴィレッジ・シンガーズ　二十九日(金)スコット・ウォーカー、シャープ・ホークス
三十日(土)ザ・ヤンガーズ、中山仁

三月にウォーカー・ブラザーズが来日し、大好評(実際はすでに解散しており、リ・ユニオンともいえるのです。このときゲイリー・ウォーカーは多くのテレビ番組に出演し、カーナ・ビーツ等のGSにも影響したかもしれません。ヤング720にスコット・ウォーカーが出ていることにはおどろきました)。

〈一九六八年四月〉

四月三日(水)　フジテレビ　午後九時三十分～四十五分　「スター千一夜」
フォーク・クルセダーズ出演

四月四日(木)　NETテレビ　午後七時～三十分　「宇宙サウンド」
スプートニクス出演(スプートニクスも日本ではまだ人気があったのですね)

四月六日(土)　12チャンネル　午後八時～五十六分　「ワールド・ミュージック・アワー」
セルジオ・メンデスとブラジル66出演(ボサノヴァのヒットは世界的なもので特にセルジオ・メンデスとブラジル66の「マシュケナダ」は日本でも大ヒット)

四月七日(日)　NHKテレビ　午後九時三十分～十時十分

「アンディ・ウィリアムス・ショー」「若い気分に」アーサ・レイ出演
四月七日(日) 日本テレビ 午後六時～三十分 「ゴールデン・ショー」
加山雄三出演、共演はワイルド・ワンズ
四月十日(水) フジテレビ 午後七時三十分～八時
「若さで歌おうヤア! ヤア! ヤング!」ワイルド・ワンズ、ヴィレッジ・シンガーズ出演
四月十三日(土) 12チャンネル 午後八時～五十六分 「ワールド・ミュージック・アワー」
アストラッド・ジルベルト出演
四月十三日(土) NHKテレビ 午後八時五十分～九時三十分
「一九六八年サンレモ・イタリア民謡祭」
四月十四日(日) NHKテレビ 午後九時三十分～十時
「アンディ・ウィリアムス・ショー」アンナ・マリア・アルパゲッティ、ジョニー・マーサ、ピート・ファウンテン出演
四月十四日(日) 新聞記事 加山雄三のボサノヴァ
LP『君のために』はボサノヴァをコンセプトに製作。加山が示したボサノヴァに対する強い思いが示されている記事です(東宝映画友の会機関誌「東宝映画」一〇三号)
「ぼくは音楽を趣味で手がけてきたけど、ほんとうに永遠に続けたいと思っています。だから『リオの若大将』の音楽を担当することになって、ぜひ成功させたいと思っています。全編をサンバと

ボサ・ノヴァでやってみたい。輸入されたものばかりで、ここらへんで日本のボサ・ノヴァをね（岩谷時子「南アメリカの次はどこ？　〝アフリカの若大将なんていかが。小象のサンバなんて作ってみたいわ」）。〝ワニのボサ・ノヴァもいいね。動物の動きにピタッと合うような、こりゃーうけるよ……と述べていました。

映画『リオの若大将』放映後にリリースされたＬＰ『君のために』は、映画『リオの若大将』のサウンドトラック盤的要素が強く、スローボッサ〜サンバ・カンソンといってもよい「ある日渚に」、クールな本格的なボサノヴァ「ロンリー・ナイト・カミング」「暗い波」、そしてスローボッサともいえる「かわいい君」「リオの夕暮」などが収録されていました。そして九月七日公開の映画『兄貴の恋人』でも、印象的なボサノヴァ「雲のはてまで」が挿入歌として使われ、シングル盤としてリリース予定もあったそうですが、実際には発売されず、ＣＤ『若大将トラックスⅡ』まで待たければなりませんでした。このように加山は本格的にボサノヴァに取り組んでいたのです。この時点でグループサウンズが大流行していたので、それに対抗して加山は大人向けの路線に向かったのかもしれません。現在では一九六八年の加山雄三（＆ザ・ランチャーズ）のＬＰ『君のために』はボサノヴァ・アルバムとして高い評価を得ています。

四月十六日（火）　フジテレビ　午後七時〜三十分　「ザ・ヒットパレード」
ワイルド・ワンズ、タイガース出演
四月二十日（土）　ＮＨＫテレビ　午後八時五十分〜九時三十分　「ジルベル・ベコー・ショー」

四月二十日(土)　フジテレビ　午後三時十五分〜四時　「ビート・ポップス」
「ブーガル特集」ハプニングス・フォー出演
四月二十日(土)　フジテレビ　午後四時〜五時　「大暴れザ・タイガース」
タイガース、ワイルド・ワンズ出演
四月二十日(土)　12チャンネル　午後八時〜九時　「ワールド・ミュージック・アワー」
トリニ・ロペス・ショー
四月二十一日(日)　NHKテレビ　午後九時三十分〜十時十分
「アンディ・ウィリアムス・ショー」(最終回)　クローディンヌ・ロンジェ、オズモンド・ブラザーズ、ジョナサン・ウィンターズ出演
四月二十三日(火)　フジテレビ　午後九時三十分〜九時四十五分　「スター千一夜」
ワイルド・ワンズ出演
四月二十七日(土)　フジテレビ　午後三時十五分〜四時　「ビート・ポップス」
ホリーズ、テンプターズ出演
四月二十八日(日)TBSテレビ　午後二時三十分〜三時　「歌うプレゼントショー」
加山雄三出演、共演は水原弘
四月二十九日(月)　フジテレビ　午後九時〜三十分　「ミュージックフェア'68」
フォーク・クルセダーズ、由美かおる、原田糸子出演

四月二十九日(月)　フジテレビ　午後九時三十分〜四十五分　「スター千一夜」

ヴィレッジ・シンガーズ出演

〈一九六八年四月　TBSヤング720〉

一日(月)ワンダース、島和彦　二日(火)カーナビーツ、リガニーズ　三日(水)クリス・ビショップ、城卓也　四日(木)伊東きよ子　五日(金)ワンダース、フォーク・クルセダーズ　六日(土)ビッキー、フォー・ナイン・エース　八日(月)シャープ・ホークス、青山ミチ　九日(火)テリーズ　十日(水)ワンダース、カーナビーツ、日野てる子　十一日(木)テンプターズ、尾崎奈々　十二日(金)レオ・ビーツ　十三日(土)ライオンズ、ザ・ジェノバ　十五日(月)ビーバーズ、中村晃子　十六日(火)ゴールデン・カップス　十七日(水)ジャガーズ　十八日(木)ザ・ジェノバ　十九日(金)カーナビーツ、中村晃子　二十日(土)ワイルド・ワンズ、中村晃子　二十二日(月)バニーズ　二十三日(火)ザ・バロン、佐良直美　二十四日(水)シャープ・ホークス、小川知子　二十五日(木)シャープ・ホークス、小川知子　二十六日(金)カーナビーツ、梓みちよ　二十七日(土)ザ・キイズ　二十九日(月)ゴールデン・カップス、鹿内タカシ　三十日(火)ダイナマイツ、せつ子

〈一九六八年五月〉

五月一日(水)　TBSラジオ　午後十時三十分〜十一時　「歌謡天国」加山雄三・放送(五月十日

シングル曲「ある日渚に」が発売されたのでオンエアされたのでしょう)
五月二日(木) 夕刊 ヒット盤
ポピュラー ①タイガース:銀河のロマンス ②ザ・フォーク・クルセダーズ:悲しくてやりきれない ③ザ・ビージーズ:マサチューセッツ ④ザ・テンプターズ:神様お願い ⑤ザ・モンキーズ:ディ・ドリーム
歌謡曲 ①小川知子:ゆうべの秘密 ②伊東ゆかり:恋のしずく ③高石友也:受験生ブルース ④西田佐知子:涙のかわくまで ⑤黒澤明とロスプリモス:雨の銀座
五月三日(金) フジテレビ 午後八時〜五十六分「今週のヒット速報」
タイガース、ワイルド・ワンズ、フォーク・クルセダーズ出演
五月四日(土) 12チャンネル 午後八時〜五十六分「ワールド・ミュージック」
ロジャー・ウィリアムス(ピアノ)出演
五月四日(土) フジテレビ 午後三時〜四時「ビート・ポップス」
「シャロック」中尾ミエ出演
五月六日(月) フジテレビ 午後九時〜三十分「ミュージックフェア'68」
北大路欣也、伊東ゆかり
五月七日(火) フジテレビ 午後七時〜三十分「ザ・ヒットパレード」
ホリーズ、ブルー・コメッツ、槇みちる出演

五月八日(水)　フジテレビ　午後七時三十分〜八時
「若さで歌おうヤア！　ヤア！　ヤング！」ザ・ホリーズ、ザ・ジャガーズ、小川知子出演
五月八日(水)　夕刊　ザ・ビーバーズ、ザ・リバーバンズについて
五月十日(金)　フジテレビ　午後八時〜五十六分　「今週のヒット速報」
ワイルド・ワンズ、スパイダース、タイガース出演
五月十一日(土)　TBSラジオ　午後四時十分〜四十分　加山雄三放送
五月十二日(日)　ニッポン放送　午後一時三十分〜二時　加山雄三、橋幸夫放送
五月十六日(木)　NETテレビ　午後七時三十分〜八時
「ゲイリー・ルイスとプレイボーイズとともに」「時はとまった」
五月十七日(金)　フジテレビ　午後八時〜五十六分　「今週のヒット速報」
ワイルド・ワンズ、スパイダース、フォーク・クルセダーズ等出演
五月十八日(土)　フジテレビ　午後九時〜三十分　「ズバリ当てましょう」
加山雄三一家、ザ・ランチャーズ出演
五月十八日(土)　12チャンネル　午後八時〜五十六分　「ワールド・ミュージック」
ブレンダ・リー出演
五月十八日(土)　フジテレビ　午後三時〜四時　「ビートポップス」
特集ザ・タイガース持ち歌を歌いまくる

五月十九日(日)　日本テレビ　午後六時〜三十分　「ゴールデン・ショー」
加山雄三出演、共演は小川知子
五月二十日(月)　フジテレビ　午後九時〜三十分　「ミュージックフェア'68」
アルフレッド・ハウゼ楽団出演
五月二十日(月)　フジテレビ　午後九時三十分〜四十五分　「スター千一夜」
加山雄三&ザ・ランチャーズ出演(映画『リオの若大将』についてであったと示唆されます)
五月二十四日(金)　フジテレビ　午後八時〜五十六分　「今週のヒット速報」
ワイルド・ワンズ、タイガース、フォーク・クルセダーズ、ブルーコメッツ出演
五月二十五日(土)　夕刊　記事

静かにひろがるリズム・アンド・ブルースとあります。その内容は、リズム・アンド・ブルースが若い人たちのあいだで静かなブームだという。テレビやラジオの音楽番組でもとりあげられる機会がふえ、若い人たちがたむろする店もできた……と書かれていました。テンプテーションズ、シュープリームス、オーティス・レディング、レイ・チャールズの写真などが載っています。今でいうところのモータウン・サウンドやアトランティック・サウンドは静かなブーム言う。つまりはそこそこのヒットだったのでしょう。

五月二十六日(日)　TBSテレビ　午後二時三十分〜三時　「歌うプレゼントショー」
加山雄三出演、共演は小川知子、黛ジュン等

五月二十七日(月)　フジテレビ　午後九時～三十分　「ミュージックフェア'68」
加山雄三出演、共演は小川知子、木の実ナナ
五月二十八日(火)　TBSテレビ　午後八時～五十六分　「歌のグランプリ」
ワイルド・ワンズ、タイガース、ブルー・コメッツ、美空ひばり出演
五月二十九日(水)　フジテレビ　午後七時三十分～八時
「若さで歌おうヤア！　ヤア！　ヤング！」ワイルド・ワンズ、スパイダース出演
五月三十一日(金)　フジテレビ　午後八時～五十六分　「今週のヒット速報」
ワイルド・ワンズ、フォーク・クルセダーズ、ブルーコメッツ等出演

〈一九六八年五月　TBSヤング720〉
一日(水)ビーバーズ　二日(木)スウィングウエスト　三日(金)シャープ・ホークス、佐良直美　四日(土)バニーズ、山本リンダ　六日(月)ハプニングス・フォー、いしだあゆみ　七日(火)ジェノバ　八日(水)ビーバーズ、黛ジュン　九日(木)フェニックス　十日(金)テリーズ、高山ナツキ　十一日(土)カーナビーツ　十三日(月)ゴールデン・カップス、布施明　十四日(火)ダイナマイツ、黛ジュン　十五日(水)ジャガーズ　十六日(木)カーナビーツ　十七日(金)リバーバンズ　十八日(土)シャープ・ホークス、カーナビーツ　二十日(月)シャープ・ホークス、伊東きよ子　二十一日(火)サニーズ　二十二日(水)ザ・スウィング・ウエスト、中村晃子　二十三日(木)レオ・ビーツ

二十四日(金)テンプターズ　二十五日(土)ザ・ビーバーズ　二十七日(月)ジャガーズ　二十八日(火)カーナビーツ　二十九日(水)ジェノバ　三十日(木)ヴィレッジ・シンガーズ　三十一日(金)デ・スーナーズ、ザ・フォーク・クルセダーズ

〈一九六八年六月〉

六月一日(土)　フジテレビ　午後三時～四時　「ビートポップス」

「これがビージーズ!」ゴールデン・カップス出演

六月二日(日)　TBSテレビ　午後二時三十分～三時　「歌うプレゼントショー」

ワイルド・ワンズ、ジェリー藤尾出演

六月四日(火)　TBSテレビ　午後七時～三十分　「ザ・ヒットパレード」ワイルド・ワンズ、タイガース出演

六月七日(金)　フジテレビ　午後八時～五十六分　「今週のヒット速報」ワイルド・ワンズ、フォーク・クルセダーズ等出演

六月七日(金)　12チャンネル　午後九時～五十六分　「ワールド・ミュージック」

ビリー・ボーン、アルフレッド・ハウゼ

六月八日(土)　フジテレビ　午後三時～四時　「ビートポップス」ワイルド・ワンズ出演

六月九日(日)　TBSテレビ　午後二時三十分～三時　「歌うプレゼントショー」

加山雄三出演、共演は小川知子
六月十日(月)　フジテレビ　午後九時~三十分　「ミュージックフェア'68」
シャルル・アズナブール、岸洋子出演
六月十日(月)　NHKテレビ　午後六時二十五分~三十分　「みんなの歌」荒木一郎出演
六月十一日(火)　フジテレビ　午後七時~三十分　「ザ・ヒットパレード」
ランチャーズ、ピーナッツ、ブルー・コメッツ出演
六月十二日(水)　フジテレビ　午後七時三十分~八時
「若さで歌おうヤア!　ヤア!　ヤング!」ワイルド・ワンズ、タイガース出演
六月十四日(金)　フジテレビ　午後八時~五十六分　「今週のヒット速報」
ワイルド・ワンズ、タイガース、フォーク・クルセダーズ出演
六月十四日(金)　12チャンネル　午後九時~五十六分　「ワールド・ミュージック」
モータウン・フェスティバル、スティーヴィ・ワンダー等出演
六月十五日(土)　フジテレビ　午後三時~四時　「ビートポップス」
ホワイト・キックス、いしだあゆみ出演
六月十七日(月)　12チャンネル　午後七時三十分~八時　「ジャポップス・トップ10」
ワイルド・ワンズ、ヴィレッジ・シンガーズ出演
六月十九日(水)　フジテレビ　午後七時三十分~八時

「若さで歌おうヤア！　ヤア！　ヤング！」ワイルド・ワンズ、スピリッツ出演
六月二十二日(土)フジテレビ　午後三時〜四時　「ビートポップス」ジェノバ出演
六月二十五日(火)ＴＢＳテレビ　午後八時〜五十六分　「歌のグランプリ」
ワイルド・ワンズ、ブルー・コメッツ、タイガース、ロス・プリモス、東京ロマンチカ等出演
六月二十七日(木)フジテレビ　午後九時三十分〜四十五分　「スター千一夜」荒木一郎出演
六月二十九日(土)フジテレビ　午後三時〜四時　「ビートポップス」シャープ・ホークス出演
六月三十日(日)　ＴＢＳテレビ　午後二時三十分〜三時　「歌うプレゼントショー」
ワイルド・ワンズ、ゴールデン・カップス出演

〈一九六八年六月　ＴＢＳヤング７２０〉
一日(土)ガリバーズ　三日(月)ゴールデン・カップス　四日(火)ワイルド・ワンズ　五日(水)バニーズ　六日(木)カーナビーツ　七日(金)タックスマン　八日(土)ワイルド・ワンズ　十日(月)ヴィレッジ・シンガーズ　十一日(火)ゴールデン・カップス　十二日(水)テンプターズ　十三日(木)ジャガーズ　十四日(金)バニーズ　十五日(土)ハプニングス・フォー、十七日(月)シャープ・ホークス、中村晃子　十八日(火)ビーバーズ　十九日(水)ガリバーズ　二十日(木)スウィングウエスト　二十一日(金)カーナビーツ　二十二日(土)ゴールデン・カップス　二十四日(月)ジャガーズ
二十五日(火)ジェノバ　二十六日(水)レオ・ビーツ　二十七日(木)シャープ・ホークス、麻里圭子

二十八日(金)ジャガーズ　二十九日(土)ヴィレッジ・シンガーズ

〈一九六八年七月〉

七月一日(月)　フジテレビ　午後九時〜三十分　「ミュージックフェア'68」

アダモ、梓みちよ出演

七月一日(月)　夕刊記事　いしだあゆみ、歌手として再デビュー

七月二日(火)　TBSテレビ　午後八時〜五十六分　「歌のグランプリ」

ワイルド・ワンズ、タイガース、梓みちよ、ロス・プリモス出演

七月二日(火)　夕刊記事　CBSソニー発足(会社発足とともにプラネッツの堤光生はCBSソニーでアルバイトを始めたそうです)

七月四日(木)　フジテレビ　午後九時三十分〜四十五分　「スター千一夜」

フォーク・クルセダーズ、ズートルビー出演

七月四日(木)　新聞広告　映画『ブルー・マイアミ』エルヴィス・プレスリー主演

七月七日(日)　NHKテレビ　午後七時三十分〜八時十五分　「歌の祭典」

ワイルド・ワンズ、山内賢、伊東ゆかり出演

七月九日(火)　フジテレビ　午後七時〜三十分　「ザ・ヒットパレード」

ワイルド・ワンズ、ブルー・コメッツ出演

七月十一日(木)　フジテレビ　午後九時三十分〜四十五分
「スター千一夜」内藤洋子、ブルー・コメッツ出演
七月十一日(木)　TBSラジオ　午後四時三十分〜五時　「歌謡大作戦」ゲスト加山雄三・出演
七月十三日(土)　TBSラジオ　午後十時二十分〜三十分　加山雄三放送
七月十三日(土)　映画『リオの若大将』公開
加山雄三、星由里子、ランチャーズ出演。挿入歌は「ある日渚に」「ロンリー・ナイト・カミング」「シェリー」
七月十三日(土)　フジテレビ　午後三時〜四時　「ビート・ポップス」ワイルド・ワンズ出演
七月十九日(金)　12チャンネル　午後九時〜五十六分　「ワールド・ミュージック」
セルジオ・メンデスとブラジル'66
七月二十日(土)　フジテレビ　午後三時〜四時　「ビート・ポップス」テンプターズ出演
七月二十一日(日)　12チャンネル　午後七時〜三十分　「R&B天国」
バニーズ、中尾ミエ、デ・スーナーズ、アダムス出演
七月二十一日(日)　夕刊広告　映画『天使の誘惑』黛ジュン、石坂浩二、石立鉄男出演
「虹の中のレモン」ヴィレッジ・シンガーズ、竹脇無我、尾崎奈々(キャッチコピーとして「ジュン、ヴィレッジ・シンガーズとデートしよう!」とありました。このように加山雄三「若大将」シリーズとGS等の映画は同時期に公開されていたのです)

七月二十一日(日)　NHKテレビ　午後七時三十分〜八時十五分　「歌の祭典」

加山雄三出演、共演は中村晃子、ランチャーズ、伊東ゆかり(番組では加山雄三&ザ・ランチャーズは別クレジット。加山は「ある日渚に」、ザ・ランチャーズは「シリウスの涙」を歌ったと考えられます。あるいは加山雄三&ザ・ランチャーズで「シェリー」を演奏したかもしれません)

七月二十六日(金)　夕刊広告　映画『リオの若大将』『年ごろ』

内藤洋子、黒沢年男、ブルー・コメッツが同時に公開(キャッチコピーとして「加山・内藤・ブルー・コメッツ若さがスイング!」とありました)

七月三十一日(水)　NETテレビ　午後七時三十分〜八時

「メイト・7(クルセダーズとともに)」　加山雄三、ランチャーズ出演

〈一九六八年七月　TBSヤング720〉

一日(月)バニーズ、中村晃子　二日(火)ビーバーズ、中尾ミエ　三日(水)バニーズ　四日(木)スウィングウエスト　五日(金)ブルー・コメッツ　六日(土)ヴィレッジ・シンガーズ　八日(月)カーナビーツ　九日(火)テリーズ　十日(水)ビーバーズ　十一日(木)ビーバーズ、二宮ゆき子　十二日(金)オックス　十三日(土)フォーク・クルセダーズ　十五日(月)ヴィレッジ・シンガーズ、ジャガーズ　十六日(火)テンプターズ　十七日(水)ゴールデン・カップス　十八日(木)ジェノバ　十九日(金)パープル・シャドウズ　二十日(土)フォーク・クルセダーズ、バニーズ　二十二日(月)ザ・ス

マッシャーズ　二十三日(火)レオ・ビーツ　二十四日(水)パープル・シャドーズ　二十五日(木)ビーバーズ　二十六日(金)シャープ・ホークス　二十七日(土)ザ・ガリバーズ　二十九日(月)カーナビーツ　三十日(火)ゴールデン・カップス　三十一日(水)ザ・サマーズ

〈一九六八年八月〉

八月一日(木)　ワイルド・ワンズLP『THE WILD ONES ALBUM VOL3』

A面①バラの恋人②ハロー・グッドバイ③ホリディ④すてきなヴァレリ⑤サイレンス・イズ・ゴールデン⑥マーシー・マイラヴ

B面①花のヤング・タウン②ワールド③旅路④ノー・ノー・ノー⑤ホールド・オン⑥あの雲といっしょに

八月三日(土)　フジテレビ　午後三時〜四時　「ビート・ポップス」

八月八日(木)　新聞記事　テレビCM時代としてレナウンの「イェイエ」が現代的なリズムで売行きもすごいとありました。小林亜星作、朱里エイコが歌うレコード「イェイェ」は一万五千枚売れたそうです。CM界では「イェイェ以降」という言葉が生まれた、とあります。

八月十日(土)　フジテレビ　午後三時〜四時　「ビート・ポップス」ブルー・コメッツ出演

八月十七日(土)　TBSテレビ　午後七時〜三十分　「ハレハレ音楽教室」加山雄三、ランチャーズ出演

八月十七日(土)　フジテレビ　午後三時〜四時　「ビート・ポップス」フラワーズ出演
八月十八日(日)　日本テレビ　午後六時〜三十分　「ゴールデン・ショー」
加山雄三出演、共演はヴィレッジ・シンガーズ
八月二十四日(土)　フジテレビ　午後三時〜四時　「ビート・ポップス」
ダイナマイツ、スピリッツ出演
八月二十五日(日)　TBSテレビ　午後二時三十分〜三時　「歌のプレゼントショー」
加山雄三出演、共演はハニー・アイランダース
八月三十一日(土)　フジテレビ　午後三時〜四時　「ビート・ポップス」リンド&リンダーズ
八月三十一日(土)　新聞広告　映画『兄貴の恋人』加山雄三主演　挿入歌「雲の果てまで」

八月三十一日(土)　夕刊　ヒット盤
ポピュラー　①サイモンとガーファンクル：サウンド・オブ・サイレンス　②オーティス・レディング：ドッグ・オブ・ベイ　③ザ・タイガース：シー・シー・シー　④パープル・シャドウズ：小さなスナック　⑤1910フルーツガム・カンパニー：サイモン・キッズ
歌謡曲　①鶴岡雅義と東京ロマンチカ：小樽の人よ　②千昌夫：星影のワルツ　③伊東ゆかり：星をみないで　④高橋勝とコロラティーノ：思案橋ブルース　⑤布施明：愛の園

〈一九六八年八月　TBSヤング720〉
一日(木)キッパーズ　二日(金)アウトキャスト　三日(土)シャープファイブ、由美かおる　五日(月)ケニーズ　六日(火)オックス　七日(水)ワイルド・ワンズ、中村晃子　八日(木)加山雄三、ザ・ランチャーズ　九日(金)ワイルド・ワンズ　十日(土)ゴールデンカップス　十二日(月)バニーズ　十三日(火)オックス、いしだあゆみ　十四日(水)ジャガーズ　十五日(木)カーナビーツ　十六日(金)パープル・シャドウズ　十七日(土)レオ・ビーツ、中村晃子　十九日(月)オックス　二十日(火)バニーズ　二十一日(水)ジャガーズ　二十二日(木)パープル・シャドウズ　二十三日(金)デ・スーナーズ、坂本九　二十四日(土)カーナビーツ　二十六日(月)フィンガース、シャープファイブ　二十七日(火)オックス　二十八日(水)スウィングウエスト　二十九日(木)アダムス　三十日(金)バニーズ、ザ・フォーク・クルセダーズ　三十一日(土)ゴールデンカップス

〈一九六八年九月〉
九月一日(日)　フジテレビ　午後十時十五分〜三十分「スター千一夜」内藤洋子、酒井和歌子
(内容は映画『兄貴の恋人』についてだと示唆されます)
九月六日(金)　夕刊広告　映画「兄貴の恋人」加山雄三、内藤洋子、酒井和歌子出演(「男と女」のすばらしい愛の大作とありました。この『兄貴の恋人』の挿入歌としてボサノヴァの「雲のはてまで」が使用されました)

九月六日(金)　夕刊　記事

〝歌謡界育つ人、去る人〟というテーマが書かれていました。以下、次のとおりです。ことしも多数の新人歌手が誕生した。グループ・サウンズを含めると二百人をはるかに超す勢い。しかしその中で活躍したのは映画界から転向「ゆうべの秘密」をうたった小川知子ぐらい。年のはじめは「帰って来たヨッパライ」に始まる〝アングラ・ブーム〟、続いてムード・コーラスの台頭。一方には、昨年につづくグループ・サウンズの盛況があって、新人たちの出る幕がなかったということらしい。ことしは特に〝秋は演歌で〟がレコード各社の合言葉。ベテランが演歌調のレコードを続々にだし、新人もこの波にのっている。ベテランでは美空ひばりの純演歌「いのり」をはじめ、橋幸夫「赤い夕陽の三度笠」、春日八郎「たそがれの砂丘」等(途中略)また新人のピンキーとキラーズの「恋の季節」は〝ボサ・ノバ演歌〟日劇ダンシング・チーム所属の三浦恭子の「女は生きるためになく」は〝ミステリー演歌〟といった呼び方もある……とありました(一九六八年後半は、何でもかんでも演歌調にしようとした意図があったのですね。だから加山雄三は「ある日渚に」からガラッと変えて「しのび逢い」をリリースしたのかもしれません。当時中学一年生だった私は、「ある日渚に」のすばらしさに感動しましたが、「しのび逢い」にはちょっとびっくりしました)。さらに、ヨッパライ大学へ帰る……とあります。「帰って来たヨッパライ」を自作自演、アングラ・レコードのブームをつくったザ・フォーク・クルセダーズの三人は、十月東京をはじめ各地でのリサイタルを最後に解散することになった。レコード化された「ヨッパライ」の爆発的売れ行きのあと、このグループの人気はテレビ出演や演奏活動で今なお衰えていない。（途中略）最後のレコードは五木寛之原作を題材にした「青年は荒野をめざす」で一年間にシングル盤四枚、LPが「リサイタル実況盤」を含め二枚、短期間としては新人らしからぬ抜群の成績。だが三人とも「はじめから一年間だけやってみる予定でスタートした」と現代の青年らしいサッパリとした表情だった……と書かれていました。

一九六八年はまた、GSが強かった時代かもしれませんが、後半は意図的に演歌へシフトさせようとしていたのですね。加山雄三&ザ・ランチャーズはLP『加山雄三のすべて第三集ゴーゴー加山雄三』でロックバンドとしての一つの頂点を迎え、さらにはMOR～ボサノヴァ路線としてLP『君のために』でも頂点を迎えます。ある意味ですごい年だったかもしれません。そしてその実力を示すのがライブ録音のLP『オン・ステージ(ランチャーズと共に)』であったと考えられます。

加山雄三&ザ・ランチャーズとしてビートルズ・ナンバー「レディ・マドンナ」を歌ったり、自作曲「シェリー」「アイ・フィール・ソー・ファイン」「ソー・ソー・ファイン」を聴くと彼らの実力がよくわかります。またライブとしてボサノヴァ「暗い波」が聴けるのもここだけです。

九月七日(土)　フジテレビ　午後三時～四時　「ビート・ポップス」
ヴィレッジ・シンガーズ、ピンキーとキラーズ出演
九月九日(月)　フジテレビ　午後九時～三十分　「ミュージックフェア'68」
加山雄三出演、共演はブルー・コメッツ
九月十二日(木)　フジテレビ　午後九時三十分～四十五分　「スター千一夜」

加山雄三、母、祖母出演（映画『兄貴の恋人』について）
九月十四日（土）　フジテレビ　午後三時～四時　「ビート・ポップス」
パープル・シャドウズ、ラムゼイ・ルイス・トリオ出演
九月十四日（土）　ＴＢＳラジオ　午後四時十分～三十分　加山雄三、小川知子、黒木憲放送
九月二十一日（土）　フジテレビ　午後三時～四時　「ビート・ポップス」
ハウス・ロッカーズ出演
九月二十二日（日）　ＴＢＳテレビ　午後零時四十五分～一時三十分
ワイルド・ワンズ、ブルー・コメッツ出演
九月二十二日（日）　ＴＢＳテレビ　午後二時三十分～三時　「歌うプレゼントショー」
加山雄三出演、共演はマヒナ・スターズ
九月二十二日（日）　12チャンネル　午後七時～三十分　「R&B天国」
ワイルド・ワンズ、ゴールデンカップス、福田一郎出演
九月二十三日（月）　フジテレビ　午後九時～三十分　「ミュージックフェア'68」
ブラザーズ・フォア、九重佑三子出演
九月二十四日（火）　フジテレビ　午後七時～三十分　「ザ・ヒットパレード」
ワイルド・ワンズ、オックス、中尾ミエ出演
九月二十四日（火）　フジテレビ　午後七時三十分～八時　「対抗スターかくし芸」最終回

加山雄三出演
九月二十七日(金)　NETテレビ　午後八時~五十六分　「日本縦断歌の旅」
ワイルド・ワンズ、ブルー・コメッツ、中村晃子出演
九月二十八日(土)　フジテレビ　午後三時~四時　「ビート・ポップス」
カーナビーツ、ピンキーとキラーズ出演

〈一九六八年九月　TBSヤング720〉
二日(月)フィンガース　三日(火)カーナビーツ　四日(水)園まり、ヤンガーズ、麻里圭子　五日(木)酒井和歌子　六日(金)カーナビーツ　七日(土)ヴィレッジ・シンガーズ　九日(月)ジャガーズ　十日(火)オックス　十一日(水)パープル・シャドウズ、黛ジュン　十二日(木)ゴールデンカップス　十三日(金)ザ・フォーク・クルセダーズ　十四日(土)ヴィレッジ・シンガーズ、小川知子　十六日(月)ザ・タックスマン　十七日(火)ザ・ビーバーズ　十八日(水)スウィングウエスト　十九日(木)パープル・シャドウズ　二十日(金)シャープ・ホークス、酒井和歌子出演　二十一日(土)ゴールデンカップス　二十三日(月)ファンキー・プリンセス　二十四日(火)オックス、ファイア・バード　二十五日(水)バニーズ　二十六日(木)小川知子、ケニーズ、小山ルミ　二十七日(金)ザ・ズーニーブー　二十八日(土)ヴィレッジ・シンガーズ、荒木一郎、黒沢久雄　三十日(月)ピエール・カルダン、松本弘子

〈一九六八年九月　プロマイドの売上（マルベル堂）〉　グループサウンズ
1位テンプターズ　2位タイガース　3位オックス　4位スパイダース　5位ワイルド・ワンズ
6位ヴィレッジ・シンガーズ　7位ゴールデンカップス　8位ジャガーズ　9位ガリバーズ
10位ブルー・コメッツ　11位カーナビーツ　12位ランチャーズ　13位パープル・シャドウズ　14位リント&リンダース　15位ジェノバ

〈一九六八年十月〉
十月五日（土）　フジテレビ　午後三時～四時　「ビート・ポップス」ジャガーズ出演
十月七日（月）　TBSテレビ　午前七時二十分～八時　「ヤング720」
ピーター・トーク（モンキーズ）出演
十月七日（月）　NETテレビ　午後七時三十分～八時　「ヤング・ポップス・エキサイト」
ブルー・コメッツ、ワイルド・ワンズ出演
十月十二日（土）　フジテレビ　午後三時～四時　「ビート・ポップス」弘田三枝子出演
十月十二日（土）　NETテレビ　午後九時～十時三十分　土曜映画劇場『燃える平原児』
E・プレスリー主演
十月十五日（火）　フジテレビ　午後七時～三十分　「ザ・ヒットパレード」
ワイルド・ワンズ、ブルー・コメッツ出演

十月十六日(水)　フジテレビ　午後七時三十分〜八時　「レッツゴー！　ヤング・サウンズ」
ワイルド・ワンズ、アダムス出演
十月十九日(土)　フジテレビ　午後三時〜四時　「ビート・ポップス」テンプターズ出演
十月十九日(土)　日本テレビ　午後五時～三十分　「歌謡大作戦」
ピンキーとキラーズ、フィンガース出演(メンバーチェンジした後のフィンガースもテレビ出演)
十月二十日(日)　TBSテレビ　午後零時四十五分〜一時三十分
ワイルド・ワンズ、小川知子、西郷輝彦等出演
十月二十二日(火)　フジテレビ　午後七時〜三十分　「ザ・ヒットパレード」
ワイルド・ワンズ、ブルーコメッツ出演
十月二十二日(火)　夕刊　映画『バーバレラ』宣伝
十月二十三日(水)　12チャンネル　午後八時〜五十六分　「ただ今ヒット中」
ワイルド・ワンズ、タイガース、ピンキーとキラーズ、舟木一夫等出演
十月二十六日(土)　フジテレビ　午後三時〜四時　「ビート・ポップス」
ペギー・マーチ出演
十月二十七日(日)　TBSテレビ　午後二時三十分〜三時　「歌うプレゼントショー」
加山雄三出演、共演は水原弘

十月二十九日(火) フジテレビ 午後七時三十分~八時 「ザ・ヒットパレード」

ワイルド・ワンズ、ブルー・コメッツ出演

十月二十九日(火) フジテレビ 午後七時三十分~八時 「スターとデイト合戦」

ワイルド・ワンズ出演

〈一九六八年十月 TBSヤング720〉

一日(火)バニーズ、島かおり 二日(水)カーナビーツ 三日(木)ジャガーズ 四日(金)ヴィレッジ・シンガーズ、中村晃子 七日(月)ピーター・トーク(モンキーズ) 八日(火)ハプニングス・フォー 九日(水)スウィングウエスト 十日(木)ガリバーズ 十一日(金)カーナビーツ 十二日(土)レオ・ビーツ、奥村チヨ 十四日(月)ヴィレッジ・シンガーズ 十五日(火) ゴールデン・カップス 十六日(水)ビーバーズ 十七日(木)スパイダース 十八日(金) ザ・フォーク・クルセダーズ 十九日(土)シャープ・ホークス、小山ルミ 二十一日(月)シャープ・ファイブ 二十二日(火)パープル・シャドウズ 二十三日(水) ジャガーズ、中尾ミエ 二十四日(木)アダムス 二十五日(金)カーナビーツ 二十六日(土)ジャガーズ 二十八日(月)オックス 二十九日(火)サニー・ファイブ 三十日(水)ゴールデン・カップス 三十一日(木)パープル・シャドウズ

〈一九六八年十一月〉

十一月二日(土)　フジテレビ　午後三時〜四時　「ビート・ポップス」

ザ・ランチャーズ(ジミ・ヘンドリックス「紫のけむり」を演奏)、ボビー・ゴールズボロ出演

十一月八日(金)　フジテレビ　午後八時〜五十六分　「今週のヒット速報」

ワイルド・ワンズ出演、共演はピンキーとキラーズ、タイガース

十一月九日(土)　フジテレビ　午後三時〜四時　「ビート・ポップス」

ザ・リード、ザ・スケルトン出演

十一月十日(日)　12チャンネル　午後七時〜三十分　「R&B天国」

ワイルド・ワンズ出演、共演はゴールデン・カップス

十一月十日(日)　文化放送　午前十一時三十分〜十二時　加山雄三放送

十一月十一日(月)　フジテレビ　午後九時〜三十分　「ミュージックフェア'68」

加山雄三出演、共演はペギー・マーチ、中尾ミエ

十一月十一日(月)　フジテレビ　午後十時〜五十六分　「夜のヒットスタジオ」

加山雄三出演、共演は東京ロマンチカ、園まり、佐良直美

十一月十三日(水)　日本テレビ　午後七時〜三十分　「ヒットスコープ」

ワイルド・ワンズ出演、共演は黛ジュン、ピンキーとキラーズ

十一月十四日(木)　12チャンネル　午後七時五十四分〜八時　「トピックス」加山雄三出演

十一月十六日(土)　フジテレビ　午後三時〜四時「ビート・ポップス」ジ・アニマルズ出演
十一月十八日(月)　フジテレビ　午後九時〜三十分「ミュージックフェア'68」
ボビー・ゴールズボロ出演
十一月十八日(月)　夕刊　アニマルズ突然帰国
十一月二十二日(金)　夕刊　映画『狙撃』広告　加山雄三、浅丘ルリ子出演
十一月二十三日(土)　フジテレビ　午後三時〜四時「ビート・ポップス」カーナビーツ出演
十一月二十四日(日)　TBSテレビ　午後二時三十分〜三時「歌うプレゼントショー」
加山雄三出演、共演は和泉雅子
十一月二十五日(月)　フジテレビ　午後九時〜三十分「ミュージックフェア'68」
ウェルナー・ミュラー楽団、梓みちよ出演
十一月二十六日(火)　フジテレビ　午後九時三十分〜四十五分「スター千一夜」
加山雄三、浅丘ルリ子出演(映画『狙撃』についてと示唆される)
十一月二十八日(木)　夕刊　映画『あの胸にもう一度』広告
マリアンヌ・フェイスフル、アラン・ドロン出演
十一月三十日(土)　TBSラジオ　午後一時三十分〜二時　フィンガース出演
十一月三十日(土)　フジテレビ　午後三時〜四時「ビート・ポップス」
ワイルド・ワンズ出演

〈一九六八年十一月　TBSヤング720〉
一日(金)バニーズ　二日(土)フォー・セインツ　四日(月)シャープ・ファイブ　五日(火)サニー・ファイブ　六日(水)ワイルド・ワンズ　七日(木)バニーズ　八日(金)パープル・シャドウズ　九日(土)ピンキーとキラーズ(セルジオ・メンデスとブラジル'66に影響されて出現してきたグループの一つと考えられます)　十一日(月)オックス、梓みちよ　十二日(火)ハプニングス・フォー　十三日(水)ザ・シベルズ　十四日(木)アップルパイ　十五日(金)バニーズ　十六日(土)パープル・シャドウズ、伊東きよ子　十八日(月)アニマルズ、オックス　十九日(火)カーナビーツ　二十日(水)モップス　二十一日(木)ジャガーズ　二十二日(金)ヴィレッジ・シンガーズ　二十六日(火)バニーズ　二十七日(水)スウィングウエスト　二十八日(木)ブルー・コメッツ　二十九日(金)カーナビーツ　三十日(土)中村晃子、ザ・デビース

〈一九六八年十二月〉
十二月一日(日)　12チャンネル　午後六時五十四分〜七時　「トピックス」
ワイルド・ワンズ出演
十二月一日(日)　12チャンネル　午後七時〜三十分　「R&B天国」
スーナーズ、ゴールデン・カップス、カーナビーツ出演
十二月一日(日)　NHKテレビ　午後七時三十分〜八時十五分　「歌の祭典」

加山雄三出演、共演はランチャーズ、伊東ゆかり、スリー・グレイセス(十二月五日にLP『オン・ステージ(ランチャーズと共に)』がリリース予定だったのでプロモーションかもしれません。加山は九月十日発売のシングル「しのび逢い」か十二月二十日発売予定の「いい娘だから」を歌ったと考えられます。ランチャーズは十二月五日発売のシングル「不機嫌な水溜り」だったかもしれません。あるいは加山雄三&ザ・ランチャーズとしてはヒット曲メドレーだったかもしれません)

十二月三日(火)　フジテレビ　午後七時~三十分　「ザ・ヒットパレード」

ワイルド・ワンズ、タイガース出演

十二月七日(土)　フジテレビ　午後三時~四時　「ビート・ポップス」

ズー・ニー・ブー、スウィングウエスト出演

十二月八日(日)　TBSテレビ　午後二時三十分~三時　「歌うプレゼントショー」

加山雄三出演、共演は井沢八郎、水原弘(加山は十二月二十日発売のシングル「いい娘だから」を歌ったと考えられます)

十二月十日(火)　フジテレビ　午後七時~三十分　「ザ・ヒットパレード」

ワイルド・ワンズ、ブルーコメッツ出演

十二月十日(火)　夕刊　スウィングル・シンガース公演

十二月十四日(土)　フジテレビ　午後三時~四時　「ビート・ポップス」中尾ミエ出演

十二月十五日(日)　TBSテレビ　午後二時三十分~三時　「歌うプレゼントショー」

ワイルド・ワンズ、フォー・セインツ出演
十二月十六日(月)　NHKテレビ　午後八時~九時　「みんなの招待席」
加山雄三、三沢あけみ、ダニー・レイ出演
十二月十八日(火)　日本テレビ　午後七時~三十分　「ヒットスコープ」
加山雄三、伊東ゆかり出演
十二月二十日(金)　ワイルド・ワンズLP『THE WILD ONES RECITAL!』
A面①オープニング・メドレー~青空のある限り~想い出の渚~ノー・ノー・ノー~バラの恋人~シー・シー・シー②ハ・ハ・ハ③モニー・モニー④ベビー・カム・バック⑤サウンド・オブ・サイレンス⑥サイモン・セッズ⑦想い出の渚
B面①ハッピー・トゥギャザー②アンチェインド・メロディ③デボラ④ノック・オン・ウッド⑤初恋⑥シー・シー・シー⑦青い果実⑧愛するアニタ⑨花のヤング・タウン⑩ソー・ロング
十二月二十一日(土)　フジテレビ　午後三時~四時　「ビート・ポップス」
オックス、ブルー・インパルス出演
十二月二十一日(土)　NHKテレビ　午後八時五十分~九時三十分
「アンディ・ウィリアムス・ショー」クローディンヌ・ロンジェ、オズモンド・ブラザーズ
十二月二十四日(火)　フジテレビ　午後七時~三十分　「ザ・ヒットパレード」
ワイルド・ワンズ出演、共演はタイガース、オックス

十二月二十五日(水)　フジテレビ　午後七時三十分〜八時
「レッツゴー！　ヤング・サウンズ！」ワイルド・ワンズ、スパイダース出演
十二月二十八日(土)　フジテレビ　午後三時〜四時　「ビート・ポップス」
ゴールデン・カップス出演
十二月二十八日(土)　夕刊広告　一九六九年元日より六日まで日劇にて「加山雄三と共に！　新春スター・パレード」と広告掲載。共演者は内藤洋子、酒井和歌子、黒沢年男、コント55。ザ・ランチャーズとして喜多嶋瑛・修、大矢茂、渡辺有三の四人の名前も記載)
十二月二十九日(日)　TBSテレビ　午後二時三十分〜三時　「歌うプレゼントショー」
加山雄三出演、共演は小川知子、奥村チヨ出演
十二月三十日(月)　フジテレビ　午後九時〜三十分　「ミュージックフェア'68」
ジョージ・チャキリス、ブラザーズ・フォア出演
十二月三十一日(火)　フジテレビ　午後七時〜八時五十六分
「'68ベスト・グループサウンズ大会」タイガース、ワイルド・ワンズ、ブルー・コメッツ、ヴィレッジ・シンガーズ、スパイダース、パープル・シャドウズ出演

〈一九六八年のまとめ〉

一九六八年の一年間の日本の音楽状況を見ると以下のことが参考になるので記しておきます。

十二月十四日(土)　夕刊記事　歌謡界この一年……という記事がありました。

昨年(一九六七年暮れから一、二月にかけて爆発的な人気を集めたのがザ・フォーク・クルセダーズの「帰って来たヨッパライ」。レコード界の組織を抜けた型破りなものだった。「ケメ子の歌」などアングラ・レコードと称するものがそれに続いた。突然変異はやはり一代かぎりだった。前半は女性歌手が強みをみせた。中村晃子「虹色の湖」、小川知子「ゆうべの恋」、伊東ゆかり「恋のしずく」、黛ジュン「天使の誘惑」、西田佐知子「涙のかわくまで」などが入れ替り立ち替わり登場。この傾向はずっと続き、伊東ゆかり「星をみないで」、「朝のくちづけ」、黛ジュン「夕月」などがでている。いずれもリズム感のあるポピュラーがかった歌が多いのが特徴。四月ごろから、おとな向きのムード歌謡をうたうコーラス・グループの台頭が目立つ。「ラブ・ユー東京」以来、「雨の銀座」「たそがれの銀座」とたてつづけに都会調をうたった黒澤明とロス・プリモス。「小樽のひとよ」の鶴岡雅義と東京ロマンチカなどがそれだ。また夏頃から急に伸びて、人気をひとり占めした感があるのがピンキーとキラーズ「恋の季節」……以上のようなことから見ていくと一九六八年は女性歌手が強くGS現象が一段落していたのです。

では、加山雄三&ザ・ランチャーズ、ワイルド・ワンズ等、湘南ポップスの仲間たちにとっては一九六八年はどんな年だったのでしょうか。加山雄三&ザ・ランチャーズにとっては、よりロック色を強めたLP『加山雄三のすべて第三集』をリリースし、加山雄三&ザ・ハプニング・フォーで「幻のアマリリア」をヒットさせる一方で、九月にボサノヴァ的LP『君のために』をリリースし、加山のボサノヴァへの積極的アプローチ、実際にリオでのライブ演奏までおこなうことになります。そして集大成として十二月にライブ盤『オン・ステージ・ランチャーズと共に』をリリースし、音楽的な幅をひろげることになります。ザ・ランチャーズも独立してビートルズ遺伝子を伴った(喜多嶋修いわくビージーズのファーストアルバムの影響もあり)ＬＰ『フリー・アソシエィション』をリリース。ザ・ワイルド・ワンズも二月と八月にオリジナルヒット曲「青空のある限り」や「愛するアニタ」を収録したＬＰ『THE WILD ONES ALBUM VOL2』や「バラの恋人」「花のヤング・タウン」を収録したＬＰ『THE WILD ONES VOL3』をリリース。加瀬邦彦のソングライターの実力およびグループとしての頂点を迎えることになります。

〈一九六八年十二月　ＴＢＳヤング７２０〉

二日(月)オックス、千昌夫　三日(火)パープル・シャドウズ　四日(水)田辺靖雄　五日(木)ブルー・インパルス　六日(金)黒木憲　七日(土)ピンキーとキラーズ　九日(月)ワイルド・ワンズ　十日(火)鹿内タカシ　十一日(水)恒川めぐみ　十二日(木)川奈ミキ　十三日(金)由美かおる　十四日(土)ヴィレッジ・シンガーズ　十六日(月)中村晃子　十七日(火)中尾ミエ　十八日(水)英亜里　十九日(木)麻里圭子　二十日(金)パープル・シャドウズ　二十一日(土)荒木一郎　二十三日(月)山内賢　二十四日(火)泉アキ　二十五日(水)いしだあゆみ　二十六日(木)山本リンダ　二十七日(金)佐良直美　二十八日(土)小川知子、由美かおる　三十日(月)伊東きよ子　三十一日(火)ヴィレッ

ジ・シンガーズ

〈一九六八年にリリースされた曲〉

［一月］（1）デイブ・クラーク・ファイブ「青空が知っている」（2）ブライアン・ベネット（ドラム）「キャンバス」（3）ルル「ラヴ・ラヴ・ラヴ」（4）ビーチ・ボーイズ「ワイルド・ハニー」（5）ファーリン・ハスキー「ハンクス・ソング」（6）ワンダ・ジ・サー，セルジ・メンデスとブラジル'65「レット・ミー／ワン・ノート・サンバ」（7）ツームストーンズ「いとしのメリー・ジェーン」（8）シェール「悲しいわかれ／エルシヴ・バタフライ」（9）サンシャイン・カンパニー「恋咲くカリフォルニア」（10）スコット・エンゲル「恋の太陽」（11）ベンチャーズ「恋の散歩道」（12）マーケッツ「太陽に乾杯／サンシャイン・ガール」（13）エヴァリー・ブラザーズ「この恋をあなたに」（14）リチャード・ハリスとバネッサ・レッド・グレープ「キャメロット」（15）ニール・ダイアモンド「ケンタッキーの女」（16）ザ・ビートルズ「ハロー・グッドバイ／アイ・アム・ザ・ウォルラス」（17）パイド・パイパース「ドリーム」（18）ボビー・ウィー「ビューティフル・ピープル」（19）ザ・ワイルド・ワンズ「愛するアニタ／幸せの道」（20）ビー・ジーズ「マサチューセッツ」（21）ディヴ・ディー・グループ「キサナドゥの伝説」（22）モンキーズ「デイドリーム」

［二月］（1）ピーター、ポール＆マリー「素敵なロックン・ロール」（2）ハーパース・ビザール「チャタスガ・チューチュー」（3）アダモ「ひとつぶの涙」（4）クリフ・リチャード「オール・マイ・ラヴ」（5）シーカーズ「朝日のかなたに」（6）ホリーズ「とび出せ初恋」（7）ジェイムス・ブラウン「マンズ・マンズ・ワールド」（8）スタンリー・ブラザーズ「オールド・カントリー・チャーチ」（9）ビル・コスビー「救世軍，バンザイ」（10）ファイヤーボールス「ボトル・オブ・ワイン」（11）カウシルズ「雨に消えた初恋」（12）ゲイリー・パケット＆ユニオン・ギャップ「ウーマン・ウーマン」（13）ジェームズ・ブラウン「マンズ・マンズ・ワールド」（14）ジョン・フレッド＆プレイボーイ・バンド「ジュディのごまかし」（15）ザ・ローリング・ストーンズ「シーズ・ア・レインボー」（16）ムーディー・ブルース「サテンの夜」（17）ボイス・アンド・ハート「あの娘は今夜」（18）加山雄三4曲入りEP「幻のアマリリア／北風に／別れたあの人／夢の瞳」（19）加山雄三4曲入りEP「COOL COOL NIGHT / SO SO FINE / SHAKE SHAKE / WHY DON'T YOU」

［三月］（1）ハーマンズ・ハーミッツ「恋は晴のちくもり／マーセル」（2）ビーチ・ボーイズ「ダーリン／ヒア・トゥディ」（3）ヒューマン・ベインズ「ノー・ノー・ノー」（4）ヴィッキー・カー「恋のレッスン」（5）クラシックス・フォー「スプーキー」（6）ニール・ダイアモンド「ニュー・オルリンズ／ハンキー・パンキー」（7）レターメン「愛するあなたに」（8）ザ・ラン

チャーズ「教えておくれ／愛のささやき」(9)マイク・ヴィッカーズ「キャプテン・スカーレット」(10)サイモン・デュプレーとビッグ・サウンド「想い出の北風」(11)ザ・キャッツ「にくいキャット」(12)バック・オウエンズとバッカルーズ「ピープル・ライク・ユー」(13)アル・ウィルソン「愛を信じて」(14)ロニー・ドーウー「アイ・ウォント・トゥ・ラヴ・ユー」(15)ナット・キング・コール「愛情の花咲く樹」(16)ロジャー・ウィリアムス「イタリア式奇蹟」(17)ジョージ・フェイム「ボニーとクライドのバラード」(18)ナンシー・シナトラ&ディーン・マーティン「初恋の並木道」(19)ハード「夜明けを求めて」(20)ビー・ジーズ「ふりかえった恋」(21)ポール・モーリア楽団「恋はみずいろ」(22)ザ・ローリング・ストーンズ「アンダー・マイ・サム」(23)ジミ・ヘンドリックス「紫のけむり」

［四月］(1)加山雄三「美しき春／さよなら又明日」(2)ホリーズ「ディア・エロイス／バタフライ」(3)アル・バーノ「愛の垣根」(4)サンシャイン・カンパニー「太陽をみつめて」(5)フィフス・ディメンション「カーペット・マン」(6)シェール「ボンゴ・ソング・ナンバー・ワン」(7)アソシエィション「恋にタッチは御用心」(8)テリー・スタッフォード「地獄の天使／ひとりぼっちのエンジェル」(9)ボビー・ヴィー「明日を信じて」(10)ザ・ワイルド・ワンズ「バラの恋人／マーシー・マイ・ラヴ」(11)ゼム「恋のクィーンズ・ガーデン」(12)P・J・プロビー「二人の影／トゥギャザー」(13)チップマンクス「オール・アイ・アヴィング」

(14)クロード・チアリ「今日も夢見る」(15)カルロス・アルヘンティーノ「ブーガルーで踊ろう」(16)ベンチャーズ「輝く星に／いとしのマックス」(17)ジェームス・ダーレン「暗くなるまで待って」(18)ザ・ビートルズ「レディ・マドンナ／ジ・インナー・ライト」(19)ビー・ジーズ「ワールド」(20)アメリカン・フリード「ベンド・ミー・シェイプ・ミー」(21)エリック・バードン＆アニマルズ「モンタレー」(22)クワイヤ「冷たい初恋」(23)モンキーズ「すてきなバレリ」(24)ハプニングス「アイ・ガット・リズム」(25)ザ・ウォーカー・ブラザーズ「オ・ウー・プー・パ・ドゥ」

［五月］(1)マット・モンロー「幸せにかける虹」(2)サンディ・ネルソン「アリゲーター・ブーガルー」(3)カスケーズ「悲しき雨音」(4)デイヴ・クラーク・ファイブ「心の痛手をかくしたい」(5)ルル「ピースフル・ハート」(6)ソモニン・キンブ「想い出の指輪」(7)ハンク・マービン「わが心のロンドン」(8)ボビー・ジェントリー「悲しい夢」(9)マーティン・マーティン「シャロンで行こう」(10)ボビー・ジェントリー「ビリー・ジョーの唄」(11)グレン・キャンベル「恋はフェニックス／ウーマン・ウーマン」(12)フィフス・ディメンション「ビートでジャンプ」(13)スー・トンプソン「愛の言葉」(14)ホリーズ「ジェニファー・エクルズ」(15)加山雄三「ある日渚に／暗い波」(16)エンリコ・マシアス「愛の生命」(17)ヴィッキー「カーザ・ビアンカ（白い家）」(18)プロコム・ハルム「ハンバーグ」(19)ゲイリー・パケット＆ユニ

オン・ギャップ「ヤング・ガール」（20）マンフレッド・マン「マイティー・クイン」（21）ボビー・ゴールズボロ「ハニー」

〔六月〕（1）ヒューマン・ベインズ「恋に灯をつけよう」（2）ジュリー・オー「空手ブーガルー」（3）レイ・テレス楽団「ブーガルー娘」（4）マイク・シャープ「スリーパー・ブーガルー」（5）クリフ・リチャード「コングラチュレーションズ」（6）レターメン「かえらぬシェリー」（7）ジョニー・リバース「ソウルにしびれて」（8）ハーパース・ビサルー「コットン・キャンディー・サイドマン」（9）ザ・ランチャーズ「シリウスの涙／想い出のジュリエット」（10）スキャッツフォールド「ドゥ・ユー・リメンバー」（11）ベンチャーズ「ボンベイ・ダック／ブラック・サンド・ビーチ」（12）ジミー・ホリデー「恋よはばたけ」（13）ジェームズ・ブラウンとフェィマス・フレイムス「アイ・ガット・ザ・フィーリン」（14）スモール・フェイセス「涙の少年兵」（15）アダモ「愛は君のよう」（16）エンリコ・マシアス「ジプシーのかがり火」（17）クロード・チアリ「哀愁のイエルサルム」（18）レイ・ミラー「チ・ビーチ・ビーダ」（19）ジョシ・ロウルズ「ただ一度の恋」（20）ビー・ジーズ「ワーズ」（21）クリーム「サンシャイン・ラヴ」（22）ブルー・チアー「サマータイム・ブルース」（23）ザ・ヤング・ラスカルズ「イージー・ローリン」（24）１９１０フルーツガム・カンパニー「サイモン・セッズ」

［七月］(1)フランク・プゥルセル・グランド・オーケストラ「ラララ／コングラチュレーションズ」(2)ビーチ・ボーイズ「フレンズ／リトル・バード」(3)ボビー・ヴィー「マイ・ガール，ヘイ・ガール」(4)クラシックス・フォー「ソウル・トレイン」(5)アウトサイダース「シンス・アイ・ロスト・マイ・ベイビー」(6)ヴィック・ダナ「ブルー・レディに紅いバラ」(7)ハーマンズ・ハーミッツ「スリーピー・ジョー」(8)グレン・キャンベル「青春をうたおう」(9)アンド・ザ・ミスラサアス「青空の中の涙」(10)ヴィッキー・カー「太陽のない日」(11)ファイヤーボールス「遥か遠く離れて」(12)アソシエィション「タイム・フォー・リヴィン」(13)ベンチャーズ「サマー・タイム・ブルース」(14)ジョルジュ・ジューバン「夜は恋人」(15)フランク・プゥルセル・グランド・オーケストラ「急流」(16)ジュリー・ロンドン「想い出のサンフランシスコ」(17)ルル「オー！　ボーイ」(18)リシャール・アントニー「悲しき雨音」(19)ピープル「好きさ・好きさ・好きさ」(20)フィフス・ディメン・ション「ソウル・ピクニック」(21)ザ・ワイルド・ワンズ「花のヤング・タウン／あの雲といっしょに」(22)ディヴィッド・マックウィリアムス「パーリー・スペンサーの日々」(23)ハード「二人だけの誓い」(24)フェアリー・ダスト「誓いのフーガ」(25)トミー・ジエィムス＆ションデルズ「モニー・モニー」(26)フォー・ジャックス＆ジル「マスター・ジャック」(27)プレントン・ウッド「ギミ・リトル・サイン」(28)オハイオ・エクスプレイス「ヤミー・ヤミー・ヤミー」(29)ハーブ・アルパート＆ティファナ・ブラス「ディス・ガイ」(30)ザ・ローリング・ストーンズ「ジャンピング・ジャック・

フラッシュ」

［八月］（1）アマリア・ロドリゲス「わが心のアランフェス」（2）ザ・クーパス「傷心の初恋」（3）ティミー・ユーロー「涙の世界」（4）グレートフル・デッド「ダーク・スター」（5）スモール・フェイセス「レイジー・サンデー」（6）ザ・サンダルズ「終わりなき夏／ドリフティング」（7）ザ・ベンチャーズ「急がば廻れ'68〜ダンス天国」（8）ジェイムス・ブラウンとフェイマス・フレイムス「リッキン・スティック（パート1）」（9）ボビー・ウーマック「ホワット・イズ・ジス」（10）ルイス・ボンファ「オルフェの唄／オルフェのサンバ」（11）シェール「サニーは恋人」（12）レターメン「ニューヨークの大停電／恋はグリィンフィールズ」（13）チューズディ・ジャクスン「若い狼たち」（14）ゴールデン・ボーイズ「パタ・パタ」（15）ナンシー・ウィルスン「最後のお別れ」（16）ゲイリー・パケット&ユニオン・ギャップ「レディ・ウィルパワー」

［九月］（1）ピーターとゴードン「バラの天国」（2）ヒューマン・ベインズ「フォクシー・レディィ」（3）ジョニー・リバース「おい兄弟！　／青い影」（4）アル・ウィルソン「ザ・スネーク」（5）アソシェイション「ネバー・マイ・ラヴ」（6）メイソン・ウィリアムス「クラシカル・ガス」（7）ビーチ・ボーイズ「恋のリバイバル」（8）トニー・スコッティ「哀愁の花びら」（9）クロード・チアリ「愛のともしび」（10）エンリコ・マシアス「黙ってないで」（11）クラシッ

クス・フォー「ママズ・アンド・ハパス／あの娘のレター」⑿P・J・プロビー「アイ・アポロジャイズ・ベイビー」⒀ラヴィ・シャンカール・オーケストラ「まごころを君に」⒁カスケーズ「悲しき北風」⒂グレン・キャンベル「幸せの家路」⒃ゲイリー・ルイスとプレイボーイズ「ハートにキッス」⒄キャンド・ヒート「オン・ザ・ロード・アゲイン」⒅ロジャー・ウィリアムス「見果てぬ夢」⒆加山雄三「しのび逢い／何故」⒇ザ・ビートルズ「ヘイ・ジュード／レボリューション」(21)サイモン&ガーファンクル「サウンド・オブ・サイレンス」(22)イコールズ「ベイビー・カン・バック」(23)グレープ・フルーツ「エレベーター」(24)アンデイ・デュークス「夢幻の旅」(25)O・S・T「白い恋人たち」(26)ボビー・ゴールズボロ「オータム・オブ・マイライフ」(27)ゲイリー・ウォーカーとザ・レイン「孤独な影」(28)ラスカルズ「自由の賛歌」

［十月］⑴フランク・プゥルセル・グランド・オーケストラ「初恋のタンゴ」⑵クリフ・リチャード「ワンダフル・ワールド／リトル・ラグ・ドール」⑶ポール・ジョーンズ「アイドルにキッス！」⑷フレディ・キャノン「ロック・アラウンド・ザ・ロック」⑸ベンチャーズ「チュー・チュー・トレイン」⑹ハーパース・ビサルー「ニュー・オルリンズの戦い」⑺J・J・ジャクソン「シュー・ナック」⑻ピーター・ポール&マリー「彼女は夢見る」⑼ボビー・ウーマック「フライ・ミー・トゥ・ザ・ムーン」⑽ジル・ジョンソン「ディファレン

ト・ストロークス」⑾アソシエィション「シックス・マン・バンド」⑿サンディ・ネルソン「恋のシャロック」⒀ワイルド・ワンズ「青い果実／貝殻の夏」⒁アーサー・ブラウン「ファイアー」⒂ドアーズ「ハロー・アイ・ラブ・ユー」⒃ヴァニラ・ファッジ「キープ・ミー・ハンギング・オン」⒄ザ・ローリング・ストーンズ「ストリート・ファイティング・マン」

［十一月］⑴シーカーズ「かえらぬ渚」⑵マット・モンロー「夕映えの二人」⑶ブレントン・ウッズ「ウーガム・ブーガム・ソング」⑷ザ・バンド「ザ・ウエイト」⑸ジャッキー・デ・シャノン「ザ・ウエイト」⑹ケンシントン・マーケット「僕だけの君」⑺ボビー・ヴィー「愛を信じて」⑻ウィンド・イン・ザ・ウィロウズ「愛の瞬間」⑼アダモ「いとしのパオラ」⑽ザ・ベンチャーズ「ブルドック」⑾O・S・T「ロミオとジュリエット」⑿ティミ・ユーロー「しのび逢い」⒀グリッターハウス「バーバレラ」⒁石坂浩二；サン・セバスチャン・ストリングス「海は友だち」⒂アダモ「過ぎし夏のワルツ」⒃エンリコ・マシアス「レ・バカンス」⒄ザ・バッフーンズ「イッツ・ジ・エンド」⒅シュガー・ショップス「スキップ・アロング・サム」⒆エヴァリー・ブラザーズ「恋のミルク・トレイン」⒇カウシルズ「インディアン・レイク」㉑レモン・パイパース「グリーン・タンブリン」㉒ホセ・フェリシアーノ「ハートに灯をつけて」㉓ビー・ジーズ「獄中の手紙」㉔ザ・ミレニウム「5A．M」㉕ザ・ラスカルズ「自由への賛歌」

［十二月］（1）ボビー・ジェントリー「スウィート・ピオニー」（2）フィフス・ディメンション「スウィート・ブラインドネス」（3）チップマンクス「チキ・チキ・バン・バン」（4）ピーター・ポール＆マリー「ラヴ・シティ」（5）ホリーズ「リッスン・トゥ・ミー」（6）フランク・プゥルセル・グランド・オーケストラ「雨の朝パリに死す」（7）アル・デ・ローリィ「悲しき天使／ブルヴァード」（8）メリー・ホプキン「悲しき天使」（9）ザ・ランチャーズ「不機嫌な水溜り／HELLO! BABY MY LOVE」（10）ママ・キャス「カリフォルニア・アースクエイク」（11）ステッペン・ウルフ「マジック・カーペット・ライド」（12）グラス・ルーツ「真夜中の誓い」（13）加山雄三「いい娘だから／たった一つの恋」（14）サイモン＆ガーファンクル「スカボロー・フェア」（15）ピンキー＆フェラス「マンチェスターとリヴァプール」（16）ディオン「アブラハム・マーティン＆ジョン」

第八章　一九六九年

〈一九六九年一月〉

一月一日(水)　映画『フレッシュマン若大将』加山雄三、酒井和歌子共演。観客動員数一七六万人。「いい娘だから」「りんどう小唄」等の挿入歌あり(シングル盤の「いい娘だから」と映画挿入歌の「いい娘だから」は歌詞の内容が異なっています。「いい娘だから」のB面「たった一つの恋よ」が優れた美しいバラードなのです)。

一月一日(水)　NETテレビ　午後三時~四時　「ジ・アニマルズ」リサイクル

一月一日(水)　NHKテレビ　午後八時~九時　「オープニングショー1969」

加山雄三出演、共演は布施明、いしだあゆみ、ヴィレッジ・シンガーズ、ピンキーとキラーズ、シャープ・ファイブ、キューティQ

一月一日(水)　12チャンネル　午後八時~五十六分　「歌謡曲ただ今ヒット中」

加山雄三出演、共演はタイガース、黛ジュン、伊東ゆかり、ブルー・コメッツ
一月一日(水) 12チャンネル 午後十時三十分~十一時二十六分 「トリニ・ロペス・ショー」
一月三日(金) TBSテレビ 午後二時~三時 「東宝スターパレード'69」
加山雄三出演、共演は高島忠夫、宝田明
一月四日(土) フジテレビ 午後三時~四時 「ビート・ポップス」
ヴィレッジ・シンガーズ出演
一月四日(土) フジテレビ 午後四時~五時 ハーブ・アルパートとティファナブラス・ショー
一月四日(土) 12チャンネル 午後一時~五十六分 「歌謡曲ただ今ヒット中」(再放送)
加山雄三出演
一月五日(日) TBSテレビ 午後二時三十分~三時 「歌うプレゼントショー」
加山雄三出演、共演は黛ジュン、マヒナスターズ(加山は一九六八年十二月二十日に「いい娘だから」をリリース。この曲を歌ったと考えられます)
一月十一日(土) フジテレビ 午後三時~四時 「ビート・ポップス」
パープル・シャドウズ、ヤンガーズ出演
一月十二日(日) TBSテレビ 午後二時三十分~三時 「歌うプレゼントショー」
加山雄三出演、共演は小川知子、黛ジュン、坂本九
一月十六日(木) TBSテレビ 午後七時~三十分 「リサイタルシリーズ」

ニュー・クリスティ、ミンストレルズ・ショー、伊東きよ子出演
一月十八日(土) フジテレビ 午後三時〜四時 「ビート・ポップス」
ハーフブリード、朱里エイコ出演
一月十九日(日) TBSテレビ 午後二時三十分〜三時 「歌うプレゼントショー」
加山雄三出演、共演は小川知子、坂本九
一月二十日(月) フジテレビ 午後九時〜三十分 「ミュージックフェア'69」
ニュー・クリスティ・ミンストレルズ出演
一月二十六日(日) 新聞記事 試聴室
ペリーコモ：LP『愛のうた』 クリーム：LP『クリームの素晴らしき世界』 ザ・カウシルズ：LP『インディアン・レイク』
一月三十日(木) 12チャンネル 午後八時〜五十六分 「歌謡曲ただ今ヒット中」
加山雄三出演、共演はピンキーとキラーズ、伊東ゆかり、黛ジュン

〈一九六九年一月 ヤング720〉(二日〜四日までは特別番組)
二日(木)フレッド・アステア・ショー 三日(金)ボブ・クロスビー 四日(土)カーモン・イスラエル・ダンサーズ 六日(月)徳永芽里(司会・黒澤久雄) 七日(火)梢みわ 八日(水)シャングリラ
九日(木)永井秀和 十日(金)高石友也、シューベルツ 十一日(土)九重佑三子(司会・北山修)

十三日(月)黒木憲　十四日(火)パープル・シャドウズ　十五日(水)シャデラックス　十六日(木)英亜里　十七日(金)佐川満男(司会・北山修)　十八日(土)坂本九(司会・北山修)　二十日(日)倶知安混声合唱団　二十一日(月)ザ・ビーンズ、ザ・ワイズ　二十二日(水)ヒデとロザンナ　二十三日(木)千昌夫　二十四日(金)ピンキーとキラーズ(司会・北山修)　二十五日(土)三田明(司会・北山修)　二十七日(月)じゅんとネネ　二十八日(火)木の実ナナ、飯野おさみ　二十九日(水)ザ・ビーバーズ、美樹克彦　三十日(木)ザ・ジャイアンツ　三十一日(金)バニーズ(司会・北山修)

〈一九六九年二月〉

二月一日(土)　フジテレビ　午後三時〜四時　「ビート・ポップス」ブルー・コメッツ出演

二月三日(月)　フジテレビ　午後九時〜三十分　「ミュージックフェア'69」吉永小百合、荒木一郎出演

二月四日(火)　夕刊記事　来日公演予定

ディブ・ディー・グループ　サンケイホール　二月六日、十五日、十六日

アストラッド・シルベルト　サンケイホール　二月十二日　東京厚生年金ホール　十三日　札幌市民会館　三月三日

二月八日(土)　フジテレビ　午後三時〜四時　「ビート・ポップス」カーナビーツ、ワイルド・ワンズ出演

二月九日(日)　TBSテレビ　午後二時三十分～三時　「歌うプレゼントショー」
加山雄三出演、共演は小松みどり、九重佑三子、ザ・ランチャーズ(加山は「いい娘だから」、ザ・ランチャーズは一九六八年十二月五日発売のシングル「不機嫌な水溜り」を歌ったと考えられます。また十二月五日にLP『オン・ステージ(ランチャーズと共に)』をリリースしているので、ビートルズの「レディ・マドンナ」を加山雄三&ザ・ランチャーズとして歌ったかもしれません)
二月十日(月)　フジテレビ　午後九時～三十分　「ミュージックフェア'69」クリス・コナー出演
二月十六日(日)　TBSテレビ　午後二時三十分～三時　「歌うプレゼントショー」
ワイルド・ワンズ、黒木憲出演
二月十六日(日)　記事　試聴室
ディーン・マーティン：LP『ハニー』　パーシー・スレッジ：LP『愛を歌う』
二月二十日(木)　新聞広告
トム・ジョーンズ：LP『栄光のトム・ジョーンズ'69』　ローリングストーンズ：LP『ベガーズ・バンケット』　ウエス・モンゴメリー：LP『ロード・ソング』　クラウディア：LP『愛のカローラ(ボサノヴァ)』
二月二十二日(土)　フジテレビ　午後三時～四時　「ビート・ポップス」
フォー・セインツ、ビリー・バンバン出演
二月二十三日(日)　NHKテレビ　午後七時三十分～八時十五分　「歌の祭典」

舟木一夫、伊東ゆかり、ワイルド・ワンズ出演
二月二十三日(日)　新聞広告
エルヴィス・プレスリー：LP『プレスリー・オン・ステージ』　ヴィッキー：LP『悲しき天使、ヴィッキー愛の歌』　ポール・モーリア：LP『悲しき天使』
二月二十六日(水)　NETテレビ　午後八時〜五十六分「歌のグランドヒットショー」
加山雄三出演、共演は伊東ゆかり、シューベルツ

一九六九年二月　レコード・マンスリー誌
歌謡曲　①ピンキーとキラーズ：恋の季節　②黛ジュン：夕月　③伊東ゆかり：朝のくちづけ　④ロス・インディオス：知りすぎたのね　⑤森進一：ひとり酒場で　⑥青江三奈：ひとり酒場で　⑳加山雄三：しのび逢い(一時期のパワーより低下してしまいましたが加山の「しのび逢い」はチャートにランクされていたのです)
ポピュラー　①佐川満男：今は幸せかい　②タイガース：青い鳥　③ビートルズ：ヘイ・ジュード　④ブルー・コメッツ：さよならのあとで　⑤メリー・ホプキン：悲しき天使　⑥O・S・T：白い恋人たち　⑦サイモン&ガーファンクル：ミセス・ロビンソン　⑧タイガース：廃墟の鳩　⑨ザ・ロネッツ：ビー・マイ・ベイビー　⑩フォーク・クルセダーズ：青年は荒野をめざす

〈一九六九年二月　ヤング720〉

一日(土)麻里圭子とリオ・アルマ　三日(月)奥村チヨ(司会・黒澤久雄)　四日(火)西城健　五日(水)ワイルド・ワンズ、サトー・ノト　六日(木)ザ・サイレンサー、団次郎　七日(金)カーナビーツ、山本リンダ　八日(土)ザ・バニーズ、中村晃子(司会・北山修)　十日(月)田辺靖雄(司会・黒澤久雄)　十一日(火)ワイルド・ワンズ、城卓也　十二日(水)ヒデとロザンナ　十三日(木)中尾ミエ　十四日(金)ディブ・ディ・グループ　十五日(土)坂本九(司会・北山修)　十七日(月)伊東きよ子(司会・黒澤久雄)　十八日(火)佐良直美(司会・黒澤久雄)　十九日(水)野平ミカ、小山ルミ　二十日(木)中村晃子　二十一日(金)佐川満男(司会・北山修)　二十二日(土)九重佑三子(司会・北山修)　二十四日(月)伊藤愛子(司会・黒澤久雄)　二十五日(火)山内賢(司会・黒澤久雄)　二十六日(水)ひまわり姉妹　二十七日(木)麻里圭子　二十八日(金)ピンキーとキラーズ(司会・北山修)

〈一九六九年三月〉

三月一日(土)　フジテレビ　午後三時〜四時　「ビート・ポップス」タイガース出演

三月四日(火)　フジテレビ　午後七時〜三十分　「ザ・ヒットパレード」

ワイルド・ワンズ、ブルー・コメッツ出演

三月八日(土)　フジテレビ　午後三時〜四時　「ビート・ポップス」石川晶とゲンチャーズ出演

三月九日(日)　TBSテレビ　午後二時三十分〜三時　「歌うプレゼントショー」

加山雄三出演、共演は越路吹雪、マヒナスターズ等
三月九日(日)　新聞　試聴室
ダスティ・スプリングフィールド：LP『行かないで』　グレン・キャンベル：LP『ウィチタ・ラインマン』　ペギー・リー：LP『ペギー・リー・オン・ステージ』
三月十日(月)　フジテレビ　午後九時〜三十分「ミュージックフェア'69」
アストラッド・ジルベルト、中尾ミエ等出演

…………

三月十日(月)　夕刊　ヒット盤
ポピュラー　①メリー・ホプキン：悲しき天使　②キング・トーンズ：グッドナイト・ベイビー　③O・S・T：白い恋人たち　④はしだのりひことシューベルツ：風　⑤ピンキー&ザ・フェラス：マンチェスターとリバプール
歌謡曲　①いしだあゆみ：ブルーライト・ヨコハマ　②ピンキーとキラーズ：涙の季節　③伊東ゆかり：知らなかったの　④森進一：年上の女　⑤青江三奈：長崎ブルース（都内レコード店調べ）

…………

三月十一日(火)　TBSテレビ　午後八時〜五十六分「歌のグランプリ」
加山雄三出演、共演は石原裕次郎、美空ひばり、西田佐知子

三月十五日(土) フジテレビ 午後三時~四時 「ビート・ポップス」
ゴールデン・カップス出演
三月二十二日(土) フジテレビ 午後三時~四時 「ビート・ポップス」
ザ・ピーナッツ、石川晶とゲンチャーズ出演
三月二十九日(土) フジテレビ 午後三時~四時 「ビート・ポップス」
ヒューマン・ベインズ出演
三月三十日(日) TBSテレビ 午後二時三十分~三時 「歌うプレゼントショー」
加山雄三出演 共演は山内賢、ゴールデン・カップス

〈一九六九年三月 ヤング720〉
一日(土)坂本九(司会・北山修) 三日(月)荒井千津子(司会・黒澤久雄) 四日(火)千昌夫(司会・黒澤久雄) 五日(水)水戸浩二 六日(木)永井秀和 七日(金)高石友也、加藤和彦 八日(土)佐良直美、坂本九 十日(月)梶光夫、ブルー・コメッツ 十一日(火)ヴィレッジ・シンガーズ、梢みわ 十二日(水)じゅんとネネ、梢みわ 十三日(木)倍賞美津子、カーナビーツ 十四日(金)ジャガーズ、シューベルツ 十五日(土)中村晃子、ズー・ニー・ブー 十七日(月)オックス、泉アキ(司会・黒澤久雄) 十八日(火)シャープ・ファイブ 十九日(水)ズー・ニー・ブー、梶光夫 二十日(木)バニーズ、梓みちよ 二十一日(金)オックス、奥村チヨ 二十二日(土)ゴールデン・カップ

ス、坂本九　二十四日(月)ヴィレッジ・シンガーズ　二十五日(火)パープル・シャドウズ　二十六日(水)モップス、フォー・リーブス　二十七日(木)スイング・ウェスト　二十八日(金)バニーズ(司会・北山修)　二十九日(土)ヒューマン・ベインズ　三十一日(月)フラワーズ

〈一九六九年四月〉

四月一日(土)　フジテレビ　午後七時〜三十分「ザ・ヒットパレード」
ワイルド・ワンズ、ヒデとロザンナ出演
四月五日(土)　フジテレビ　午後三時〜四時「ビート・ポップス」
ブルー・インパルス、石川晶とゲンチャーズ出演
四月五日(土)　夕刊記事　人気上昇、由紀さおりの「夜明けのスキャット」
四月八日(火)　フジテレビ　午後九時三十分〜十時「ミュージックフェア'69」
オズモンド・ブラザーズ、ザ・ピーナッツ出演
四月十一日(金)　フジテレビ　午後七時三十分〜四十五分「スター千一夜」
ジョン・レノンと小野洋子夫妻
四月十一日(金)　夕刊記事　映画『二人の恋人』酒井和歌子、加山雄三出演
死んだ恋人(酒井)ソックリの少女(酒井)をみつけた加山雄三のおどろき、とあります。
四月十二日(土)　フジテレビ　午後三時〜四時「ビート・ポップス」

麻里圭子とリオアルルマ、内田裕也とフラワーズ出演
四月十五日(火)　フジテレビ　午後九時三十分~十時　「ミュージックフェア'69」
加山雄三出演、共演はワイルド・ワンズ、小川知子、ザ・ヒューマンペインズ
四月十六日(水)　フジテレビ　午後七時三十分~四十五分　「スター千一夜」
オズモンド・ブラザーズ
四月十七日(木)　夕刊広告　映画『ジョアンナ』
ジョヌビーブ・ウエイト出演、作詞・作曲ロッド・マッケン、主題歌・歌スコット・ウォーカー
四月十七日(木)　夕刊広告　映画『ファニー・ガール』
バーブラ・ストライザンド、オマー・シャリフ出演
四月十九日(土)　フジテレビ　午後三時~四時　「ビート・ポップス」ザ・ヤンガーズ出演
四月二十二日(火)　フジテレビ　午後七時~三十分　「ザ・ヒットパレード」
ビートルズ、タイガース、カーナビーツ出演(ビートルズ出演は映像だったのか。詳細不明)
四月二十六日(土)　フジテレビ　午後三時~四時　「ビート・ポップス」カーナビーツ出演
四月二十七日(月)　NHKテレビ　午後七時二十分~八時　「歌の祭典」
ワイルド・ワンズ、伊東ゆかり、高田恭子、中村晃子出演

〈一九六九年四月　ヤング720〉
一日(火)カーナビーツ、川奈ミキ　二日(水)ヴィレッジ・シンガーズ　三日(木)ヤンガーズ　四日(金)九重佑三子、ザ・スマッシャーズ　五日(土)ゴールデン・カップス　七日(月)オズモンド・ブラザーズ　八日(火)パープル・シャドウズ、マイケルズ　九日(水)スケルトンズ、岸ユキ　十日(木)久美かおり　十一日(金)カーナビーツ　十二日(土)ジャガーズ、高石友也　十四日(月)ヴィレッジ・シンガーズ(司会・黒澤久雄)　十五日(火)ストレンジャーズ、中尾ミエ　十六日(水)ブルー・インパルス　十七日(木)ザ・リリーズ　十八日(金)フォー・セインツ(司会・北山修)　十九日(土)ゴールデン・カップス　二十一日(月)オックス(司会・黒澤久雄)　二十二日(火)ストレンジャーズ、鹿内タカシ　二十三日(水)タイガース　二十四日(木)スイング・ウエスト　二十五日(金)ズー・ニー・ブー(司会・北山修)　二十六日(土)ヤンガーズ　二十八日(月)ストレンジャーズ
二十九日(火)オックス、じゅんとネネ　三十日(水)ヴィレッジ・シンガーズ

〈一九六九年五月〉
五月一日(木)　加山雄三、シングル「大空の彼方／びっこの仔犬」リリース
五月三日(土)　フジテレビ　午後四時〜五時　「ビート・ポップス」いしだあゆみ出演
五月六日(火)　TBSテレビ　午後八時〜五十六分　「歌のグランプリ」
加山雄三出演、共演はカルメン・マキ、いしだあゆみ、ヒデとロザンナ

五月十日(土)　フジテレビ　午後三時～四時　「ビート・ポップス」ジャガーズ出演
五月十一日(日)　TBSテレビ　午後二時三十分～三時　「歌うプレゼントショー」
加山雄三出演、共演は黛ジュン、井沢八郎

五月十四日(水)　夕刊　ヒット盤
歌謡曲　①カルメン・マキ：時には母のない子のように　②森進一：港町ブルース　③ピンキーとキラーズ：七色のしあわせ　④内山田洋とクール・ファイブ：長崎は今日も雨だった　⑤ヒデとロザンナ：粋なうわさ　⑥いしだあゆみ：ブルーライト・ヨコハマ　⑦鶴岡雅義と東京ロマンチカ：君は心の妻だから　⑧加山雄三：大空の彼方　⑨小川知子：初恋のひと　⑩高田恭子：みんな夢の中

加山は一九六九年も「大空の彼方」でトップ10に入るヒット。これは従来の曲よりも詞、サウンド、メロディなど、いわゆるカントリーポップのスタイルとなっています。同じようなタイプの曲で一九七一年二月のシングル「荒野をもとめて」のB面「君に大空を」もフォークタッチのよい曲です。

五月十七日(土)　フジテレビ　午後三時～四時　「ビート・ポップス」テンプターズ出演

五月二十二日(土)　NETテレビ　午後十一時～三十分　「サーフ・ビート」サーフィン番組
五月二十四日(土)　フジテレビ　午後三時～四時　「ビート・ポップス」
ワイルド・ワンズ、ハプニングス・フォー、伊東きよ子出演
五月三十一日(土)　フジテレビ　午後三時～四時　「ビート・ポップス」
ザ・フィンガース、石川晶とゲンチャーズ出演

〈一九六九年五月　ヤング720〉
一日(木)ザ・リリーズ　二日(金)ズー・ニー・ブー、坂本九　三日(土)ズー・ニー・ブー　五日(月)ジャガーズ、カルメン・マキ　六日(火)ストレンジャーズ、マイケルズ　七日(水)東京モナルダ　八日(木)クール・ファイブ　九日(金)加藤和彦(司会・北山修)　十日(土)佐良直美(司会・北山修)　十二日(月)美樹克彦　十三日(火)布施明　十四日(水)矢吹健　十五日(木)梢みわ　十六日(金)加藤和彦　十七日(土)シューベルツ　十九日(月)オックス、カルメン・マキ　二十日(火)奥村チヨ　二十一日(水)梢みわ　二十二日(木)英亜里　二十三日(金)九重佑三子、シューベルツ　二十四日(土)由紀さおり、加藤和彦、カーナビーツ　二十六日(月)伊東きよ子　二十七日(火)井上ひとみ、ザ・フラワーズ　二十八日(水)ヴィレッジ・シンガーズ、リオ・アルマ　二十九日(木)パープル・シャドウズ、永井秀和　三十日(金)坂本九(司会・北山修)　三十一日(土)シューベルツ

〈一九六九年六月〉

六月一日(日)

ザ・ワイルド・ワンズLP『YESTRDAY TODAY AND TOMMORROW』

A面①昨日逢いたい②スカボロー・フェア③メイビー・トゥモロー④恋はフェニックス⑤愛の船出⑥ウィンディー

B面①今日からの世界②振りかえった恋③あじさいの丘④バック・イン・ザ・USSR⑤明日に続く道⑥バイ・バイ・ラヴ

六月二日(月)　日本テレビ　午後七時〜三十分「あなた出番です」

加山雄三出演、共演は伊東ゆかり

六月七日(土)　フジテレビ　午後三時〜四時「ビート・ポップス」ジュリーとバロン

六月八日(月)　TBSテレビ　午後二時三十分〜三時「歌うプレゼントショー」

加山雄三出演、共演は由紀さおり

⋯⋯⋯⋯⋯⋯⋯⋯⋯⋯⋯⋯⋯⋯⋯⋯⋯⋯⋯⋯

六月十一日(水)　夕刊記事　ヒット盤

ポピュラー　①メリー・ホプキン：グッド・バイ　②ゾンビーズ：ふたりのシーズン　③はしだのりひことザ・シューベルツ：風　④ジリオラ・チンクェッティ：雨　⑤タイガース：美しき愛のおきて

歌謡曲　①由紀さおり：夜明けのスキャット　②カルメン・マキ：時には母のない子のように　③森進一：港町ブルース　④：鶴岡雅義と東京ロマンチカ：君は心の妻だから　⑤ピンキーとキラーズ：七色のしあわせ　（都内レコード店調べ）

六月十四日(土)　フジテレビ　午後三時〜四時　「ビート・ポップス」
スウィングウエスト、ザ・フレイズ出演
六月二十一日(土)　フジテレビ　午後三時〜四時　「ビート・ポップス」
ペギー・マーチ、石川晶とゲンチャーズ出演
六月二十五日(水)　NETテレビ　午後八時〜五十六分　「歌のグランド・ヒット・ショー」
加山雄三出演、共演は黛ジュン、トワ・エ・モワ、森山良子
六月二十八日(土)　フジテレビ　午後三時〜四時　「ビート・ポップス」
ザ・トイス、ヤンガーズ出演
六月二十九日(日)　TBSテレビ　午後二時三十分〜三時　「歌のプレゼントショー」
茅ヶ崎パシフィックホテルから加山雄三出演、共演は奥村チヨ、水原弘。加山の地元の茅ヶ崎からの生放送(五月一日にリリースされた「大空の彼方」を歌ったことでしょう。しかも生放送だったのです。バックの演奏は誰だったのでしょうか。)

〈一九六九年六月　ヤング720〉
二日(月)カルメン・マキ、泉アキ　三日(火)愛川まこと、ザ・サニー・ファイブ　四日(水)矢島美智子　五日(木)森田健作　六日(金)高石友也、岡林信康　七日(土)佐川満男(司会・北山修)　九日(月)カルメン・マキ　十日(火)城卓也　十一日(水)梶光夫　十二日(木)愛川まこと　十三日(金)ゴールデン・カップス　十四日(土)シューベルツ　十六日(月)伊東きよ子　十七日(火)矢島美智子　十八日(水)英亜里　十九日(木)野平ミカ　二十日(金)中村晃子(司会・北山修)　二十一日(土)坂本九(司会・北山修)　二十三日(月)由紀さおり、ジ・エカスカレーション　二十四日(火)ジャガーズ、佐良直美　二十五日(水)オックス　二十六日(木)英亜里、ズー・ニー・ブー　二十七日(金)ゴールデン・カップス　二十八日(土)ジャックス(司会・北山修)　三十日(月)奥村チヨ

〈一九六九年七月〉
七月五日(土)　フジテレビ　午後三時~四時　「ビート・ポップス」
オックス、パープル・シャドウズ出演
七月十日(木)　フジテレビ　午後七時三十分~四十五分　「スター千一夜」
加山雄三、タイガース出演
七月十日(木)　12チャンネル　午後八時五十六分~九時　「トピックス」　加山雄三
七月十二日(土)　フジテレビ　午後三時~四時　「ビート・ポップス」

ザ・フラワーズ、アイス・ミルク出演
七月十八日(金)　夕刊記事　映画『ニュージーランドの若大将』評
若いファンの夏休み気分をあおって、加山雄三、ニュージーランドでレジャーにも大活躍とあります。公開は七月十二日からで共演は酒井和歌子。挿入歌は「ニュージーランドの若大将」「SOMEDAY SOMETIME」「ウォルティング・マティルダ」「大空の彼方」「氷河の上を」等。
七月十九日(土)　フジテレビ　午後三時~四時　「ビート・ポップス」
ゴールデン・カップス、ダイナマイツ出演
七月十九日(土)　NETテレビ　午後九時~十時三十分　土曜映画劇場　映画『夢の渚』
主演エルヴィス・プレスリー。挿入歌としてクリフ・リチャードや山下達郎等がカバーした「エンジェル」が有名です。
七月二十四日(木)　日本テレビ　午後十時三十分~十一時
「歌うプレイタウン　ザ・タイガース・ショー」安井かずみ、村井邦彦出演
七月二十六日(土)　フジテレビ　午後三時~四時　「ビート・ポップス」ズー・ニー・ブー出演
七月三十一日(木)　NETテレビ　午後七時~三十分　「クイズ・タイムショック」
加山雄三出演

〈一九六九年七月　ヤング720〉
一日(火)泉アキ　二日(水)じゅんとネネ　三日(木)ヴィレッジ・シンガーズ　四日(金)五つの赤い風船(司会・北山修)　五日(土)加藤和彦、高山ナツキ　七日(月)ハプニングス・フォー　八日(火)ザ・キャラクターズ　九日(水)倍賞美津子　十日(木)アン真理子　十一日(金)シューベルツ、はつみかんな　十二日(土)ビリー・バンバン　十四日(月)シャープ・ファイブ　十五日(火)テンプターズ、奥村チヨ　十六日(水)ザ・ヤンガーズ、麻里圭子　十七日(木)パープル・シャドウズ、英亜里　十八日(金)高石友也、森山良子　十九日(土)ズー・ニー・ブー、ザ・カーナビーツ　二十一日(月)ザ・フラワーズ、カルメン・マキ　二十二日(火)新谷のり子、ブルー・コメッツ　二十三日(水)小山ルミ　二十四日(木)ヒデとロザンナ　二十五日(金)佐川満男(司会・北山修)　二十六日(土)バニーズ、中村晃子　二十八日(月)サビーズ、ファンキー・プリンス　二十九日(火)泉アキ、ヘンプフル・ソウル　三十日(水)ファンキー・プリンス　三十一日(木)オックス、城千景
〈一九六九年八月〉
八月二日(土)　フジテレビ　午後三時~四時　「ビート・ポップス」タイガース出演
八月五日(火)　加山雄三LP『大空の彼方』発表
A面①SOMEDAY SOMETIME②麦わらの指輪③びっこの仔犬④まぼろしの虹⑤大空の彼方⑥いい娘だから
B面①オーバーチェア②氷河の上を③再会の渚④人知れず⑤雨にぬれて⑥たった一つの恋

ランチャーズはB面③④に参加しています。このアルバムは、「大空の彼方」に代表されるカントリー・ポップと「SOMEDAY SOMETIME」「びっこの仔犬」に代表されるフォーキー・タッチの曲等、メロディアスな曲が多いのです。

八月八日(金)　夕刊ヒット盤
ポピュラー　①黛ジュン：雲にのりたい　②ジリオラ・チンクェッティ：雨　③新谷のり子：フランシーヌの場合　④ビートルズ：ジョンとヨーコのバラード　⑤トワ・エ・モワ：或る日突然
歌謡曲　①森山良子：禁じられた恋　②森進一：港町ブルース　③内山田洋とクールファイブ：長崎は今日も雨だった　④奥村チヨ：愛の奴隷　⑤北島三郎：仁義　(都内レコード店調べ)
八月十三日(水)　NHKテレビ　午後八時二十分〜九時十分「世界のワンマンショー」
ナンシー・シナトラ、ディーン・マーティン出演

八月十三日(水)「世界のワンマンショー」の続き
手法をこらしてつづるヒット曲　ナンシー・シナトラ
アメリカ芸能界の大物フランク・シナトラの愛娘で、人気歌手に成長したナンシー(一九四〇年生まれ)の歌や踊りを中心に構成したミュージカル・ショー映画、NBC放送制作。一九六八年のエミー賞のミュージック・バラエティ部門受賞作品。

風光明媚なロケと斬新な手法でヒット曲をつづり、ナンシーを中心に、父フランク・シナトラを始め、ディーン・マーティン、サミー・デイビス・ジュニアなどの顔ぶれで盛りあげる。歌や踊りのほか、ナンシーのファッションも紹介される。曲は「アップ・アップ・アンド・アウェイ」「ジス・タウン」「フライディズ・チャイルド」（ナンシー）「春より若く」（フランク）、「昔のこと」（ナンシーとディーン）と記載。内容はDVD化されています。フランク&ナンシーの「恋のひとこと」は、ショーのなかでは歌っていたような気がします。

八月十六日（土）　フジテレビ　午後三時～四時　「ビート・ポップス」
トワ・エ・モワ、K&ブルネン出演
八月二十三日（土）　フジテレビ　午後三時～四時　「ビート・ポップス」カーナビーツ出演
八月二十三日（土）　日本テレビ　午後九時～三十分　「トップミュージック」
加山雄三出演、共演はマヒナスターズ
八月三十日（土）　フジテレビ　午後三時～四時　「ビート・ポップス」ガリバーズ出演

〈一九六九年八月　ヤング720〉
一日（金）ズー・ニー・ブー　二日（土）カーナビーツ　四日（月）キャラクターズ　五日（火）島和彦
六日（水）シューベルツ　七日（木）ブルース・クリエーション　八日（金）ジャックス、小川知子
九日（土）ゴールデン・カップス、小野和子　十一日（月）草間ルミ　十二日（火）カルメン・マキ

十三日(水)パープル・シャドウズ　十四日(木)ヤンガーズ　十五日(金)森田健作、ライクリーフェイキス　十六日(土)永井秀和、キッパーズ(司会・北山修)　十八日(月)梶光夫　十九日(火)徳永芽里　二十日(水)英亜里　二十一日(木)ちあきなおみ　二十二日(金)フォー・ナイン・エース　二十三日(土)バニーズ(司会・北山修)　二十五日(月)園まり　二十六日(火)川奈ミキ　二十七日(水)千昌夫　二十八日(木)永井秀和　二十九日(金)リリーズ(司会・北山修)　三十日(土)カーナビーツ

〈一九六九年九月〉

九月二日(火)　フジテレビ　午後九時三十分~十時　「ミュージックフェア'69」

ワイルド・ワンズ、ブラザーズ・フォア、金井克子出演

九月四日(木)　新聞広告　映画『華麗なる闘い』内藤洋子、岸恵子、田村正和出演

九月五日(金)　フジテレビ　午後七時三十分~四十五分　「スター千一夜」

かまやつひろし、森山良子出演

九月六日(土)　新聞広告　映画『弾痕』加山雄三、大地喜和子出演

九月六日(土)　フジテレビ　午後三時~四時　「ビート・ポップス」ブルー・コメッツ出演

九月九日(火)　12チャンネル　午後九時~三十分　「田宮二郎ショー」

カメ&アンコー、モコ・ビーバー・オリーブ出演

九月九日(火)　TBSテレビ　午後八時~五十六分　「歌のグランプリ」
浅丘ルリ子、由紀さおり出演
九月十三日(土)　フジテレビ　午後三時~四時　「ビート・ポップス」
ヴィレッジ・シンガーズ出演
九月二十七日(土)　フジテレビ　午後三時~四時　「ビートポップス」
プレントン・ウッド、ズー・ニー・ブー出演
九月二十八日(月)　NHKテレビ　午後十一時十分~五十分
「ディーン・マーティン・ショー」ジーン・クルーパ、リベラーチ出演

〈一九六九年九月　TBSヤング720〉
一日(月)じゅんとネネ　二日(火)パープル・シャドウズ　三日(水)梶光夫　四日(木)森田健作、リオ・アルマ　五日(金)加藤和彦(司会・北山修)　六日(土)リッキーと960ポンド　八日(月)シャープ・ファイブ　九日(火)フラワーズ　十日(水)日野皓正、ヒデとロザンナ　十一日(木)ブルース・クリエーション　十二日(金)エイプリル・フール　十三日(土)ゴールデン・カップス　十五日(月)ハプニングス・フォー　十六日(火)ヴィレッジ・シンガーズ　十七日(水)石川晶　十八日(木)目黒祐樹　十九日(金)リッキーと960ポンド　二十日(土)加藤登紀子(司会・北山修)　二十二日(月)ズー・ニー・ブー、カルメン・マキ　二十三日(火)オックス、新谷のり子、伊東きよ子

二十四日(水)日野皓正　二十五日(木)ズー・ニー・ブー　二十六日(金)シューベルツ、ザ・ヤンガーズ　二十七日(土)バニーズ(司会・北山修)　二十九日(月)ブルー・コメッツ　三十日(火)ゴールデン・カップス

〈一九六九年十月〉

十月一日(水)　加山雄三シングル「俺たち／さよならとさよなら」発表

十月四日(土)　フジテレビ　午後七時〜三十分「ザ・ヒットパレード」

ワイルド・ワンズ、布施明、中尾ミエ出演

十月七日(火)　12チャンネル　午後九時〜三十分「田宮二郎ショー」

アン真理子、長谷川きよし出演

十月十日(金)　ザ・ワイルド・ワンズＬＰ『ザ・ファイヴ〜ワイルド・ワンズ愛を歌う！』

Ａ面①あの頃②川が海を見る日③あとは知らない④愛でつなごう⑤心のわすれもの⑥愛は流れても

Ｂ面①やさしい人に②夢は流れても③この街のどこかに④ハロー・ミスター・レイン⑤若い世界⑥想い出は心の友

このアルバムのカバージャケットは五人が港にいるシーンです。一九六六年のデビュー時と比較して音楽シーンが変化してきており、湘南ポップスのある意味で影(夕暮れ)の部分を上手に表現し

ている内容となっています。
十月十一日(土)　フジテレビ　午後三時~四時　「ビートポップス」スパイダース出演
十月十五日(水)　ＮＥＴテレビ　午後八時~五十六分　「歌のグランド・ヒット・ショー」
「チータと若大将」加山雄三出演、共演は水前寺清子、佐良直美、アン真理子
十月二十八日(火)　ＮＨＫテレビ　午後八時~九時　「世界の音楽」
ブラザーズ・フォア、デューク・エイセス出演

〈一九六九年十月　ヤング７２０〉
一日(水)ディジー・ガレスピー　二日(木)ビリー・バンバン　三日(金)森田健作　四日(土)高山ナツキ　六日(月)フラワーズ　七日(火)モップス　八日(水)日野皓正　九日(木)ブルース・クリエーション　十日(金)ズー・ニー・ブー　十一日(土)エイプリル・フール　十三日(月)ニューポートオールスターズ　十四日(火)奥村チヨ、パープル・シャドウズ　十五日(水)ジョージ大塚、千賀かほる　十六日(木)シルクロード　十七日(金)ピーターーズ　十八日(土)シューベルツ、ゴールデン・カップス　二十日(月)ヴィレッジ・シンガーズ　二十一日(火)ジャガーズ　二十二日(水)ザ・ヤンガーズ　二十三日(木)ズー・ニー・ブー、泉アキ　二十四日(金)ソウル・ブラザーズ　二十五日(土)リッキーと９６０ポンド　二十七日(月)ハプニングス・フォー、田辺靖雄　二十八日(火)シャープ・ファイブ、可愛和美　二十九日(水)日野皓正　三十日(木)バニーズ、愛川みさ　三十一日

（金）ゴールデン・カップス

〈一九六九年十一月〉

十一月一日（土）　フジテレビ　午後三時〜四時　「ビートポップス」ザ・サラブレッツ出演

十一月一日（土）　新聞広告

ビートルズ：LP『アビイ・ロード』　グレン・キャンベル：LP「ガルベストン」　レターメン：LP『さわやかなるハーモニー　レターメン・アンド・ライブ』　ロッド・マッケン：LP『海へ帰ろう』（朗読・石坂浩二）

十一月四日（火）　NHKテレビ　午後八時〜九時　「世界の音楽」

ディジー・ガレスピー、フランク・アイフィールド出演

十一月八日（土）　フジテレビ　午後三時〜四時　「ビートポップス」ジャガーズ出演

十一月十日（月）　フジテレビ　午後十時〜五十六分　「夜のヒットスタジオ」

加山雄三出演、共演は森山良子、小川知子、奥村チヨ、ワイルド・ワンズ

十一月十三日（木）　12チャンネル　午後八時〜五十六分　「歌謡曲ただ今ヒット中」

「タイガース、ビートルズを語る」タイガース、ジョン・レノン、小野洋子、ピーター出演

十一月十五日（土）　フジテレビ　午後三時〜四時　「ビートポップス」

石川晶とゲンチャーズ出演

十一月十六日(土)　新聞記事　「異色の反戦ミュージカル～熱気のこもる『ヘアー』の稽古」
十一月十六日(土)　新聞記事　「試聴室」
ポピュラー　バード・バカラック：LP『サウンド・クリエイター／バード・バカラックの世界』　ローラ・ニーロ：LP『イーライと13番目のざんげ』　ディーン・マーティン：LP『ディーン・マーティン・ショウ』　エリス・レジーナ：LP『イン・ロンドン』
十一月二十三日(日)　試聴室　ビートルズ：LP『アビー・ロード』(新聞紙上でも積極的にビートルズについては語られていたのです)
十一月二十九日(土)　フジテレビ　午後三時～四時　「ビートポップス」
日野皓正とフィンテット出演

〈一九六九年十一月　ヤング720〉
一日(土)シューベルツ、加藤和彦　三日(月)オックス　四日(火)ワイルド・ワンズ　五日(水)パープル・シャドウズ　六日(木)リリー・イワノフとダークパールズ　七日(金)パワー・ハウス　八日(土)シングアウト　十日(月)パープル・シャドウズ　十一日(火)フラワーズ　十二日(水)森田健作、猪俣猛クインテット　十三日(木)スイング・ウエスト　十四日(金)バニーズ、永田英二　十五日(土)ソウル・ブラザーズ、ピーター　十七日(月)ヴィレッジ・シンガーズ　十八日(火)ズー・ニー・ブー、ピーター　十九日(水)Kとブルネン　二十日(木)モップス、英亜里、岡崎友紀　二十一日(金)シューベルツ、ヤンガーズ　二十二日(土)ベッツィ&クリス　二十四日(月)ジャガーズ、伊東きよ子　二十五日(火)オックス　二十六日(水)日野皓正、松平マリ子　二十七日(木)リオ・アルマ　二十八日(金)ゴールデン・カップス　二十九日(土)ズー・ニー・ブー

〈一九六九年十二月〉

十二月一日(月)　ザ・ワイルド・ワンズLP『THE BEST OF THE WILD ONES』

A面①想い出の渚②青空のある限り③夕陽と共に④バラの恋人⑤愛するアニタ⑥青い果実⑦明日に続く道

B面①あの頃②花のヤング・タウン③昨日に逢いたい④この街のどこかに⑤赤い靴のマリア⑥HELLO MR RAIN⑦想い出は心の友

このアルバムは彼らの「湘南ポップス」のまとめとなるような内容です。

十二月一日(月)　LP『加山雄三　恋、夢、海、人生、ビート、太陽』

A恋①君といつまでも②恋は紅いバラ③夜空の星④夜空を仰いで⑤別れたあの人⑥しのび逢い

B夢①お嫁においで②蒼い星くず③まだ見ぬ恋人④霧雨の舗道⑤幻のアマリリア⑥いい娘だから

C海①俺は海の子②白い砂の少女③二人だけの海④心の海⑤暗い波⑥ある日渚に

D人生①旅人よ②俺たち③大空の彼方④落日の彼方⑤さすらいの旅路⑥僕は生きている

Eビート①シェリー②アイ・フィール・ソー・ファイン③シェイク・シェイク④クール・クー

ル・ファイン⑤ソー・ソー・ファイン⑥ホワイ・ドント・ユー

F太陽①夕陽は赤く②白い浜③夏はみじかい④麦わらの指輪⑤波乗り⑥アロハ・レイ（さよなら恋人）

この三枚組のアルバムは、ある意味で加山の「湘南ポップス」の集大成といえます。特に「海」と「ビート」のサイドが加山雄三&ザ・ランチャーズの突出した先端をいっている内容となっています。

ザ・ワイルド・ワンズLP『きかなくてもいいのかな』（一九七〇年八月五日）

A面①いいのかな②恋の日記③悲しき街角④夢を見るだけ⑤リトル・ダーリン⑥つのる想い

B面①シェリー②リトル・デヴィル③エブリ・ナイト④グッドバイ・ジミー・グッドバイ⑤カレンダー・ガール⑥ビキニスタイルのお嬢さん⑦ひょっこりひょうたん島

十二月六日（土）　フジテレビ　午後三時～四時　「ビートポップス」

ザ・ランチャーズ、キャッシュボックス出演

なぜこの時期にザ・ランチャーズが「ビートポップス」に出演したのかと喜多嶋修に質問したところ、まったく覚えていないとのことでした。

十二月六日（土）　NHKテレビ　午後八時～三十分　映画『乱れる』（東宝）一九六四年

脚本松山善三、監督成瀬巳喜男、出演加山雄三、高峰秀子

十二月十三日（土）　フジテレビ　午後三時～四時　「ビートポップス」

ゲイリー・ルイス&ザ・プレイボーイズ出演

十二月二十日(土)　加山雄三LP『世界のどこかで』
A面①ぼくのお嫁さん②世界のどこかで③風に追われて④その訳は云えない⑤年だよね⑥俺たち
B面①淋しい二人②恋のコンパス③この道とおれば④家路たどれば⑤幸せは誰に来るの⑥さよならとさよなら
このアルバムは映画『ブラボー若大将』のサウンドトラック盤的な内容となっています。
十二月二十日(土)　フジテレビ　午後三時〜四時　「ビートポップス」
日野皓正クインテット、ヴィレッジ・シンガーズ出演
十二月二十日(土)　フジテレビ　午後七時〜三十分　「ザ・ヒットパレード」
ゲイリー・ルイス&ザ・プレイボーイズ、布施明出演
十二月二十日(土)　NHKテレビ　午後八時〜四十分　「世界のワンマン・ショー」
トリニ・ロペス出演
十二月二十五日(木)　12チャンネル　午後八時〜五十六分　「歌謡曲ただ今ヒット中」
「黒ネコと若大将」加山雄三出演、共演は皆川おさむ、いしだあゆみ、千賀かほる(十二月二十日に加山はシングル「ぼくのお嫁さん/淋しい二人」をリリースしているので「ぼくのお嫁さん」を歌ったと考えられる)
十二月二十六日(金)　フジテレビ　午後八時〜五十六分　「今週のヒット速報」
加山雄三出演、共演は浅丘ルリ子、いしだあゆみ、ベッツィ&クリス

十二月二十六日(金)　新聞広告　映画『ブラボー！　若大将』加山雄三、酒井和歌子、大矢茂出演。挿入歌は「恋のコンパス」「世界のどこかで」「淋しい二人」「その訳はいえない」

十二月三十日(火)　12チャンネル　午後九時〜三十分「田宮二郎ショー」ジョン・マーク、伊東きよ子、ワイルド・ワンズ出演

〈一九六九年十二月　ヤング720〉

一日(月)ワイルド・ワンズ　二日(火)カルメン・マキ、ハプニングス・フォー　三日(水)ジョージ　四日(木)ズー・ニー・ブー、川辺妙子　五日(金)小林啓子、フォー・ナイン・エース　六日(土)加藤和彦、ピーター　八日(月)稲垣次郎　九日(火)可愛和美　十日(水)日野皓正、ちあきなおみ　十一日(木)三条アンナ　十二日(金)ゴールデン・カップス　十三日(土)バーニーズ、永田英二　十五日(月)シャープ・ファイブ、新谷のり子　十六日(火)浅尾千亜紀、ピーターパン　十七日(水)猪俣猛　十八日(木)箱崎晋一郎、オックス　十九日(金)ピーター、ズー・ニー・ブー　二十日(土)ヴィレッジ・シンガーズ　二十二日(月)モップス、稲垣次郎　二十三日(火)じゅんとネネ　二十四日(水)ビリー・バンバン　二十五日(木)森田健作、バニーズ　二十六日(金)シューベルツ、ヤンガーズ　二十七日(土)富田ジョージ、ズー・ニー・ブー　二十九日(月)永田克子、ハプニングス・フォー　三十日(火)可愛和美、ピーターパン　三十一日(水)日野皓正

〈一九六九年のまとめ〉

一九六九年は、世界的にはカントリー&ウエスタンが流行するのではないかといわれていました。そこで加山雄三もカントリーポップ・タイプの「大空の彼方に」をリリースしています。この曲は、カントリー、フォーク等をブレンドしたポップな曲調に加え、岩谷時子の作詞が従来の詩である「You And Me」タイプの曲ではなく、自然・空・鳥をテーマにした歌詞で、新しい感覚をうちだしています。そういう意味では、ちょっとヘビーな曲調ではあるものの「俺たち」もぐっとくる良い曲です。全体的には、GSがパワーダウンしてきて、逆にカレッジフォーク等のフォーク勢が少しづつパワーアップしてきました。ワイルド・ワンズはLP『YESTERDAY TODAY AND TOMORROW』でカバー曲、そしてLP『ザ・ファイブ~ワイルド・ワンズ愛を歌う!』で自作自演のソフトロック集をリリース、ザ・ランチャーズはビートルズ遺伝子を多く含んだLP『OASY王国』というコンセプトアルバムをリリースし、ある意味では実力を示すことになります。

〈一九六九年のリリース曲〉

［一月］（1）クリフ・リチャード「マリアンヌ」（2）マックス・フロストとトルバース「空しき世界」（3）ボビー・ジェントリーとグレン・キャンベル「モーニン・グロリー／サンディ・モーニング」（4）クラシックス・フォー「ストーミー」（5）メイスン・ウィリアムス「ハロッカ・ノヴァ」（6）ザ・ベッドロックス「オブ・ラ・ディ，オブ・ラ・ダ」（7）ブーツ・ウォーカー

「ジェラルディン」(8)シルヴィ・バルタン「あなたのとりこ」(9)クリーム「ホワイト・ルーム」(10)ダイアナ・ロス&スプリームス「ラブ・チャイルド」(11)リーピー・リー「リトル・アロー」

［二月］(1)ルー・ロウルズ「汚れた人」(2)ブレントン・ウッズ「恋はゲームで」(3)ジャッキー・ロマックス「サワー・ミルク・シー」(4)ザ・ブラック・ダイク・ミルズ・バンド「イエロー・サブマリン」(5)キャンド・ヒート「ゴーイン・アップ・ザ・カントリー」(6)グレン・キャンベル「ウィチタ・ラインマン／ジェントル・オンマイ・マインド」(7)ジョニー・リバース「ブリッドのテーマ」(8)ルル「アイム・ア・タイガー」(9)デイブ・クラーク・ファイブ「レッド・バルーン」(10)レターメン「肩にほほをうずめて」(11)スティーヴ・ミラー・バンド「アメリカ万才」(12)ジョニー・リバース「世界よ手をつなごう」(13)ボビー・ヴィー「サムワン・トゥー・ラヴ・ミー」(14)ママス・アンド・パパス「踊ろよベイビー」(15)グラス・ルーツ「いとしのベラ・リンダ」(16)クリフ・ベネット「バック・イン・ザ・USSR」(17)ビーチ・ボーイズ「青空のブルーバード」(18)ボビー・ウーマック「夢のカリフォルニア」(19)ビー・ジーズ「スピックス・アンド・スペックス」(20)レーモン・ルフェーヴル・グランド・オーケストラ「シバの女王」(21)ザ・ローリング・ストーンズ「悪魔を憐れむ歌」(22)テン・イヤーズ・アフター「アイム・ゴーイング・ホーム」

［三月］（1）スキャッフォールド「リリー・ザ・ピンク」（2）ボブ・シーカン・システム「ランブリン・ギャンブリン・マン」（3）ヒューマン・ベインズ「ホールド・オン・ベイビー」（4）ボンゾ・ドック・ドゥー・ダー・バンド「恋のスペース・マン」（5）アソシエィション「チェリッシュ／アロング・カムス・マリー」（6）ジェームス・ブラウン「パパのニューバッグ」（7）グレープフルーツ「カモン・マリアンヌ」（8）スウィンギング・ブルー・ジーンズ「ヒッピー・ヒッピー・シェイク」（9）アダモ「哀れなヴゥルレーヌ」（10）クリフ・リチャード「キャッチ・ミー・プリーズ」（11）ラヴ・スカルプチュア「剣の舞No1」（12）アイビーズ「メイビー・トゥモロウ」（13）スウィンギン・メダリオンズ「ヘイ・ベイビー」（14）ロベルタ「泣かないで」（15）アル・ウィルソン「僕等の街」（16）ザ・ベンチャーズ「ファイアー」（17）ヴィッキー・カー「ハッピー・トゥゲザー」（18）サンシャイン・カンパニー「ビューティフル・デイ」（19）メイソン・ウィリアムス「土曜の夜の素敵な世界」（20）グラス・ルーツ「冷たい太陽／今日を生きよう」（21）ザ・ビートルズ「オブ・ラ・ディ・オブ・ラ・ダ」（22）ジョー・サウス「孤独の影」（21）ドアーズ「タッチ・ミー」（22）ジリオラ・チンクエッティ「雨」（23）ラスカルズ「希望の光」（24）ディープ・パープル「ケンタッキー・ウーマン」（25）エルヴィス・プレスリー「明日への願い」

［四月］（1）ザ・キャッツ「リーのセレナーデ」（2）バーバラ・マックネア「ひとりぼっちの世

界」（3）ジョニー・バーネット「片目のジャック／ドリーミン」（4）ジュリー・ロンドン「お山の子守唄」（5）クラシックス・フォー「トレーセス」（6）ドーシー・バネット「光ある恋」（7）アワ・パッチ・オブ・ブルー「ズーン・ズーン・ズーン」（8）メリー・ホプキン「グッド・バイ」（9）エンリコ・マシアス「愛のしあわせ」（10）アル・パーノ「微笑む少年」（11）ハーマンズ・ハーミッツ「恋はハプニング」（12）ディック・ジョーダン「ストップ・ザ・ミュージック」（13）ナンシー・ウィルスン「愛するあなたに」（14）リック・ネルソン「ヤング・ワールド／ハロー・メリー・ルー」（15）エヴァリー・ブラザーズ「クライング・イン・ザ・レイン」（16）ボビー・ジェントリーとグレン・キャンベル「レット・イット・ビー・ミー／スカボロー・フェア」（17）ソニー・ジェイムス「オンリー・ザ・ロンリー」（18）プリティ・シングス「孤独のうめき」（19）グレイトフル・デッド「グッド・モーニング・リトル・スクールガール」（20）トラッシュ「ひとりぼっちの道」（21）ボビー・ジェントリー「フール・オン・ザ・ヒル」（22）ゾンビーズ「ふたりのシーズン」（23）クリス・モンテス「愛の聖書」（24）マーヴィン・ゲイ「悲しいうわさ」

［五月］（1）ジェフ・ベック・グループ「ベックのボレロ」（2）クイック・シルバー・メッセンジャー・サービス「プライド・オブ・マン」（3）キャンド・ヒート「タイム・ウオズ」（4）ステッペン・ウルフ「ロック・ミー／ワイルドでいこう！」（5）ザ・ホリーズ「ごめんね、スザンヌ」（6）グレン・キャンベル「ガルベストン」（7）ビーチ・ボーイズ「アイ・キャン・ヒア・ミ

ユージック」(8)ジョニー・リバース「見知らぬ人々」(9)デビット・グルーシン「愛すれど心さびしく」(10)フィフス・ディメンション「輝く星座」(11)ジェームス・テイラー「想い出のキャロライナ」(12)クリフ・リチャード「グッド・タイムス」(13)ゴッズ「ヘイ・ブルドッグ」(14)ペッド・ロックス「ラヴ・ラヴ・ガール」(15)レターメン「スカボロー・フェア／ウーマン・ウーマン」(16)ザ・ベンチャーズ「サーフ・ライダー／朝日のあたる家」(17)アソシエィションョン「グッドバイ・コロンブス」(18)ザ・ファイアーボールズ「ロング・グリーン」(19)ザ・カスケーズ「悲しき雨音'69」(20)グラス・ルーツ「ラヴィン・シングス」(21)スリー・ドッグ・ナイト「トライ・ア・リトル・テンダネス」(22)ヴィック・ダナ「君はわが運命」(23)クリーデンス・クリアウォーター・リバイバル「プラウド・メアリー」(24)ニール・マッカーサー「シーズ・ノット・ゼア」(25)ビー・ジーズ「ジョーク」(26)クリーム「クロスロード」

〔六月〕(1)ザ・ベンチャーズ「ハワイ・ファイブ・オー」(2)フランク・プゥルセル・グランド・オーケストラ「アドロ」(3)アダモ「雪のワルツ」(4)アルマ・コーガン「オー・ディオ・ミオ」(5)ルル「恋のブン・バガ・バン」(6)ヴィッキー・カー「ウィズ・ペン・イン・ハンド」(7)シー・プロフェッツ「プレイガール」(8)ジョニー・ウインター「ロンリー・アンド・タンブリン」(9)ザ・ビートルズ「ゲット・バック／ドント・レット・ミー・ダウン」(10)ジョニー・シー・ライリー「悩める心」(11)ゲイリー・ルイスとプレイボーイズ「悲しき雨音」(12)

デレク「バック・ドア・マン」⒀ボビー・ウーマック「想い出のサンフランシスコ」⒁ドナルド・ピアーズ「プリーズ・ドント・ゴー」⒂スティーヴ・ミラー・バンド「シッテン・イン・ザ・サークル」⒃ジョニー・ソマーズ「内気なジョニー／ワン・ボーイ」⒄グレープ・フルーツ「ラウンド・ゴーイング・ラウンド」⒅ママ・キャス「愛するベイビー」⒆サイモン＆ガーファンクル「ボクサー」⒇ジョニー・C・ライリー「ハーバー・ヴァレー・PTA」

［七月］⑴デスモンド・デッカー「イスラエルちゃん」⑵グレン・キャンベル「悲しきスージー／行かないで」⑶キャッシュマン・トリオ「サウサリート」⑷クリーデンス・クリアウォーター・リバイバル「バット・ムーン・ライジング／ロディ」⑸クラシックス・フォー「バラ色の二人」⑹ピーター・ポール＆マリー「ディ・イズ・ダーン」⑺ニール・ダイアモンド「トラベリング・サルベイション・ショウ」⑻グラス・ルーツ「リヴァー・イズ・ワイド」⑼ハンク・マーヴィン「グッドナイト・ディック」⑽オストレス・ブラジレイロス「真夏の夜のスキャット」⑾ヤードバーズ「幻の10年／フォー・ユア・ラヴ」⑿キャンド・ヒート「イーヴル・ウーマン」⒀レターメン「心の痛手／トレーセス」⒁アイク・アンド・ティナ・ターナー「愛し過ぎて」⒂ネオン・フィルハーモニック「モーニング・ガール」⒃スリー・ドッグ・ナイト「ワン」⒄ザ・ビートルズ「ジョンとヨーコのバラード」⒅ザ・ベンチャーズ「輝く星座／孤独の影」⒆プラスティック・オノ・バンド「平和を我等に」⒇レッ

ド・ツェッペリン「グッド・タイムズ・バッド・タイムズ」

［八月］（1）クリフ・リチャード「ビッグ・シップ」（2）ハーマンズ・ハーミッツ「センチメンタル・フレンド」（3）ジャッキー・ロマックス「ニュー・ディ」（4）ソニー・ジェイムス「悲しきインディアン」（5）ナンシー・ウィルスン「想い出の白い部屋」（6）ボビー・ジェントリー「愛に生きる」（7）ボンゾ・ドック・バンド「ミスター・アポロ」（8）ヴィッキー・カー「瞳はるかに」（9）ジミー・ウェッブ「想い出のきずな」（10）ステッペン・ウルフ「イッツ・ネヴァー・トゥ・レイト」（11）フランク・プゥルセル・グランド・オーケストラ「輝く星座／グッドバイ」（12）アル・パーノ「サム爺さん」（13）ジョー・サウス「リーニン・オン・ユー」（14）クリーデンス・クリアウォーター・リバイバル「アイ・プット・ア・スペル・オン・ユー／スージーQ」（15）アンダース・アンド・ポンシア「タッチ・ユー」（16）エヴァリー・ブラザーズ「想い出のカッコー鳥」（17）フランク・プゥルセル・グランド・オーケストラ「雨／リラの季節」（18）ザ・ベンチャーズ「夏の日の恋／サマー・ラヴ」（19）グレン・キャンベル「勇気ある追跡」（20）ローリング・ストーンズ「ホンキ・トンク・ウィメン」（21）ブラッド・スエット＆ティアーズ「スピニング・ホィール」（22）「ヘアー」（23）ビー・ジーズ「若葉の頃」

［九月］（1）ビーチ・ボーイズ「ブレイク・アウエイ」（2）スキャッフォールド「空しき願い

を吹っとばせ」(3)ビリー・プレストン「神の掟」(4)スティーブ・ミラー・バンド「暗黒の時間」(5)グレートフル・デッド「チャイナ・キャット・サンフラワー」(6)マーシー「フォーエヴァー」(7)ファミリー・ドッグ「幸せは果てしなく」(8)ママ・キャス「イッツ・ゲティング・ベター」(9)フリートウッド・マック「マン・オブ・ザ・ワールド」(10)エーメン・コーナー「ハロー・スージー」(11)ロミナー・パワー「海のバラード」(12)エンリコ・マシアス「恋の迷い」(13)エドガー・ブロートン・バンド「悪魔の世界」(14)ジャッキー・デ・シャノン「恋をあなたに」(15)アソシエィション「イエス・アイ・ウィル」(16)P・F・スローン「孤独の世界」(17)エリック・クラプトンとジミー・ペイジ「スネイク・ドライヴ」(18)ザ・ナイス「アメリカ」(19)フィフス・ディメンション「愛の星座」(20)クリフ・リチャード「しあわせの朝」(21)ダニエル・ビタル「天使のらくがき」(22)ボサ・リオ「サン・ホセへの道」(23)ゼーガ&エヴァンス「西暦2525年」(24)エルヴィス・プレスリー「イン・ザ・ゲット」(25)ラスカルズ「シー」(26)オリヴァー「グッド・モーニング・スターシャイン」(27)ボブ・ディラン「レイ・レディ・レイ」(28)ヘンリー・マンシーン楽団「ロミオとジュリエット」(29)ザ・フー「ピンボールの魔術師」

［十月］(1)ハンク・マーヴィン「夕映えのギター」(2)アイビーズ「いとしのアンジー」(3)アダモ「明日は月の上で」(4)レターメン「ペンダラム／アイ・ハヴ・ドリームド」(5)ボ

ブ・シガー・システム「ノア」(6)クリーデンス・クリアウォーター・リバイバル「グリーン・リバー／コモーション」(7)デニス・ヨーストとクラシックス・フォー「チェンジ・オブ・ハート／レイニー・ディ」(8)アル・ウィルソン「ロディ」(9)グラス・ルーツ「100万年の想い」(10)スミス「我が胸に愛を」(11)ハンブル・パイ「あいつ」(12)ディナー・ウェブスター「金色の髪の想い出」(13)マール・ハガード「真昼の逃亡者」(14)アート・ムーヴメント「イエス・サー・ノー・サー」(15)ピンク・フロイド「光を求めて」(16)キャンド・ヒート「プア・ムーン」(17)ジェフ・ベックとオールスターズ「スティーリン」(18)ジョージ・シャクスン「黒いアドバイス」(19)エヴァリー・ブラザーズ「ソー・サッド／エボニー・アイズ」(20)ステッペン・ウルフ「ムーヴ・オーヴァー」(21)1910フルーツガム・カンパニー「トレイン」(22)ジョニ・キャッシュ「スーという名の少年」

［十一月］(1)リシャール・アントニー「さすらいの青春」(2)レターメン「涙のくちづけ／愛するあなたに」(3)ジョー・サウスとビリーバーズ「想い出のふるさと」(4)ルー・ロウルズ「ユア・グッド・シング」(5)アンダース・アンド・ポンシア「メイク・ア・チェンジ」(6)スリー・ドッグ・ナイト「イージー・トゥ・ビー・ハード」(7)ゲイリー・ルイスとプレイボーイズ「ヘイライド」(8)ジェラルディン・ステーヴンス「想い出のビリー」(9)ベン・ピータース「悲しみのサンフランシスコ」(10)ヴィッキー・カー「愛よ永遠に」(11)ウィッチアット「ギ

ミ・ギミ・グッド・ラヴィン」⑫オレンジ・バイシクル「キャリー・ザット・ウエイ」⑬ホワイト・トラッシュ「ゴールデン・スランバー〜キャリー・ザット・ウエイト」⑭ザ・ビートルズ「カム・トゥゲザー／サムシング」⑮クロスビー・スティルス&ナッシュ「マラケッシュ行急行」⑯プロコール・ハルム「ソルティ・ドッグ」⑰ニルソン「うわさの男」

〔十二月〕⑴フィフス・ディメンション「ウエディング・ベイ・ブルース」⑵クリフ・リチャードとハンク・マーヴィン「うちひしがれて／リフレクション」⑶ゴードン・パークス「知恵の木」⑷エルヴィス・プレスリー「サスピシャス・マインド」⑸スミス「ベイビー・イッツ・ユー」⑹ホセ・フェリシアーノ「雨のささやき」⑺ブラッド・スエット&ティアーズ「アンド・ホエン・アイ・ダイ」⑻アーチーズ「シュガー・シュガー」

第九章　一九七〇年

〈一九七〇年一月〉
一月一日(木)　ＴＢＳテレビ　午後七時〜三十分　「ゆかりです。ただ今募集中」
ワイルド・ワンズ、伊東ゆかり、ヒデとロザンナ出演
一月一日(木)　ＮＥＴテレビ　午後一時〜二時三十分　「新春スタアパレード」
加山雄三、北大路欣也、星由里子、いしだあゆみ、松本めぐみ出演
一月一日(木)　ＮＥＴテレビ　午後七時〜三十分　「クイズタイムショック」
加山雄三出演、小桜葉子共演
一月三日(土)　フジテレビ　午後四時〜五時
「エルヴィス・プレスリーのすべて」(ＮＢＣで放送されたＴＶショー)
一月三日(土)　ＴＢＳテレビ　午後二時三十分〜三時　「歌うプレゼントショー」

加山雄三出演　共演は水原弘、由紀さおり、奥村チヨ
一月十日(土)　フジテレビ　午後三時～四時　「ビートポップス」
ゲンチャーズ、ゴールデンカップス出演
一月十日(土)　NETテレビ　午後十時三十分～十一時　「夜のビックヒット」
加山雄三出演、共演はいしだあゆみ、佐川満男、スパイダース
一月十日(土)　NHKテレビ　午後八時～九時　「ステージ101」(司会・関口宏)
浅丘ルリ子、ヤング101出演、音楽中村八大
一月十一日(日)　NHKテレビ　午後十一時～五十分　「ディーン・マーティン・ショー」
バティ・グレゴ、マクガイア・シスターズ出演
一月十七日(土)　フジテレビ　午後三時～四時　「ビートポップス」
Kとブルネン、加藤和彦出演
一月二十日(火)　フジテレビ　午後九時～三十分　「ザ・ヒットパレード」
ワイルド・ワンズ、布施明出演
一月二十日(火)　フジテレビ　午後九時三十分～十時　「ミュージックフェア'70」
ジョン・マーク出演(このジョン・マークは後にマーク・アーモンドとして名前を知られるようになるミュージシャンなのかは不明です)
一月二十四日(土)　フジテレビ　午後三時～四時　「ビートポップス」

タイガース、トワ・エ・モワ出演
一月二十七日(火)　フジテレビ　午後九時三十分〜十時　「ミュージックフェア'70」
サム&デイブ、ブルー・コメッツ出演
一月三十一日(土)　フジテレビ　午後三時〜四時　「ビートポップス」最終回
サラブレッツ出演
一月三十一日(土)　TBSテレビ　午後二時三十分〜三時　「歌うプレゼントショー」
加山雄三出演

〈一九七〇年一月　TBSヤング720〉
一日(木)パープル・シャドウズ、英亜里　二日(金)テンプターズ、バニーズ、ベッツィ&クリス
三日(土)スパイダース、シューベルツ　五日(月)フラワーズ、ビリー・バンバン　六日(火)じゅんとネネ、オリーブ　七日(水)ブルー・インパルス、小山ルミ　八日(木)パープル・シャドウズ、高岡健二　九日(金)フォー・リーブス、ズー・ニー・ブー　十日(土)加藤和彦、ヤンガース、田中のり子　十二日(月)梢みわ、キャッシュ・ボックス　十三日(火)トワ・エ・モワ、ファニーズ
十四日(水)三条アンナ　十五日(木)ズー・ニー・ブー　十六日(金)ゴールデン・カップス　十七日(土)千賀かほる、リッキー&960ポンド　十九日(月)ヴィレッジ・シンガーズ、伊東きよ子
二十日(火)小林啓子　二十一日(水)宮本哲成　二十二日(木)フラワーズ、モップス　二十三日(金)

北山修、加藤和彦、シューベルツ　二十四日(土)バニーズ　二十六日(月)コシ・ハピオカ　二十七日(火)オリックス、新谷のり子　二十八日(水)石川晶　二十九日(木)リオ・アルマ　三十日(金)ズー・ニー・ブー　三十一日(土)フォー・リーブス、シング・アウト

〈一九七〇年二月〉

二月三日(火)　フジテレビ　午後九時三十分〜十時　「ミュージックフェア'70」デューク・エリントン、中尾ミエ出演

二月四日(水)　NHKテレビ　午後八時〜二十五分　ドラマ「ママは太陽」「女はこわい」ドリス・デイ、デンバー・パイル等出演

二月四日(水)　新聞広告

グレン・キャンベル：LP『グレン・キャンベル・オン・ステージ』　LP『トライ・ア・リトル・カインドネス』

二月四日(水)　NETテレビ　午後八時〜五十六分　「歌のグランド・ヒット・ショー」「美女と若大将」加山雄三出演、共演は弘田三枝子、いしだあゆみ、黛ジュン

二月五日(木)　ザ・ワイルド・ワンズLP『THE WILD ONES RECITAL'69』

A面①オープニング挨拶②愛と光の中で③WHAT KIND OF FOOL AM I④想い出は心の友⑤愛の詩⑥現代童謡メドレー〜象の子守歌〜キスしてみたい〜人生は楽にいこう⑦あの頃

B面①AQUARIUS / LET THE SUNSINE IN②GOIN' OUT OF MY HEAD③BECAUSE④動物園メドレー～動物園の春～ひょっこりひょうたん島⑤レターメン・メドレー～SEALED WITH A KISS~ROMEO AND JULIET / A TIME FOR US~LOVE IS BLUE / GREEN SLEEVES⑥SUNSHINE OF YOUR LOVE

二月五日(木)　NETテレビ　午後十一時～三十分「ナウ・タイム」
ローリング・ストーンズ出演
二月八日(金)　夕刊広告　映画『蝦夷館の決闘』主演加山雄三、共演三国連太郎等
二月十一日(水)　フジテレビ　午後七時四十五分～八時「スター千一夜」
安井かずみ、沢田研二出演
二月十二日(木)　NETテレビ　午後十一時～三十分「ナウ・タイム」
アニマルズ、アーサー・ブラウン出演
二月十九日(木)　NETテレビ　午後十一時～三十分「ナウ・タイム」
ポール・ジョーンズ出演
二月二十一日(日)　TBSテレビ　午後二時～三十分「歌うプレゼントショー」
加山雄三、由紀さおり出演(加山は一九六九年十二月二十日発売のシングル「ぼくのお嫁さん／淋しい二人」をリリース。「ぼくのお嫁さん」を歌ったと示唆されます)
二月二十六日(木)　NETテレビ　午後十一時～三十分「ナウ・タイム」

アーサー・ブラウン出演

〈一九七〇年二月　TBSヤング720〉
二日（月）キャラクターズ　三日（火）ハプニングス・フォー、小林啓子　四日（水）ビリー・バンバン、森田健作　五日（木）フラワーズ、小山ルミ　六日（金）ゴールデン・カップス、泉アキ　七日（土）モップス　九日（月）じゅんとネネ　十日（火）シング・アウト、布施明、早瀬久美　十一日（水）ズー・ニー・ブー　十二日（木）リオ・アルマ、アン真理子　十三日（金）ソウル・ブラザーズ　十四日（土）フォーリーブス、シング・アウト　十六日（月）可愛和美　十七日（火）奥村チヨ　十八日（水）パープル・シャドウズ　十九日（木）英亜里　二十日（金）シューベルツ　二十一日（土）ちあきなおみ
二十三日（月）ユミ・パピオカ、モップス　二十四日（火）森山加代子、ハプニングス・フォー
二十五日（水）ちあきなおみ　二十六日（木）ちあきなおみ　二十七日（金）リッキー&960ポンド、小野和子　二十八日（土）加藤和彦、ズー・ニー・ブー

〈一九七〇年三月〉
三月三日（火）　TBSテレビ　午後八時～五十六分　「TBS歌のグランプリ」
ビッキー、ベッツィ&クリス、伊東ゆかり出演
三月五日（木）　ザ・ランチャーズ、シングル「マドレーヌ／昔も現代も真実はこれにつきる」

喜多嶋修が作曲したなかでも、美しいメロディの代表曲「マドレーヌ」です。本人は録音がよくないと言っていました。この曲はビートルズの「ディス・ボーイ」にインスパイアされたそうです。喜多嶋修も「ディス・ボーイ」が大好きだったそうです。

三月六日(金)　新聞記事　スコッド・エンゲル(ウォーカー)　アストラード・ジルベルト

三月八日(日)　新聞広告

LP『ボビー・シャーマンの素敵な世界』「リトル・ウーマン」、「シアトル」等収録。LP『トニー・ハッチ・プレイズ・トニー・ハッチ』

三月八日(日)　新聞記事　試聴室

マントバーニ：LP『華麗なるジプシーの旋律』　ニック・デカロ・オーケストラ：LP『ハッピー・ハート』　エメヴィス・プレスリー：LP『プレスリー・イン・パーソン』

三月十二日(木)　NETテレビ　午後十一時〜三十分「ナウ・タイム」

ジュリー・アンドリュース

三月十五日(日)　新聞記事「ヴィッキー」　三度目の来日。第二のフランス・ギャルと言われた。

三月十五日(日)　新聞記事　試聴室

ローリング・ストーンズ：LP『レット・イット・ブリード』　ジェファーソン・エアプレイン：LP『ボランティアーズ』

三月十五日(日)　新聞広告「味の素」を歌う！　アンディ(ウィリアムス)が万国博に

三月十七日(火)　NHKテレビ　午後八時〜九時　「世界の音楽」
スコット・ウォーカー出演、「二人の世界」「コペンハーゲン」を歌う。共演は佐良直美等
三月十七日(火)　フジテレビ　午後九時三十分〜十時　「ミュージックフェア'70」
加山雄三出演　共演は倍賞美津子
三月二十六日(木)　新聞記事　クロード・チアリ、ダニエル・ヴィダル共演コンサート
四月一、二日・東京サンケイホール　六日・大阪サンケイホール
セルジオ・メンデスとブラジル66とボサ・リオ共演
四月四、五日・万博ホール　十一日・渋谷公会堂　十二日・東京サンケイホール　十七日・東京
厚生年金会館　十八日・東京サンケイホール
三月二十六日(木)　NETテレビ　午後十一時〜三十分　「ナウ・タイム」
ローリング・ストーンズ出演
三月二十八日(土)　TBSテレビ　午後二時〜三時　「ミュージックスペシャル合歓'70」
加藤和彦、ソニア・ローザ出演
三月三十日(月)　日本テレビ　午後七時〜三十分　「ドリフターズ大作戦」最終回
ワイルド・ワンズ、伊東ゆかり出演
三月三十日(月)　フジテレビ　午後七時四十五分〜八時　「スター千一夜」
渥美清、佐藤オリエ出演

三月三十一日(火)　フジテレビ　午後九時三十分〜十時　「ミュージックフェア'70」
ソニア・ローザ、スパイダース、ペギー葉山出演
三月三十一日(火)　NHKテレビ　午後八時二十分〜九時十分　「世界の音楽」
ゴールデン・ゲイト・カルテット、佐良直美、ベッツィ&クリス、ソニア・ローザ出演

〈一九七〇年三月　TBS　ヤング720〉
二日(月)タイガース　三日(火)田中のり子　四日(水)ヒデとロザンナ、ビリー・バンバン　五日(木)モップス　六日(金)「ビートルズ特集」小林啓子　七日(土)シャープ・ファイブ、富田ジョージ　九日(月)じゅんとネネ、ゴールデン・カップス　十日(火)モップス、三条アンナ　十一日(水)ビリー・バンバン、千賀かほる　十二日(木)シルクロード、アン真理子　十三日(金)ピーター
十四日(土)記載なし　十六日(月)ワイルドワンズ、ズー・ニー・ブー　十七日(火)加藤登紀子
十八日(水)長井秀和　十九日(木)ズー・ニー・ブー　二十日(金)ゴールデン・カップス、青木英美
二十一日(土)ちあきなおみ　二十三日(月)ハプニングス・フォー、可愛和美　二十四日(火)ズー・ニー・ブー、千賀かほる　二十五日(水)森田健作　二十六日(木)橋幸夫　二十七日(金)高田恭子、モップス　二十八日(土)オリーブ　三十日(月)モップス　三十一日(火)小林啓子

〈一九七〇年四月〉
四月二日（木）　フジテレビ　午後七時四十五分～八時　「スター千一夜」酒井和歌子出演
四月三日（金）　新聞広告「トライ・ア・リトル・カインドネス」
レターメン：LP『想い出の二人』　ピーター・ポール＆マリー：LP『悲しみのジェット・プレイン』　CCR：LP『クリーデンス・ロカビリー・リバイバル』　O・S・T：LP『イージー・ライダー』
四月三日（金）　新聞広告　映画『豹《ジャガー》は走った』　加山雄三、田宮二郎、加賀まりこ出演
四月五日（日）　新聞記事　試聴室
ホセ・フェリシアーノ：LP『イン・パースン』　ローラ・ニーロ：LP『ニュー・ヨーク・テンダベリー』　アル・マルティーノ：LP『ジーン』
四月七日（火）　TBSテレビ　午後八時～五十六分　「歌のグランプリ」
ダニエル・ヴィダル、森山良子、奥村チヨ出演
四月九日（木）　NETテレビ　午後十一時～三十分　「ナウ・タイム」ボブ・ディラン出演
四月十二日（日）　新聞記事　試聴室
セルジオ・メンデスとブラジル66：LP『モーニン』　バート・バカラック：LP『バート・バカラックの素晴らしい世界』
四月十四日（火）　フジテレビ　午後九時三十分～十時　「ミュージックフェア'70」

ワイルド・ワンズ、金井克子、小川知子、高田恭子出演
四月十五日(水)　NETテレビ　午後八時〜五十六分　「歌のグランド・ヒット」
「若大将と九ちゃん」加山雄三出演、共演は坂本九、奥村チヨ
四月十六日(木)　NETテレビ　午後十一時〜三十分　「ナウ・タイム」アニマルズ出演
四月十九日(日)　日本テレビ　午後六時〜三十分　「ゴールデンショー」
黛ジュン、弘田三枝子、ダニエル・ヴィダル出演
四月二十一日(火)　フジテレビ　午後八時〜九時三十分　「ご存知スター寄席まつり」
加山雄三出演、共演は千葉真一、山内賢
四月二十一日(火)　フジテレビ　午後九時三十分〜十時　「ミュージックフェア'70」
ダニエル・ヴィダル、ビリー・バンバン出演
四月二十二日(水)　NETテレビ　午後八時〜五十六分　「歌のグランド・ヒット・ショー」
「若大将とプリンス」加山雄三出演、共演は橋幸夫、タイガース、森山加代子、いしだあゆみ
四月二十三日(木)　TBSテレビ　午後七時〜三十分　「ポップ・ショー」
ジリオラ・チンクェッティ、マイク真木、前田美波里
四月二十七日(月)　フジテレビ　午後十時〜五十六分　「夜のヒットスタジオ」
ワイルド・ワンズ、佐良直美、奥村チヨ出演
四月二十八日(火)　NHKテレビ　午後零時二十分〜四十五分　「ひるのプレゼント」

加山雄三出演
四月二十八日(火)　新聞広告　週刊「女性自身」五月九・十六日合併号
加山雄三がついに選んだ花嫁候補松本めぐみが家族ぐるみの交際三年で得た全告白！
四月三十日(木)　NETテレビ　午後十一時〜三十分「ポップス・フェスティバル」
フリー、フー出演

〈一九七〇年四月　TBSヤング720〉
一日(水)三条アンナ、団次郎　二日(木)オックス　三日(金)小川知子、田中のり子　四日(土)ゴールデン・カップス　六日(月)リッキー&960ポンド　七日(火)ソウル・ブラザーズ、弘田三枝子　八日(水)渥美マリ　九日(木)バニーズ　十日(金)モップス　十一日(土)シューベルツ、フラワーズ　十三日(月)ゴールデン・カップス、可愛和美　十四日(火)ズー・ニー・ブー　十五日(水)由美かおる　十六日(木)キャッシュ・ボックス　十七日(金)フォーリーブス　十八日(土)バニーズ、ちあきなおみ　二十日(月)ワイルド・ワンズ、スパイダース　二十一日(火)バニーズ、千賀かほる　二十二日(水)川辺妙子　二十三日(木)クリーム&クリーム　二十四日(金)ちあきなおみ　二十五日(土)由紀さおり、ゴールデン・カップス　二十七日(月)麻里圭子、シルクロード　二十八日(火)小野和子、弘田三枝子　二十九日(水)森田健作　三十日(木)いしだあゆみ、シングアウト

〈一九七〇年五月〉

五月二日(土) 12チャンネル 午後二十四時〜二十五時 新番組「トム・ジョーンズ・ショー」

「想い出のグリーン・グラス」「デライラ」のヒットで知られるトム・ジョーンズがホストのショー番組。全二十六回放送。第一回はゲストにフィフス・ディメンション、ミレイユ・マチュー。

五月二日(土) 新聞広告

ビートルズ：LP『ヘイ・ジュード』 ピンク・フロイド：LP『ウマグマ』 ピーター、ポール&マリー：LP『PP&Mのすべて 第二集』

五月二日(土) NHKテレビ 午後八時〜九時 「ステージ101」

加山雄三出演、共演は那智わたる、中村八大、和田浩治(六月五日発売の加山雄三のシングル「美しいヴィーナス」を歌ったと示唆されます)

五月三日(日) TBSテレビ 午後二時三十分〜三時 「歌うプレゼントショー」

加山雄三出演、共演は九重佑三子

五月六日(水) 日本テレビ 午後九時三十分〜十時

「トップ・ミュージック・イン・ザ・ワールド」「サン・ホセへの道」加山雄三出演、共演は弘田三枝子、江夏夕子

五月七日(木) フジテレビ 午後七時四十五分〜八時 「スター千一夜」内藤洋子出演

五月十六日(土) NHKテレビ 午後八時〜九時 「アンディ・ウィリアムス・ショー」

(万国博ホール)　オズモンド・ブラザーズ、原信夫とシャープ&フラッツ出演
五月十七日(日)　新聞記事　映画『赤頭巾ちゃん気をつけて』出演者・森和代について
五月十九日(火)　フジテレビ　午後九時三十分～十時　「ミュージックフェア'70」
加山雄三出演、共演は浅丘ルリ子、いしだあゆみ
五月二十四日(月)　NHKテレビ　午後二時四十分～三時四十分
「一九七〇年サン・レモ・イタリア民謡祭」アドリアノ・チェレンター出演
五月二十五日(月)　フジテレビ　午後十時～十一時三十分　「夜のヒットスタジオ」
小川知子、中尾ミエ、ジミー・オズモンド出演
五月三十日(土)　NHKテレビ　午後七時三十分～九時　「ユニセフ万国博まつり」
(万国博ホール)ダイナ・ショア、バフィ・セント・マリィ、サッシャ・ジィスラル、布施明出演
五月三十一日(日)　TBSテレビ　午後八時～五十六分　「サン・レモ音楽祭　EXPO'70」
ジリオラ・チンクェッティ、セルジオ・エンドリゴ、ジャンニ・ナザーロ、岸洋子出演

〈一九七〇年五月　TBSヤング720〉
一日(金)長谷川きよし、スパイダース　二日(土)シャープ・ファイブ、田中のり子　四日(月)ハプニングス・フォー、平浩二　五日(火)いしだあゆみ、モップス　六日(水)スパイダース　七日(木)ゴールデン・カップス　八日(金)シングアウト　九日(土)シャデラックス　十日(月)リッキー

&960ポンド　十二日(火)バニーズ　十三日(水)小山ルミ、岡崎友紀　十四日(木)タイガース
十五日(金)植木浩史　十六日(土)千賀かほる、フラワーズ　十八日(月)弘田三枝子、モップス
十九日(火)レインドロップス、ライフ　二十日(水)森山加代子、森田健作　二十一日(木)オックス
二十二日(金)江見京子　二十三日(土)岡田可愛　二十五日(月)じゅんとネネ、レインドロップス
二十六日(火)モップス　二十七日(水)弘田三枝子、三条アンナ　二十八日(木)バニーズ、浅川マキ　二十九日(金)ちあきなおみ、岡田可愛　三十日(土)ビリー・バンバン

〈一九七〇年六月〉

六月一日(月)　フジテレビ　午後十時～五十六分　「夜のヒットスタジオ」
ワイルド・ワンズ、ピーナッツ、いしだあゆみ、弘田三枝子出演
六月三日(水)　NHKテレビ　午後十時～十一時　「世界のワンマン・ショー」
ペトゥラ・クラーク、ハリー・ベラフォンテ「ダウン・タウン」
六月四日(木)　新聞広告
ザ・ビートルズ：LP『レット・イット・ビー』　ナンシー・ウィルソン：LP『ナンシー・ニュー・ヒットを歌う』
六月四日(木)　TBSテレビ　午後七時～三十分　「ポップ・ショー」
ジミー・オズモンド、梓みちよ出演

六月四日(木)　NHKテレビ　午後十時〜四十分　「世界のワンマン・ショー」
シャルル・アズナブール「八月のパリ」「あかりを消して」
六月五日(金)　加山雄三、シングル「美しいヴィーナス／君かもしれない僕かもしれない」発表
六月五日(金)　NHKテレビ　午後十時十分〜十一時　「世界のワンマン・ショー」
サミー・ディビス・ジュニア「このすばらしい日々」
六月六日(土)　TBSテレビ　午後八時〜八時五十六分　「8時だよ！　全員集合」
(藤沢市民会館)　加山雄三出演、共演は都はるみ、奥村チヨ「加山雄三ドリフに入団」
六月六日(土)　NETテレビ　午後十時三十分〜十一時二十分　「夜のビックヒット」
イベット・ジロー、吉永小百合、森山加代子、スパイダース出演
六月七日(日)　新聞記事　試聴室
ニルソン：LP『ハリー・ニルソンの肖像』　ニール・ダイアモンド：LP『スウィート・キャロライ』　テルマ・ヒューストン：LP『セイブ・ザ・カントリー』　ドアーズ：LP『モリソン・ホテル』
六月九日(火)　フジテレビ　午後九時三十分〜十時　「ミュージックフェア'70」
ペギー・マーチ、弘田三枝子、スパイダース出演
六月十三日(土)　フジテレビ　午後七時四十五分〜八時　「スター千一夜」
マーロン・ブランド、京都の休日

六月十三日(土)　ＮＨＫテレビ　午後八時～五十六分　「アンディ・ウィリアムス・ショー」
オズモンド・ブラザーズ、原信夫とシャープ&フラッツ
六月十四日(日)　ＴＢＳテレビ　午後八時～五十六分　「ジルベール・ベコー・ショー」
「そして今は」「ひとり星の上に」「ナタリー」「ボクと音楽」
六月十六日(火)　フジテレビ　午後九時三十分～十時　「ミュージックフェア'70」
ジョージ・チャキリス、ピーナッツ出演
六月二十八日(日)　ＴＢＳテレビ　午後八時～五十六分　「フランク・シナトラ・ショー」
エラ・フィッツジェラルド出演

〈一九七〇年六月　ＴＢＳ　ヤング７２０〉
一日(月)ワイルド・ワンズ、可愛和美　二日(火)バニーズ　三日(水)サウンドＬＴＤ　四日(木)奥村チヨ　五日(金)ソウル・メディア、浜恵子　六日(土)シャープファイブ、にしきのあきら　八日(月)フラワーズ　九日(火)ゴールデン・カップス　十日(水)サウンドＬＴＤ　十一日(木)テンプターズ　十二日(金)モップス　十三日(土)ヴィレッジ・シンガーズ、千賀かほる　十五日(月)キャッシュ・ボックス　十六日(火)モップス　十七日(水)サウンドＬＴＤ　十八日(木)ルートＮｏ１　十九日(金)ソウル・メディア　二十日(土)シング・アウト　二十二日(月)小林啓子、英亜里　二十三日(火)モップス　二十四日(水)サウンドＬＴＤ　二十五日(木)バニーズ　二十六日(金)ソウ

ル・メディア　二十七日(土)フラワーズ　二十九日(月)モップス　三十日(火)バニーズ

〈一九七〇年七月〉

七月一日(水)　NETテレビ　午後八時～五十六分　「歌のグランド・ヒット・ショー」
「若大将とチビッ子たち」加山雄三、ベイビー・ブラザーズ、ヒデとロザンナ出演
七月三日(金)　新聞広告
ザ・ビートルズ：LP『レット・イット・ビー』　ポール・マッカートニー：LP『ポール・マッカートニー』　リンゴ・スター：LP『スタンダード・コレクション』　レターメン：LP『ア・ソング・フォー・ヤング・ラヴ』　グレン・キャンベル：LP『バーニング・ブリッジ』　ベンチャーズ：LP『ゴールデン・デラックス(「京都の恋」収録)』
七月四日(土)　新聞広告　サントリー〈純生〉　大矢茂(ランチャーズ)が広告写真に
七月七日(火)　TBSテレビ　午後七時二十分～八時　「ヤング720」
ブレッド&バター、加藤登紀子
七月十日(金)　新聞広告　映画『恋の大冒険』ピンキーとキラーズ、大矢茂、由紀さおり出演
七月十一日(土)　NETテレビ　午後十時三十分～十一時二十六分　「夜のビッグヒット」
加山雄三出演、共演は布施明、司会川崎敬三(加山は六月五日にシングル「美しいヴィーナス／君かも知れない僕かも知れない」をリリース、「美しいヴィーナス」を歌ったと示唆されます)

七月十二日(日)　TBSテレビ　午後八時〜五十六分
「メリー・ホプキン、ビートルズとともに」(万国博ホール)「悲しき天使」「レット・イット・ビー」「しあわせのとびら」等を歌っています。
七月十四日(火)　フジテレビ　午後九時三十分〜十時　「ミュージックフェア'70」
シャルル・アズナブール、岸洋子、長谷川きよし出演

七月二十日(月)
歌謡曲　①藤圭子：圭子の夢は夜ひらく　②菅原洋一：今日でお別れ　③ちあきなおみ：四つのお願い　④森進一：波止場女のブルース　⑤岸洋子：希望　⑥内山田洋とクールファイブ：愛の旅路を　⑦三上ツカとハミングバーズ：恋のTea For Two　⑨加山雄三：美しいヴィーナス　⑩和田アキ子：笑って許して　(都内レコード店調べ)

加山雄三は「美しいヴィーナス」のヒットで一九六五年から七〇年まで毎年(つまりは六年間)トップ10ヒットを出し続けたことになります。
七月二十四日(金)　新聞広告　映画『ウッドストック』
七月二十六日(日)　TBSテレビ　午後二時三十分〜三時　「歌のプレゼントショー」
加山雄三出演、共演は黒木憲

七月二十九日(水)　NETテレビ　午後八時〜五十六分　「歌のグランド・ヒット・ショー」「あゆみ、ブルコメ、若大将」加山雄三出演、共演はいしだあゆみ、ブルー・コメッツ
七月三十日(木)　TBSテレビ　午後七時〜三十分　「ポップ・ショー」加山雄三出演、共演は新谷のり子、テンプターズ

〈一九七〇年七月　TBS　ヤング720〉
一日(水)サウンドLTD　二日(木)タイガース　三日(金)ソウル・メディア　四日(土)THE M　六日(月)リッキー&960ポンド、辺見マリ　七日(火)ブレッド&バター、加藤登紀子　八日(水)サウンドLTD、ザ・リガニーズ　九日(木)ワイルド・ワンズ、英亜里　十日(金)ソウル・メディア　十一日(土)小川知子　十三日(月)新谷のり子、浅川マキ　十四日(火)モップス、ヒロとミコ　十五日(水)サウンドLTD、英亜里、岡崎友紀　十六日(木)ハプニングス・フォー　十七日(金)ソウル・メディア、小川知子　十八日(土)ズー・ニー・ブー　二十日(月)ワイルド・ワンズ、ヒロとミコ　二十一日(火)バニーズ、緑川アコ　二十二日(水)いしだあゆみ　二十三日(木)ゴールデン・カップス、小川知子　二十四日(金)ソウル・メディア　二十五日(土)シャープ・ファイブ　二十七日(月)ソウルフル・ブラック、緑川アコ　二十八日(火)モップス　二十九日(水)ヴィレッジ・シンガーズ　三十日(木)ブラインドバンド、ヒロとミコ　三十一日(金)日吉ミミ、緑川アコ

〈一九七〇年八月〉

八月三日(月)　フジテレビ　午後七時四十五分～八時　「スター千一夜」パット・ブーン一家

八月四日(火)　NETテレビ　午後七時～三十分　「歌うスターばんざい！」

ワイルド・ワンズ、中尾ミエ

八月五日(水)　NETテレビ　午後八時～五十六分　「歌のグランド・ヒット・ショー」

「海と佑三子と若大将」加山雄三出演、共演は九重佑三子、ベッツィ&クリス

八月六日(木)　TBSテレビ　午後七時～三十分　「ポップ・ショー」

ワイルド・ワンズ、弘田三枝子出演

八月六日(木)　新聞広告　映画『俺の空だぜ若大将』

挿入歌「美しいヴィーナス」「人知れず」「君かも知れない僕かも知れない」

八月九日(日)　TBSテレビ　午後八時～五十六分　「ビックプレゼント'70」

「パリをあなたに」ダリダとスイングル・シンガーズ・ショー「悲しき天使」「鳩」

八月十二日(水)　NETテレビ　午後八時～五十六分　「歌のグランド・ヒット・ショー」

「スパイダースと若大将」加山雄三、スパイダース、黛ジュン出演

八月十六日(日)　日本テレビ　午後十時三十分～十一時　EXPO招待席

「パット・ブーン・ショー」リチャード・ロバート、パティ・ロバート出演

八月二十一日(金)　新聞広告　映画『赤頭巾ちゃん気をつけて』

八月三十日(日)　TBSテレビ　午後八時〜五十六分　「フィフス・ディメンション・ショー」(万国博ホール)　「レット・ザ・サンシャイン」「スピニング・ホイール」

〈一九七〇年八月　TBS　ヤング720〉
一日(土)バニーズ　三日(月)リッキー&960ポンド　四日(火)バニーズ　五日(水)ヒロとミコ、モップス　六日(木)緑川アコ、浅川マキ　七日(金)Kとブルネン　八日(土)不明　十日(月)モップス　十一日(火)リガニーズ　十二日(水)沢村忠　十三日(木)リッキー&960ポンド　十四日(金)新藤英美　十五日(土)フラワーズ　十七日(月)ブルー・コメッツ　十八日(火)モップス、日吉ミミ　十九日(水)バニーズ、ソルティシュガー　二十日(木)沢村忠　二十一日(金)モップス、千賀かほる　二十二日(土)アライバル　二十四日(月)ワイルド・ワンズ　二十五日(火)バニーズ　二十六日(水)山本リンダ　二十七日(木)ハプニングス・フォー、岸ゆき　二十八日(金)モップス　二十九日(土)石戸川洋子　三十一日(月)いしだあゆみ、ピンキーとキラーズ

〈一九七〇年九月〉
九月二日(水)　フジテレビ　午後七時四十五分〜八時　「スター千一夜」加藤和彦夫妻出演
九月九日(水)　フジテレビ　午後九時三十分〜十時　「ミュージックフェア'70」
アライバル、雪村いづみ出演

九月十一日(金)　新聞広告　映画『キャンディ』エバ・オリーン、リンゴ・スター出演
九月十二日(土)　フジテレビ　午後七時四十五分〜八時午後「スター千一夜」
「結婚おめでとう。加山雄三・松本めぐみ」
九月十二日(土)　フジテレビ　午後三時〜四時三十分「ベッツィ&クリス　リサイクル」
伊東ゆかり、ビリー・バンバン、北山修
九月十四日(月)　ヒット曲ベスト40
①由紀さおり：手紙　②ヒデとロザンナ：愛は傷つきやすく　③藤圭子：命預けます　④内山田洋とクールファイブ：噂の女　⑤日吉ミミ：男と女の話　⑥サイモンとガーファンクル：コンドルは飛んで行く　⑦ザ・オリジナルキャスト：ミスター・マンディ　⑮渚ゆう子：京都の恋　⑰クリスティ：イエロー・リバー　⑲ベッツィ&クリス：夏よおまえは　⑳加山雄三：美しいヴィーナス　㉑ビートルズ：レット・イット・ビー　㉒ザ・ベンチャーズ：京都の恋　㉓シルヴィ・バルタン：悲しみの兵士　(オリコン九月十四日調査)
加山雄三「美しいヴィーナス」、ビートルズ「レット・イット・ビー」、ベンチャーズ「京都の恋」が同時期にランクインしていました。加山、ポール・マッカートニー、ベンチャーズが約五十年後にも活動しているなんて、このときは誰も考えていなかったでしょう。

九月十五日(火)　フジテレビ　午後九時三十分〜十時「ミュージックフェア'70」

シャルル・アズナブール、岸洋子出演

九月十六日(水)　フジテレビ　午後七時四十五分〜八時　「スター千一夜」
米国での加山雄三夫妻の結婚式
九月十七日(木)　フジテレビ　午後七時四十五分〜八時　「スター千一夜」
結婚おめでとう田村正和夫妻
九月二十三日(水)　フジテレビ　午後七時四十五分〜八時　「スター千一夜」
いしだあゆみ、石田ゆり姉妹
九月二十五日(金)　フジテレビ　午後七時四十五分〜八時　「スター千一夜」
加山雄三夫妻の新婚旅行
九月二十九日(火)　新聞記事　エルヴィス・プレスリー：LP『オン・ステージ1970』

〈一九七〇年九月　TBS　ヤング720〉
一日(火)弘田三枝子、カルメン・マキ　二日(水)リッキー&960ポンド、田中のり子　三日(木)ズー・ニー・ブー　四日(金)ジュディ・オング、小林啓子　五日(土)アラン・メリル、由美かおる　七日(月)ヒデとロザンナ、加藤登紀子　八日(火)ヴィレッジ・シンガーズ　九日(水)ハプニングス・フォー、中村晃子　十日(木)小林あけみ、ソウルフル・ブラッズ　十一日(金)麻里圭子、キャッシュ・ボックス　十二日(土)由紀さおり、ヤンガース　十四日(月)森山加代子　十五日(火)ゴールデン・カップス、千賀かほる　十六日(水)大木康子、キャッスル&ゲイト　十七日(木)黛ジユン、ヴィレッジ・シンガーズ　十八日(金)泉アキ、小林啓子、オリーブ　十九日(土)ピンキーとキラーズ　二十一日(月)ちあきなおみ、モップス　二十二日(火)ズー・ニー・ブー、山内賢、赤い鳥　二十三日(水)高田恭子、キャッシュ・ボックス　二十四日(木)アラン・メリル、田中のり子
二十五日(金)リッキー&960ポンド、可愛和美　二十六日(土)ワイルド・ワンズ、伊東きよ子
二十八日(月)ハプニングス・フォー　二十九日(火)ゴールデン・カップス　三十日(水)佐良直美、パープル・シャドウズ

〈一九七〇年十月〉
十月三日(土)　フジテレビ　午後九時~三十分　「ズバリ当てましょう」
「結婚シリーズ第一弾」加山雄三、松本めぐみ出演
十月四日(日)　12チャンネル　午後十時三十分~十一時二十六分　「圭三・歌うスタジオ」
加山雄三出演、共演はザ・ピーナッツ、ヒデとロザンナ
十月五日(月)　LP『愛はいつまでも』
A面①美しいヴィーナス②愛はいつまでも③あの頃のぼく④戦場の子よ⑤地球は愛の星⑥見せたい恋人
B面①追いつめられて②光りみつめて③好きだ④君かもしれない僕かもしれない⑤影⑥さよなら君(このLPは前作に比較して格段に音質が良くなっています。特に加山のヴォーカルの奥行きが

深く聴こえるのです。一九六九年七月に喜多嶋修が英国より持ち帰った機材のデータや録音方法が社内に伝わり、ディレクター渋谷森久の手腕が音質の向上を招いたと示唆されます）

十月六日(火)　NHKテレビ　午後八時～九時　「世界の音楽」
ミルバ、オズモンド・ブラザーズ出演

十月八日(木)　フジテレビ　午後八時四十五分～九時　「スター千一夜」
「妹がデビュー　内藤洋子姉妹」

十月十八日(日)　TBSテレビ　午後二時三十分～三時　「歌うプレゼントショー」
ワイルド・ワンズ出演

十月十九日(月)　フジテレビ　午後十時～五十六分　「夜のヒットスタジオ」
加山雄三出演、共演はピンキーとキラーズ、キング・トーンズ

十月十九日(月)　日本テレビ　午後六時～三十分　ザ・モンキーズ「グッドバイ・ディビー」

十月二十日(火)　フジテレビ　午後九時三十分～十時　「ミュージックフェア'70」
バーテン・パウエル、ソニア・ローザ出演

十月二十三日(金)　フジテレビ　午後七時三十分～四十五分　「スター千一夜」
「京都の恋」渚ゆう子出演

十月二十六日(月)　NETテレビ　午後九時～五十六分　「9時のビックヒット」
加山雄三出演、共演は弘田三枝子、いしだあゆみ

十月二十七日（火）　NHKテレビ　午後八時〜九時　「世界の音楽」ブラザーズ・フォア出演
十月三十一日（土）　フジテレビ　午後九時〜三十分　「ズバリ当てましょう」加山雄三・松本めぐみ出演

〈一九七〇年十月　TBS　ヤング720〉
一日（木）ワイルド・ワンズ　二日（金）辺見マリ、オックス　三日（土）ヴィレッジ・シンガーズ　五日（日）小野和子、中村晃子、山本リンダ　六日（火）ハーフ・ブリード、伊東きよ子　七日（水）テンプターズ、山本リンダ　八日（木）高田恭子、長谷川きよし　十日（土）フラワー・トラベリングバンド　十二日（月）キャッシュ・ボックス、浅川マキ　十三日（火）ゴールデン・カップス　十四日（水）伊東ゆかり、尾崎紀世彦　十五日（木）ヒデとロザンナ　十六日（金）ザ・ワイルド・ワンズ、尾崎紀世彦　十七日（土）ハーフ・ブリード　十九日（月）ロック・パイロット　二十日（火）ブレッド&バター　二十一日（水）伊東きよ子、シャープ・ファイブ　二十二日（木）ズー・ニー・ブー、にしきのあきら　二十三日（金）由美かおる、にしきのあきら　二十四日（土）麻里圭子、ブラインド・バード　二十六日（月）田中のり子、ソルティ・シュガー　二十七日（火）オリーブ、ソルティ・シュガー　二十八日（水）ゴールデン・カップス、可愛和美　二十九日（木）ヴィレッジ・シンガース、赤い鳥　三十日（土）ザ・ワイルド・ワンズ

〈一九七〇年十一月〉
十一月五日(木)　フジテレビ　午後七時三十分〜四十五分　「スター千一夜」スパイダース出演
十一月十日(火)　フジテレビ　午後九時三十分〜十時　「ミュージックフェア'70」
ライチャス・ブラザーズ、ロミ山田出演
十一月十二日(木)　NETテレビ　午後八時〜五十六分
「ハイ!　やりました。クレージーのズッコケ病院」ワイルド・ワンズ、奥村チヨ出演
十一月十四日(土)　フジテレビ　午後十時〜十五分　「スター千一夜」ジャンニ・ナザーロ出演
十一月十七日(火)　フジテレビ　午後九時三十分〜十時　「ミュージックフェア'70」
ナンシー・ウィルソン出演
十一月十九日(木)　12チャンネル　午後八時〜五十六分　「ただ今ヒット中」
「来た!　ミスター・マンデー」オリジナルキャスト、いしだあゆみ、石田ゆり出演
十一月二十二日(日)　12チャンネル　午後十時三十分〜十一時二十六分
「圭三・歌うスタジオ」ジャンニ・ナザーロ、佐良直美、中尾ミエ出演
十一月二十四日(火)　NHKテレビ　午後八時〜九時　「世界の音楽」
ライチャス・ブラザーズ、オズモンド・ブラザーズ、佐良直美
十一月二十五日(水)　NETテレビ　午後八時〜五十六分　「歌のグランド・ヒット・ショー」
ダニエル・ヴィダル、いしだあゆみ

十一月二十六日(木)　フジテレビ　「第一回東京国際歌謡音楽祭」
ジャンニ・ナザーロ、カーペンターズ、オリジナル・キャスト、ピーナッツ、トワ・エ・モワ等

〈一九七〇年十一月　TBS　ヤング720〉
二日(月)モップス、石田ゆり、小川知子　三日(火)ズー・ニー・ブー、石田ゆり　四日(水)ハプニングス・フォー、石田ゆり　五日(水)和田アキ子、、石田ゆり、ヤンガーズ　六日(金)ロック・パイロット、石田ゆり　七日(土)リッキー&960ポンド　九日(月)ヴィレッジ・シンガーズ　十日(火)ゴールデン・カップス、カルメン・マキ　十一日(水)ハーフ・ブリード　十二日(木)泉アキ、ハーフ・ブリード　十三日(金)永田英二とハイソサエティ　十四日(土)ブルー・ジーンズ　十六日(月)シャープ・ファイブ　十七日(火)ジャガーズ、ウッドベッカー　十八日(水)ズー・ニー・ブー、篠ヒロコ　十九日(木)ブレッド&バター、モップス　二十日(金)ブレッド&バター、前田美波里
二十一日(土)岸ユキ、北原ミレイ　二十三日(月)ハーフ・ブリード　二十四日(火)カルメン・マキ、桜木健一　二十六日(木)ヴィレッジ・シンガーズ　二十七日(金)サンダーチーフ、桜木健一
二十八日(土)岡田可愛、ブルージーンズ　三十日(月)ダリア・ラビ、モップス

〈一九七〇年十二月〉
十二月一日(火)　フジテレビ　午後九時三十分~十時　「ミュージックフェア'70」

黛ジュン、江藤勲、オリジナル・キャスト出演
十二月三日(木)　夕刊広告　映画『YOU』エリオット・グールド、キャンディス・バーゲン等
十二月四日(金)　新聞広告　東芝マルチステレオ「ICポスター」ザ・ビートルズ
十二月八日(火)　フジテレビ　午後九時三十分～十時　「ミュージックフェア'70」
ジャンニ・ナザーロ、ヒデとロザンナ
十二月八日(火)　NHKテレビ　午後八時～九時　「世界の音楽」
ジュリエット・グレコ、石川晶出演
十二月十日(木)　NETテレビ　午後十一時～三十分　「ポップ・ヤング」
ダニエル・ヴィタル、小林啓子出演
十二月十五日(火)　NHKテレビ　午後十時～十一時　「世界のワンマンショー」
「ディオンヌ・ワーウィック」バート・バカラック、グレン・キャンベル出演
十二月十六日(水)　NHKテレビ　午後十時十分～五十分　「世界のワンマンショー」
「アル・ハート、サラ・ヴォーン、ピート・カンドリ」
十二月十七日(木)　NHKテレビ　午後十時十分～五十分　「世界のワンマンショー」
「アン・マーグレット」ディーン・マーティン出演
十二月十八日(金)　フジテレビ　午後七時四十五分～八時　「スター千一夜」
浅丘ルリ子、ルノー・ベルレー出演

十二月十八日(金)　NHKテレビ　午後十時十分〜五十分　「世界のワンマンショー」「アンディ・ウィリアムス」ウィリアムス一家、オズモンド・ブラザーズ出演
十二月二十四日(火)　フジテレビ　午後九時三十分〜十時　「ミュージックフェア'70」シャルル・アズナブール、ミルバ出演

〈一九七〇年十二月　TBS　ヤング720〉
一日(火)ロック・パイロット、朝香ふみえ　二日(水)オリジナル・キャスト、レイナ　三日(木)オリジナル・キャスト、可愛和美　四日(金)アップ・ウィズ、ザ・ピープル　五日(土)オリーブ、ウッドペッカー　七日(月)ヴィレッジ・シンガーズ　八日(火)モップス、平山美紀　九日(水)バニーズ、岡田可愛　十日(木)ブラインド・バンド　十一日(金)ズー・ニー・ブー、江美早苗　十二日(土)小林啓子、ハーフ・ブリード　十四日(月)スーパー・ショック・コレクションズ　十五日(火)ジャガーズ、ビリー・バンバン　十六日(水)ロック・パイロット、北野ルミ　十七日(木)ヴィレッジ・シンガーズ、泉アキ　十八日(金)ビリー・バンバン、小川知子　十九日(土)シティ・ライフ、岡田可愛　二十一日(月)オリーブ、高山ナツキ　二十二日(火)エブリディ・ピープル、由美かおる　二十三日(水)ズー・ニー・ブー、クライマックス　二十四日(木)バニーズ、ウッド・ペッカー　二十五日(金)ニュー・フロンティアーズ　二十六日(土)オックス、麻里圭子　二十八日(月)モップス、ヒデとロザンナ　二十九日(火)オリーブ、小川知子　三十日(水)ジューク・ボックス　三十一

日(木)ヴィレッジ・シンガーズ

〈一九七〇年のまとめ〉

一九七〇年は加山雄三、ランチャーズ、ワイルド・ワンズ等にとって激動の年だったといえるでしょう。それでも加山はポップな「美しいヴィーナス」をヒットさせ、ランチャーズはハーモニーとメロディが美しい「マドレーヌ」を残しています。そして、湘南の仲間であるブレッド&バター、尾崎紀世彦たちの活動も認められるのです。

〈一九七〇年のリリース曲〉

[一月] (1)ピーター・ポール&マリー「悲しみのジエットプレイン」(2)グレン・キャンベル「トライ・ア・リトル・カインドネス」(3)クリーデンス・クリアウォーター・リバイバル「ダウン・オン・ザ・コーナー/フォーチュネイト・サン」(4)ホリーズ「兄弟の誓い」(5)ザ・シャドウズ「10番街の殺人」(6)アル・バーノ「君を想いて」(7)フランク・プゥルセル・グランド・オーケストラ「ミスター・ロンリー/空と海と太陽と」(8)ビリー・プレストン「エブリシングス・オールライト」(9)ホット・チョコレート・バンド「平和を我等に」(10)ペギー・リー「イズ・ザット・オール・ゼア・イズ」(11)ボビー・ジェントリー「恋よ、さようなら」(12)ザ・バンド「クリプル・クリーク」(13)グランド・ファンク・レイルロード「タイム・

マシーン」(14)ジャッキー・デ・シャノン「命ある恋」(15)ジョニー・リバース「ワン・ウーマン」(16)グラス・ルーツ「神に願いを」(17)オデッタ「イージー・ライダーのバラード」(18)エーメン・オコナー「ゲット・バック」(19)ディブ・ベル・シンガーズ「マナ・マナ」(20)ニール・ダイアモンド「ホリー・ホリー」(21)レッド・ツェッペリン「胸いっぱいの愛を」(22)ジョルジオ・モロダー「ルーキー・ルーキー」(23)スティーム「ナナ・ヘイ・ヘイ・キス・ヒム・グッドバイ」(24)ザ・ローリング・ストーンズ「レット・イット・ブリード」(25)バーズ「イージー・ライダーのバラード」(26)ジャクソン・ファイブ「帰ってほしいの」

［二月］(1)アダモ「ヘイ・ジュテーム」(2)ジェフ・ベック・グループ「監獄ロック」(3)マット・モンロー「ミニ・ミニ大作戦」(4)テリー・ナイト「セント・ポール」(5)デニス・ヨーストとクラシックス・フォー「ミッド・ナイト」(6)フィフス・ディメンション「青空を探せ」(7)P・F・スローン「去年の夏」(8)P・F・スローン「鏡の中の世界」(9)ディヴ・クラーク・ファイブ「グッド・オールド・ロックンロール」(10)アル・マルティーノ「帰りこぬ青春」(11)ゲーリー・ルイスとプレイボーイズ「サムシング・イズ・ロング」(12)カーニバル「ライア・ラダイア」(13)アソシエィション「ウィー・ラブ・アス」(14)ザ・ナイス「夢を追って」(15)レターメン「想い出の二人」(16)バッド・フィンガー「マジック・クリスチャンのテーマ」(17)ザ・ベンチャーズ「京都の恋」(18)ショッキング・ブルー「ヴィーナス」(19)B・

J・トーマス「雨にぬれても」⒇ダイアナ・ロス&スプリームス「またいつの日か」(21)ハーブ・アルパート&ティファナ・ブラス「マルタ島の砂」(22)ジェフ・ベック・グループ「監獄ロック」(23)オリジナル・キャスト「天使の兵隊」(24)ナンシー・シナトラ「ドラマー・マン」(25)エルヴィス・プレスリー「ドント・クライ・ダディ」

［三月］⑴メリー・ホプキン「夢見る港」⑵ロルフ・ハリス「トゥー・リトル・ボーイズ」⑶デス・オコナー「淋しくて」⑷ビーチ・ボーイズ「ドント・ウォーリー・ベイビー／コットン・フィールズ」⑸ボビー・ジェントリーとグレン・キャンベル「夢を見るだけ／ウォーク・ライト・バック」⑹ジョー・サウス「ウォーク・ア・マイル・イン・マイ・ショーズ」⑺フィフス・ディメンション「ブローイング・アウェイ」⑻アイク・アンド・ティナ・ターナー「カム・トゥゲザー」⑼ヴァン・モリソン「ヤング・ラヴァーズ・ドゥ」⑽ステッペン・ウルフ「モンスター」⑾テルマ・ヒューストン「セイブ・ザ・カントリー」⑿グレン・キャンベル「ハニー・カム・バック」⒀キャンド・ヒート「レッツ・ワーク・トゥゲザー」⒁ジャッキー・デ・シャノン「世界は愛を求めてる」⒂クリーデンス・クリアウォーター・リバイバル「トラベリン・バンド／フール・ストップ・ザ・レイン」⒃クリフ・リチャードとハンク・マーヴィン「歓びの人生」⒄ザ・ビートルズ「レット・イット・ビー」⒅プラスティック・オノ・バンド「インスタント・カーマ」⒆ボサ・リオ「デイ・バイ・デイ」⒇クロ

スビー・スティルス&ナッシュ「青い眼のジュディ」 (21)フライング・マシーン「笑って! ローズ・マリーちゃん」 (22)キンクス「ヴィクトリア」

［四月］ (1)アマリア・ロドリゲス「暗いはしけ」 (2)ジョルジュ・ジューバン「小さな幸福」 (3)エンリコ・マシアス「初陣の闘牛士」 (4)キャッツ「誰も知らない何処かで」 (5)ジャッキー・ロマックス「恋の糸」 (6)ザ・バンド「ラブ・ママ・ラブ」 (7)レターメン「つのる想い」 (8)ジャン&ディーン「バサデナのおばあちゃん」 (9)アニタ・カー・シンガース「恋人たちに」 (10)クリス・ファロウ「うちよせる想い」 (11)メルとティム「見せかけのアイドル」 (12)ティー・セット「マ・ベラミ(いとしのダーリン)」 (13)アル・マルティーノ「好きにならずにいられない」 (14)ジルベール・ベコー「オールヴォワール(また会う日まで)」 (15)グランド・ファンク・レイルロード「ハートブレイカー」 (16)ベンチャーズ「白鳥の湖ロック/パレスの夜」 (17)クローヴァー「ウエイド・イン・ザ・ウォーター」 (18)ヴィック・ダナ「燃え上がる恋」 (19)スミス「愛を求めて」 (20)スリー・ドッグ・ナイト「セレブレイト/フィーリング・オールライト」 (21)メリー・ホプキン「しあわせの扉/恋の芽ばえ」 (22)カーチャ・エプシュタイニ「愛のおとずれ」 (23)サイモン&ガーファンクル「明日にかける橋」 (24)エジソン・ライト・ハウス「恋のほのお」 (25)ボビー・シャーマン「イージー・カム・イージーズ」

［五月］ ⑴デス・オコナー「明日を求めて」 ⑵アダモ「マジック・キー」 ⑶ハーマンズ・ハーミッツ「時は流れる」 ⑷ロルフ・ハリス「トゥ・リトル・ボーイズ」 ⑸ビリー・プレストン「オール・ザット・アイヴ・ガット」 ⑹ドリス・トロイ「エイント・ザット・キュート」 ⑺ナンシー・ウィルスン「ウェイティン・フォー・チャーリー」 ⑻ディヴ・クラーク「夢は流れても」 ⑼ジャッキー・デ・シャノン「二人だけの丘」 ⑽アソシエィション「ジャスト・アバウト・ザ・セイム」 ⑾グラス・ルーツ「ペイン（恋の傷跡）／パーリー・スペンサーの日々」 ⑿ジョージ・ベイカー・セレクション「リトル・グリーン・バッグ」 ⒀ラダ・クリシュナ・テンプル「ゴビンダ」 ⒁ジョー・サウス「孤独の影」 ⒂アロウズ「ブルースのテーマ」 ⒃フィフス・ディメンション「ガールズ・ソング」 ⒄デニス・ヨーストとクラシックス・フォー「ファニーは思い出」 ⒅アイズ・オブ・マーチ「ビーグル」 ⒆バン・モリソン「クレイジー・ラブ」 ⒇ステッペン・ウルフ「ヘイ・ロウディ・ママ」 (21)トム・ジョーンズ「ドーター・オブ・ダークネス」 (22)ジャクソン・ファイブ「ＡＢＣ」 (23)ピケティ・ウィッチ「恋はフィーリング」 (24)クロスビー・スティルス・ナッシュ＆ヤング「ウッド・ストック」 (25)ニール・ダイアモンド「スイート・キャロライン」

［六月］ ⑴ベンチャーズ「ハワイ・ファイブ・オー」 ⑵クリス・スペンディング・グループ「ロックン・ロール・バンド」 ⑶ジュリー・フェニックス「もしも私が」 ⑷クラウディ

ア・シルビア「私はジュテーム」(5)ビートルズ「オー・ダーリン／ヒアー・カムズザ・サン」(6)メリー・ホプキン「涙の教会」(7)ボビー・ジェントリー「想い出のひと／雨にぬれても」(8)ジャッキー・デ・シャノン「恋をあなたに／ウエイト」(9)ゲーリー・ルイスとプレイボーイズ「火の玉ロック」(10)ターリー・リチャード「ラヴ・マイナス・ゼロ」(11)ワッツ・リズム・バンド「ラヴ・ランド」(12)ハンブル・パイ「ハート・ビート」(13)ディヴ・クラーク・ファイブ「ゲット・トゥゲザー／ダーリン・アイ・ラヴ・ユー」(14)ヴィッキー・カー「雨にぬれても」(15)クリーデンス・クリアウォーター・リバイバル「アップ・アラウンド・ザ・ベンド／ジャングルを越えて」(16)クリフ・リチャード「燃ゆる乙女」(17)グレン・キャンベル「オー・ハッピー・デイ」(18)フィフス・ディメンション「『ビートでジャンプ」(19)アイク・アンド・ティナ・ターナー「夜明けの願い」(20)グラス・ルーツ「ベイビー・ホールド・オン」(21)ダニエル・リカーリ「ふたりの天使」(22)オリジナル・キャスト「ミスター・マンディ」(23)ミッシェル・デルペッシュ「ワイト・イズ・ワイト」(24)イノセント・アンド・ペパーミント「ストロベリー・アラーム・クロック」(25)シカゴ「ぼくらに微笑みを」(26)メラニー「レイ・ダウン」(27)マービン・ゲイ「恋とはこんなもの」(28)ドアーズ「ランド・ホー」

［七月］(1)フランク・プゥルセル・グランド・オーケストラ「ひとり星の上に(この恋に生きて)」(2)テリー・リード「スティ・ウィズ・ミー・ベイビー」(3)パット・ブーン「ナウ・ア

イム・セイブド」(4)グランド・ファンク・レイルロード「明日も愛して」(5)グランド・ファンク・レイルロード「グッドマンズ・ブラザー」(6)ベンチャーズ「ジャガーのテーマ」(7)ドン・ウィルスン，ザ・ベンチャーズ「悲しき街角／サリー」(8)J・J・ライト「ナ・ル・カ」(9)スモール・フェイス「ウィックド・メッキンジャー」(10)リチャード・ハリス「遥かなる西部のバラード」(11)ション・フィリップス「ミシシッピー」(12)ブキャナン・ブラザーズ「ラヴィン・マン」(13)ジルベール・ベコー「バラはあこがれ」(14)カーチャ・エプシュタイン「愛のおとずれ／ウイチタ・ラインマン」(15)ティー・セット「恋にまかせて」(16)ピプキンズ「ギミ・ダッディン」(17)エドワード・ベア「ふたりでメキシコ」(18)ジェリー・ウオレス「マンダム～男の世界」(19)ジョニー・リバース「神秘の中に」(20)スリー・ドック・ナイト「ママ・トールド・ミー」(21)ルー・ロウルズ「デッド・エンド・ストリート」(22)クリスティ「イエロー・リバー」(23)カーペンターズ「遥かなる影」(24)ビー・ジーズ「アイ・オー・アイ・オー」(25)ゲス・フー「アメリカン・ウーマン」

［八月］(1)ホリーズ「迷える僕」(2)キャンデイ・スティトン「スウィート・フィーリング」(3)ジャッキー・デ・シャノン「メドレー・キープ・ミー・ハンギング・オン～ハート・ソー・バッド」(4)ロッド・マッケン「愛の翼」(5)スミス「ユウ・ドント・ラブ・ミー」(6)ブラザーズ・フォア「明日への誓い」(7)キャンド・ヒート「シュガー・ビー」(8)アル・デ・

ローリー「マッシュ」(9)フランシス・レイ楽団「ブェデックのテーマ」(10)クリーデンス・クリアウォーター・リバイバル「光ある限り／ルッキン・アウト・マイ・バック・ドア」(11)アイドル・レース「イン・ザ・サマータイム」(12)メリー・ホプキン「ケ・セラ・セラ／サン・エチエンヌの草原」(13)カレン・ヤング「ケ・セラ・セラ／天使の兵隊」(14)グレン・キャンベル「愛するよろこび／ノーウッド」(15)トニー・マクフィーとグラウンドボックス「兵士」(16)アモン・デュール「天使の雷鳥」(17)フローティング・ブリッヂ「ブロードアップ・ロング」(18)アイズ・ブ・マーチ「スーパーマン」(19)パット・ブーン「愛の小石」(20)シルヴィ・バルタン「悲しみの兵士」(21)レイ・スティーヴンス「みんなビューティフル」(22)マンゴ・ジェリー「イン・ザ・サマータイム」(23)ボビー・シャーマン「ミスター・サン」(24)ジャクソン・ファイブ「小さな経験」(25)ハイ・ヌーン「涙のフィーリング」

［九月］(1)ハーマンズ・ハーミッツ「僕をたよりにして」(2)デイヴ・クラーク・ファイブ「ヒア・カム・サマー」(3)ビリー・ストレンジ楽団「アン」(4)ベンチャーズ「続・夕陽のガンマン／モア」(5)アレックス・アランプレ「しあわせの扉／愛のおとずれ」(6)デニス・ヨーストとクラシックス・フォー「わかって欲しい」(7)グレイトフル・デッド「アンクル・ジョンズ・バンド」(8)ロイ・ヘッド「ママ・ママ」(9)ビートルズ「ロング・アンド・ワインディング・ロード」(10)クリフ・リチャード「グッドバイ・サム」(11)デス・オコナー「サムシング」

(12)アン・マレー「スノーバード」(13)ジョニー・リバース「青い影」(14)ノエル・コルディエ「バラのバラード」(15)ディープ・パープル「ブラック・ナイト」(16)ブキャナン・ブラザーズ「ドゥ・ユー・ラブ・ミー」(17)ボビー・ジェントリー「アパートメント21」(18)シャンゴ「男の生きる道」(19)キンクス「ローラ」(20)クロスビー・スティルス・ナッシュ&ヤング「ティーチ・ユア・チルドレン」(21)フリー「オール・ライト・ナウ」(22)パシフィック・ガス&エレクトリック「アー・ユー・レディ」(23)パフィ・セントメリー「サークル・ゲーム」(24)トム・ジョーンズ「アイ」(25)ジリオラ・チンクエッティ「つばめのように」(26)ボビー・シャーマン「いとしのジュリー」

[十月] (1)石坂浩二「君の空はどんな色」(2)石坂浩二「やさしい大地」(3)石坂浩二「海へ帰る」(4)石坂浩二「恋には窓がない」(5)グランド・ファンク・レイルロード「クローサー・トゥ・ホーム」(6)ルー・ロウルズ「悲しき叫び」(7)シュガーローフ「グリーン・アイ・レディ」(8)ベンチャーズ「カーン・カントリー・ライン/黒くぬれ」(9)アトミック・ルースター「13日の金曜日」(10)レターメン「ミスター・ロンリー」(11)シラ・ブラック「アクロス・ザ・ユニヴァース」(12)ジョン・ウォーカー「勇気ある追跡」(13)ステッペン・ウルフ「ロック・ミー」(14)エドガー・ブロートン・バンド「鬼は外」(15)スティーヴ・ミラー・バンド「ゴーイング・トゥ・ザ・カントリー」(16)アル・マルティーノ「ウォーキング・イン・ザ・サン

ド」⒄ステッペン・ウルフ「スクリーミング・ナイト・ホップ」⒅ジャニアリー「チザム」⒆シカゴ「長い夜」⒇ザ・フー「サマー・タイム・ブルース」㉑ドーン「恋するキャンディダ」㉒カーペンターズ「愛のプレリュード」㉓エドウィン・スター「黒い戦争」㉔ショッキング・ブルー「悲しき鉄道員」㉕ルゥ・クリスティ「魔法」㉖ニール・ダイアモンド「クラックリン・ロージー」

［十一月］⑴エルトン・ジョン「ロックン・ロール・マドンナ」⑵グレン・キャンベル「思わせぶり」⑶リンダ・ロンシュタット「ロング・ロング・タイム」⑷レターメン「ホワイト・クリスマス」⑸フランク・プゥルセル・グランド・オーケストラ「ミスター・ロンリー」⑽ザ・バンド「タイム・トゥ・キル」⑾キャンディ・ステイトン「スタンド・バイ・ユア・マン」⑿ジョニー・リバース「ファイアー・アンド・レイン」⒀ベンチャーズ「京都慕情／別れた人と」⒁スリー・ドッグ・ナイト「アウト・イン・ザ・カントリー」⒂シラ・ブラック「幸せはパリで」⒃エンリコ・マシアス「愛の感動」⒄ジェイムス・テイラー「ファイアー・アンド・レイン」⒅ブラザーズ・フォア「白い色は恋人の色」⒆アダムとイブ「ネアンデルタール・マン」⒇グラス・ルーツ「カモン・アンド・セイ・イット」㉑ピート・ブラウン「ダーク・レディ」㉒ヴァニティ・フェア「二人だけの朝」㉓ママス＆パパス「不思議なママとパパ」㉔ホット・チョコレート「恋は命」㉕プリティ・シングス「グッド・ミス

ター・スクエア」(26)エドガー・ブロートン・バンド「アップ・ユアーズ」(27)カーチャ・エプシュタイン「恋は歌のように」(28)アイク・ターナー「燃ゆる叫び」(29)ウエイク「明日なき幸せ」(30)メリー・ホプキン「愛の喜び/幸せに続く道」(31)パートリッジ・ファミリー「悲しき初恋」(32)クロスビー・スティルス・ナッシユ&ヤング「オハイオ」

[十二月](1)ドリス・トロイ「ヤコブス・ラダー」(2)ママ・キャス・エリオット「モンテ・ウォルシユ」(3)クイック・シルバー・メッセンジャー・サービス「フレッシユ・エア/ただ愛のために」(4)ジェーリー・ウォレス「プリムローズ・レイン」(5)アル・マルティーノ「トゥルー・ラブ」(6)UFO「カモン・エヴリバディー」(7)リンゴ・スター「ポーク・オブ・ブルース」(8)サイモン&ガーファンクル「バイ・バイ・ラブ」

第十章　一九七一年

〈一九七一年一月〉

一月二日（土）　日本テレビ　午後十一時～五十六分

「ジュリー・アンドリュース＆ハリー・ベラフォンテ・ショー」

一月三日（日）　日本テレビ　午後一時十五分～二時十五分　「新春テレビジョッキー」

渚ゆう子、ヒデとロザンナ出演

一月五日（火）　ＮＨＫテレビ　午後八時～九時　「世界の音楽」

ウェルナー・ミュラー楽団、ダニエル・ヴィダル、佐良直美出演

一月六日（水）　フジテレビ　午後七時四十五分～八時　「スター千一夜」加山雄三夫妻

一月八日（金）　日本テレビ　午後七時～三十分　「そっくりショー」加山雄三出演

一月九日（土）　ＮＨＫテレビ　午後八時～九時　「ステージ１０１」

ソニア・ローザ、アイ・ジョージ出演
一月十一日(月)　日本テレビ　午後八時〜五十六分　「紅白歌のベストテン」
渚ゆう子、伊東ゆかり、西田佐知子出演
一月十二日(火)　TBSテレビ　午後八時〜五十六分　「歌のグランプリ」
渚ゆう子、ちあきなおみ、森進一出演
一月十二日(火)　NHKテレビ　午後八時〜九時　「世界の音楽」
サラ・ボーン、赤い鳥出演「冬の散歩道」「ワイト・イズ・ワイト」
一月十五日(金)　NHKテレビ　午後六時二十分〜四十五分　「歌はともだち」
ジミー時田、寺内タケシ出演
一月十五日(金)　フジテレビ　午後八時〜五十六分　「今週のヒット速報」
渚ゆう子、由紀さおり、ジュディ・オング出演
一月二十五日(月)　NETテレビ　午後九時〜五十六分　「9時のビックヒット」
加山雄三出演、共演は由紀さおり、ロス・プリモス(二月にシングル「荒野をもとめて／君に大空を」リリース予定で「荒野をもとめて」を歌ったと考えられます。この曲は最近、DJにR&B歌謡として再評価されています)
一月二十六日(火)　TBSテレビ　午後八時〜五十六分　「歌のグランプリ」
渚ゆう子、いしだあゆみ、ちあきなおみ出演

一月二十九日(金)　新聞広告「週刊文春」レノン・洋子の現場写真
一月二十九日(金)　フジテレビ　午後八時〜五十六分「今週のヒット速報」渚ゆう子、由紀さおり、西田佐知子出演
一月三十一日(日)　フジテレビ　午後十時四十五分〜十一時「ミュージック・ギャラリー」ソニア・ローザ出演
一月三十一日(月)　12チャンネル　午後十時〜五十六分「圭三・歌うスタジオ」黛ジュン、由紀さおり、渚ゆう子等出演

〈一九七一年一月　TBS　ヤング720〉
一日(金)ワイルド・ワンズ、クライマックス、石田ゆり、高田恭子　二日(土)ズー・ニー・ブー、じゅんとネネ　四日(月)ニュー・ディメンション　五日(火)フォー・セインツ、石田ゆり　六日(水)ズー・ニー・ブー　七日(木)岸ユキ、ズー・ニー・ブー　八日(金)　ブルー・ジーンズ、泉アキ　九日(土)ブルー・ジーンズ、Kとブルネン　十一日(月)リッキー&960ポンド　十二日(火)モップス　十三日(水)バニーズ、小林啓子　十四日(木)デキシー・キャンパス　十五日(金)ヴィレッジ・シンガーズ　十六日(土)ハーフブリード、本田路津子　十八日(月)ズー・ニー・ブー　十九日(火)フォー・セインツ　二十日(水)ヴィレッジ・シンガーズ、レイナ　二十一日(木)岸ユキ、ソルティ・シュガー　二十二日(金)ソルティ・シュガー、シティ・ライツ　二十三日(土)タイム・フ

ァイブ　二十五日(月)本田路津子、石田ゆり　二十六日(火)石田ゆり、小鹿しおり　二十七日(水)
石田ゆり、フラット・ランス　二十八日(木)石田ゆり、泉アキ　二十九日(金)石田ゆり　三十日
(土)小林啓子、モップス、浜田光夫

〈一九七一年二月〉
二月一日(月)　フジテレビ　午後十時〜五十六分　「夜のヒットスタジオ」
加山雄三出演、共演は伊東ゆかり、トワ・エ・モワ(〔加山は「荒野を求めて」を歌ったと示唆されます〕)
二月三日(水)　NETテレビ　午後八時〜五十六分　「歌のグランド・ヒット・ショー」
ペギー・マーチ、由紀さおり、ジ・アース出演
二月四日(木)　12チャンネル　午後八時〜五十六分　「ただ今ヒット中」
ペギー・マーチ、奥村チヨ、クール・ファイブ出演
二月四日(木)　夕刊新聞記事　「歌いまくるプレスリー」　映画『プレスリー・オン・ステージ』
二月六日(土)　フジテレビ　午後九時〜五十六分　「ズバリ！　当てましょう」
加山雄三出演、共演は栗原小巻
二月七日(日)　フジテレビ　午後九時〜三十分　「ラブ・ラブショー」
「喜びも悲しみも二人で」加山雄三、松本めぐみ、上原謙出演

二月十二日(金)　フジテレビ　午後八時〜五十六分　「フジテレビ今週のヒット速報」
クライマックス、渚ゆう子、トワ・エ・モワ出演
二月十九日(金)　フジテレビ　午後八時〜五十六分　「今週のヒット速報」
渚ゆう子、いしだあゆみ、藤圭子出演
二月二十三日(火)　NHKテレビ　午後八時〜九時　「世界の音楽」
ペギー・マーチ、ザ・シャデラックス出演「ジス・ガール」
二月二十四日(水)　日本テレビ　午後七時〜五十六分　「スターへばく進!」
アラン・メリル、ヒデとロザンナ、いしだあゆみ、石田ゆり出演
二月二十六日(金)　フジテレビ　午後八時〜五十六分　「今週のヒット速報」
渚ゆう子、クライマックス、森進一出演
二月二十八日(日)　TBSテレビ　午後二時三十分〜三時　「歌うプレゼントショー」
渚ゆう子、浜真二等出演

〈一九七一年二月　TBS　ヤング720〉
一日(月)オリーブ、山本リンダ　二日(火)バニーズ、山本リンダ　三日(水)ヴィレッジ・シンガーズ　四日(木)シティ・ライツ、ウッド・ペッカー　五日(金)ブルー・ジーンズ、三条アンナ　六日(土)ロック・パイロット、高田恭子　八日(月)モップス、ジューク・ボックス　九日(火)ジャガ

ーズ、泉アキ　十日(水)ズー・ニー・ブー　十一日(木)ジューク・ボックス、田中のり子　十二日(金)ジューク・ボックス、本田路津子　十三日(土)ワイルド・ワンズ、小林啓子　十五日(月)ハーフ・ブリード、北野ルミ　十六日(火)フォー・セインツ、ジローズ、ガロ　十七日(水)高田恭子、沢村和子とピーターパン　十八日(木)トワ・エ・モワ、ジローズ　十九日(金)タイム・ファイブ、アラン・メリル　二十日(土)ヴィレッジ・シンガーズ、内藤圭子　二十二日(月)オリーブ、じゅんとネネ、小川知子　二十三日(火)小川知子、マモル・マヌー　二十四日(水)フォー・セインツ、小川知子　二十五日(木)小川知子、ビリー・バンバン　二十六日(金)タイム・ファイブ、ジローズ
二十七日(土)ヴィレッジ・シンガーズ、篠ヒロコ

〈一九七一年三月〉

三月二日(火)　フジテレビ　午後九時三十分〜十時　「ミュージックフェア'71」
ペギー・マーチ、ザ・ピーナッツ出演

三月二日(火)　12チャンネル　午後九時三十分〜十時五十四分　「火曜ロードショー」
映画『アイドルを探せ』シルヴィー・バルタン

三月八日(月)　新聞広告　映画『アリスのレストラン』『ゲッティング・ユー』

三月八日(月)　NETテレビ　午後九時三十分〜五十六分　「9時のビックヒット」
加山雄三出演、共演は由紀さおり、ピンキーとキラーズ

三月九日（火）　ＮＨＫテレビ　午後八時〜九時　「アンディ・ウィリアムス・ショー」
レイ・チャールズ、キャス・エリオット、オズモンド・ブラザーズ出演
三月九日（火）　フジテレビ　午後九時三十分〜十時　「ミュージックフェア'71」
尾崎紀世彦、いしだあゆみ出演
三月九日（火）　12チャンネル　午後九時三十分〜十時五十六分　「火曜ロードショー」
映画『カリフォルニア万歳』エルヴィス・プレスリー主演
三月十六日（火）　フジテレビ　午後九時三十分〜十時　「ミュージックフェア'71」
加山雄三出演、共演は那智わたる
三月二十三日（火）　フジテレビ　午後九時三十分〜十時　「ミュージックフェア'71」
ルー・ロウルズ、ブルー・コメッツ、布施明出演
三月二十四日（水）　日本テレビ　午後七時〜五十六分　「スターへばく進！」
渚ゆう子、黛ジュン、石田ゆり出演
三月二十四日（水）　新聞広告　映画『流れ者』監督クロード・ルルーシュ、音楽フランシス・レイ
三月三十日（火）　新聞広告　映画『誰のために愛するか』酒井和歌子、加山雄三出演
三月三十一日（水）　新聞　試聴室　アン・マレー：ＬＰ『スノー・バード』

〈一九七一年三月　TBS　ヤング720〉

一日(月)弘田三枝子、エブリディ・ピープル　二日(火)ヴィレッジ・シンガーズ　三日(水)クリンカム　クランカム　四日(木)バニーズ、アラン・メリル　五日(金)三条アンナ、シティ・ライツ　六日(土)ザ・カルア、小林啓子　八日(月)尾崎紀世彦、モップス　九日(火)タイム・ファイブ、柳亜矢　十日(水)尾崎紀世彦、村井邦彦　十一日(木)ズー・ニー・ブー、尾崎紀世彦　十二日(金)ワイルド・ワンズ、愛ルリ子　十三日(土)じゅんとネネ　十五日(月)ピンキーとキラーズ　十六日(火)由美かおる、フォー・セインツ　十七日(水)ブレッド&バター、宮野涼子　十八日(木)ヴィレッジ・シンガーズ　十九日(金)ウッド・ペッカー、長沢澄子　二十日(土)ブルー・ジーンズ、北原早苗　二十二日(月)篠ヒロコ、フォー・リーブス　二十三日(火)弘田三枝子、フォー・リーブス　二十四日(水)小林啓子、フォー・リーブス　二十五日(木)トワ・エ・モワ、フォー・リーブス　二十六日(金)フォーリーブス　二十七日(土)ワイルド・ワンズ、じゅんとネネ　二十九日(月)マモル・マヌー、バニーズ　三十日(火)モップス、カルメン・マキ　三十一日(水)バニーズ、ジローズ

(三月の「TBSヤング720」は湘南ポップスの仲間、加瀬邦彦、ブレッド&バター、尾崎紀世彦等多数のメンバーが出演)

〈一九七一年四月〉

四月一日(木)　フジテレビ　午後七時四十五分～八時　「スター千一夜」

山本圭、佐藤オリエ出演
四月一日(木) 新聞記事 試聴室
ジョン・レノン：LP『ジョンの魂』 デレク&ドミノス：LP『いとしのレイラ』
四月五日(月) 新聞記事 喜多嶋修が松岡計井子のビートルズのカバーアルバムの編曲を担当
四月五日(月) LP『荒野をもとめて』
A面①荒野をもとめて②君に大空を③兵士の手紙④氷河に花を⑤少女⑥別れ
B面① September 4th(9月4日)②祈り③出発④夢⑤幸せをたずねて⑥俺たちは
四月五日(月) 日本テレビ 午後八時~五十六分 「紅白歌のベストテン」
加山雄三出演、共演は小林旭、由紀さおり、黒沢年男
四月六日(火) フジテレビ 午後九時三十分~十時 「ミュージックフェア'71」
B・B・キング、ピンキーとキラーズ、トワ・エ・モワ、長谷川きよし出演
四月八日(木) NHKテレビ 午後九時~三十分 「アンディ・ウィリアムス・ショー」
ペギー・リー、ダニー・トーマス、ビクター・ボーカ出演
四月九日(金) NHKテレビ 午後九時~三十分 「アンディ・ウィリアムス・ショー」
ジャクソン5、セルジオ・メンデス&ブラジル66出演
四月十一日(日) 12チャンネル 午後六時~五十六分 「ヤングおー! おー! おー!」
渚ゆう子出演

四月十二日(月)　日本テレビ　午後八時〜五十六分　「紅白歌のベストテン」
渚ゆう子、いしだあゆみ、黛ジュン出演
四月十三日(火)　NHKテレビ　午後八時三十分〜九時　「アンディ・ウィリアムス・ショー」
ジョニー・キャッシュ、ケニー・ロジャース&ファースト・エディション出演
四月十六日(金)　フジテレビ　午後八時〜五十六分　「今週のヒット速報」
渚ゆう子、ジローズ、あおい輝彦出演
四月十八日(日)　TBSテレビ　午後二時三十分〜三時　「歌のプレゼントショー」
渚ゆう子、浜真二出演
四月十八日(日)　TBSテレビ　午後十時四十五分〜十一時　「ミュージックギャラリー」
ソニア・ローザ出演
四月十八日(日)　NHKテレビ　午後七時二十分〜八時　「歌のグランドステージ」
渚ゆう子、ブルー・コメッツ、浜口庫之助出演
四月二十日(火)　TBSテレビ　午後八時〜五十六分　「歌のグランプリ」
かまやつひろし、堺正章、クライマックス出演
四月二十二日(木)　12チャンネル　午後八時〜五十六分　「ただ今ヒット中」
ジミー・オズモンド、ダニエル・ヴィダル、クライマックス出演
四月二十四日(土)　夕刊記事　バード・バカラック、フリー来日について

四月二十七日(火) フジテレビ 午後八時~九時二十六分
「ワイドスペシャル・オールスター㊙芸大会」加山雄三、松本めぐみ、江藤勲、黛ジュン出演
四月二十七日(火) 新聞記事 試聴室
マクドナルド&ジャイルス:LP『マクドナルド&ジャイルス』
四月二十九日(木) 12チャンネル 午後八時~五十六分 「ただ今ヒット中」
「石田ゆり・なかにし礼婚約おめでとう」ペギー・リー、いしだあゆみ出演
四月二十九日(木) フジテレビ 午後八時~五十六分 「今週のヒット速報」
「加山・マコご苦労さん」加山雄三出演、共演は渚ゆう子、尾崎紀世彦、にしきのあきら

〈一九七一年四月 TBS ヤング720〉
一日(木)ヴィレッジ・シンガーズ 二日(金)麻里圭子、バニーズ 三日(土)最終回、ウッド・ペッカー、小林啓子
四月三日をもって「ヤング720」は終了となりました。一九六六年より一九七一年まで、十代後半前後をターゲットに作られた番組なのでしょうか。そのため、時代の先端を行くシンガーやバンドが多く出演してきましたが、意外にもヴィレッジ・シンガーズ等のGSも最後まで出演していたのです。ある意味でGSを見守っていた番組だったかもしれません。

〈一九七一年五月〉

五月三日(月)　フジテレビ　午後三時〜四時　「3時のあなた」「心の小箱・加山雄三」

五月三日(月)　フジテレビ　午後十時〜五十六分　「夜のヒットスタジオ」

加山雄三出演、共演はダニエル・ヴィダル、ピーター、西郷輝彦(四月五日にLP『荒野をもとめて』をリリース。「荒野をもとめて」を歌ったと示唆されます)

五月四日(火)　フジテレビ　午後九時三十分〜十時　「ミュージックフェア'71」

パーテン・パウエル、ピーター出演

五月七日(金)　フジテレビ　午後八時〜五十六分　「今週のヒット速報」最終回

堺正章、夏木陽介出演

五月八日(土)　夕刊記事　映画『小さな恋のメロディ』

五月九日(日)　日本テレビ　午後二時十五分〜三十分　「ヒット大作戦」

黛ジュン、尾崎紀世彦出演

五月十日(月)　日本テレビ　午後八時〜五十六分　「紅白歌のベストテン」

尾崎紀世彦、ちあきなおみ、黛ジュン出演

五月十一日(火)　フジテレビ　午後九時三十分〜十時　「ミュージックフェア'71」

ジミー・オズモンド、堺正章出演

五月十二日(水)　NETテレビ　午後八時〜五十六分　「歌のグランドヒット」

尾崎紀世彦、ブルー・コメッツ、にしきのあきら出演
五月十二日(水)　新聞広告　映画『レット・イット・ビー』
同時上映『The Beatles "And you love"』　二十四曲+αのヒットソングと記載されていた。
五月十三日(木)　12チャンネル　午後八時~五十六分「ただ今ヒット中」
ジ・オズモンズ、尾崎紀世彦、森進一出演
五月十四日(金)　フジテレビ　午後八時~五十六分「ゴールデン歌謡速報」開始
五月十六日(日)　NHKテレビ　午後七時二十分~八時「歌のグランド・ステージ」
尾崎紀世彦、ブルー・コメッツ、伊東ゆかり出演
五月十七日(月)　フジテレビ　午後七時四十五分~八時「スター千一夜」
三木たかし、松平マリ子、黛ジュン、江藤勲出演
五月十八日(火)　新聞記事　十代のアイドル
オズモンズ、パートリッジ・ファミリー、バカルーズ、ジャクソン5
五月十九日(水)　フジテレビ　午後七時四十五分~八時「スター千一夜」尾崎紀世彦
五月二十日(木)　12チャンネル　午後八時~五十六分「ただ今ヒット中」
尾崎紀世彦、渚ゆう子、にしきのあきら出演
五月二十三日(日)　12チャンネル　午後八時~五十六分「トピックス」加山雄三出演
五月二十三日(日)　新聞広告

シルヴィー・バルタン：LP『イン・パースン』　エルトン・ジョン：LP『フレンド』　ルネッサンス：LP『ルネッサンス』
五月二十四日(月)　日本テレビ　午後八時～五十六分　「紅白歌のベストテン」
尾崎紀世彦、ちあきなおみ、守屋浩出演
五月二十五日(火)　TBSテレビ　午後八時～五十六分　「歌のグランプリ」
渚ゆう子、あおい輝彦、にしきのあきら出演
五月二十六日(水)　NETテレビ　午後八時～五十六分　「歌のグランド・ヒット・ショー」
尾崎紀世彦、水前寺清子、藤圭子出演
五月二十七日(木)　12チャンネル　午後八時～五十六分　「ただ今ヒット中」
尾崎紀世彦、ベッツィ&クリス、PYG出演
五月二十八日(金)　新聞　試聴室
エルヴィス・プレスリー：LP『エルヴィス・カントリー』　ニルソン：LP『ランディ・ニューマンを歌う』

〈一九七一年六月〉
六月一日(火)　TBSテレビ　午後八時～五十六分　「歌のグランプリ」
尾崎紀世彦、モップス、いしだあゆみ出演

六月一日(火)　フジテレビ　午後九時三十分〜十時　「ミュージックフェア'71」
アラン・メリル、アン・ルイス、由紀さおり出演
六月一日(火)　NHKテレビ　午後八時〜九時　「世界の音楽」
ジミー・オズモンド、梓みちよ、佐良直美出演
六月二日(水)　NETテレビ　午後八時〜五十六分　「歌のグランド・ヒット・ショー」
尾崎紀世彦、ヒデとロザンナ、ちあきなおみ出演
六月二日(水)　新聞記事　トニー・ベネット　二度目の来日
六月三日(木)　12チャンネル　午後八時〜五十六分　「ただ今ヒット中」
尾崎紀世彦、由紀さおり、ヒデとロザンナ出演
六月三日(木)　新聞広告　「女性セブン」内藤洋子ロンドン郊外で挙式
六月四日(金)　フジテレビ　午後八時〜九時　「ゴールデン歌謡速報」
尾崎紀世彦、小川知子、青江三奈出演
六月七日(月)　日本テレビ　午後八時〜五十六分　「紅白歌のベストテン」
尾崎紀世彦、クール・ファイブ出演
六月九日(水)　NETテレビ　午後八時〜五十六分　「歌のグランドヒットショー」
尾崎紀世彦、布施明、いしだあゆみ出演
六月十日(木)　フジテレビ　午後七時四十五分〜八時　「スター千一夜」ジャン・ギャバン出演

六月十日(木)　12チャンネル　午後八時〜五十六分　「ただ今ヒット中」
「尾崎紀世彦、トム・ジョーンズに挑戦！」にしきのあきら、藤圭子出演
六月十日(木)　新聞広告　映画『小さな恋のメロディ』
六月十日(木)　NHKテレビ　午後九時〜三十分「アンディ・ウィリアムス・ショー」
オズモンズ、テルマ・ヒューストン出演「雨にぬれても」
六月十一日(金)　フジテレビ　午後八時〜五十六分　「ゴールデン歌謡速報」
尾崎紀世彦、あおい輝彦、北山修、加藤和彦出演
六月十一日(金)　NHKテレビ　午後九時〜三十分　「アンディ・ウィリアムス・ショー」
「虹をつくって」デビー・レイノルズ、エドウィン・ホーキング・シンガーズ出演
六月十四日(月)　NETテレビ　午後九時〜五十六分　「9時のビックヒット」
加山雄三出演、共演はピンキーとキラーズ、小川知子、井上順(四月五日、LP『荒野をもとめて』をリリース。「荒野をもとめて」もしくはB面「君に大空を」を歌ったかもしれません)
六月十五日(火)　フジテレビ　午後七時四十五分〜八時　「スター千一夜」
ソフィア・ローレン出演
六月十六日(水)　フジテレビ　午後七時四十五分〜八時　「スター千一夜」
喜多嶋修、内藤洋子夫妻出演(番組でソロアルバム『ジャスティン・ヒースクリフ』について語ったか？)

六月十六日(水)　NETテレビ　午後八時~五十六分　「歌のグランド・ヒット・ショー」最終回。加山雄三出演、共演は尾崎紀世彦、西郷輝彦(湘南ポップスの二人が出演)
六月十七日(木)　12チャンネル　午後八時~五十六分　「ただ今ヒット中」
尾崎紀世彦、堺正章、坂本九出演
六月十八日(金)　フジテレビ　午後八時~五十六分　「ゴールデン歌謡速報」
尾崎紀世彦、いしだあゆみ、五木ひろし出演
六月二十一日(月)　日本テレビ　午後八時~五十六分　「紅白歌のベストテン」
尾崎紀世彦、奥村チヨ、森進一出演
六月二十一日(月)　NETテレビ　午後九時~五十六分　「9時のビックヒット」
尾崎紀世彦、中村晃子、ベッツィ&クリス出演
六月二十二日(火)　TBSテレビ　午後八時~五十六分　「歌のグランプリ」
尾崎紀世彦、ちあきなおみ、由紀さおり出演
六月二十五日(金)　フジテレビ　午後八時~五十六分　「ゴールデン歌謡速報」
尾崎紀世彦、辺見マリ、坂本九出演
六月二十八日(月)　日本テレビ　午後八時~五十六分　「紅白歌のベストテン」
尾崎紀世彦、布施明、にしきのあきら出演
六月二十八日(月)　NETテレビ　午後九時~五十六分　「歌のビッグ・ヒット」

加山雄三出演、共演はザ・ピーナッツ、小川知子、由紀さおり(七月二十五日発売のLP『TRIP OF DAVID』は洋楽カバー曲集。アルバムの中の一曲が歌われたかもしれません)
六月二十九日(火)　フジテレビ　午後七時四十五分〜八時　「スター千一夜」
ダニエル・ジェラール出演
六月二十九日(火)　TBSテレビ　午後八時〜五十六分　「歌のグランプリ」
尾崎紀世彦、PYG、辺見マリ出演
六月二十九日(火)　NHKテレビ　午後八時〜九時　「世界の音楽」
トニー・ベネット、佐良直美出演
六月二十九日(火)　新聞　試聴室ジャック・ジョーンズ：LP『ミシェル・ルグランを歌う』
六月二十九日(火)　フジテレビ　午後九時三十分〜十時　「ミュージックフェア'71」
尾崎紀世彦、奥村チヨ出演
六月三十日(水)　NETテレビ　午後八時〜五十六分　「歌のビックステージ」
尾崎紀世彦、小川知子、ちあきなおみ出演

〈一九七一年七月〉
七月一日(木)　新聞夕刊広告　アンディ・ウォーホル映画『チェルシー・ガールズ』
七月二日(金)　フジテレビ　午後八時〜五十六分　「ゴールデン歌謡速報」

尾崎紀世彦、いしだあゆみ、奥村チヨ出演
七月四日(日) NHKテレビ 午後七時二十分~八時 「歌のグランドステージ」
尾崎紀世彦、トワ・エ・モワ、ちあきなおみ出演
七月五日(月) 新聞夕刊記事 ピンク・フロイド関連
七月六日(火) フジテレビ 午後九時三十分~十時 「ミュージックフェア'71」
ヘドバとダビデ、ベッツィ&クリス、タローとアルファベッツ出演
七月六日(火) NHKテレビ 午後八時~九時 「世界の音楽」
ナーダ「恋のジプシー」
七月六日(火) 新聞記事 ロックオペラ『ジーザス・クライスト・スーパースター!』
七月七日(水) フジテレビ 午後七時四十五分~八時 「スター千一夜」
「俺は燃えている」尾崎紀世彦
七月七日(水) NETテレビ 午後八時~五十六分 「歌のビック・ステージ」
尾崎紀世彦、ヒデとロザンナ、岸洋子出演
七月八日(木) 12チャンネル 午後八時~五十六分 「ただ今ヒット中」
ヘドバとダビデ、マイク・カーブ、ダニエル・ジェラール出演
七月九日(金) フジテレビ 午後八時~五十六分 「ゴールデン歌謡速報」
尾崎紀世彦、伊東ゆかり、にしきのあきら出演

七月十日(土)　新聞　マイク・カーブ、インタビュー記事
七月十一日(日)　NHKテレビ　午後七時二十分〜八時　「歌のグランドステージ」
尾崎紀世彦、トワ・エ・モワ、ちあきなおみ出演
七月十二日(月)　日本テレビ　午後八時〜五十六分「紅白歌のベストテン」
尾崎紀世彦、フォーリーブス、ちあきなおみ出演
七月十三日(火)　NHKテレビ　午後八時〜九時　「世界の音楽」
ジャック・ルーシェ・トリオ出演
七月十四日(水)　NETテレビ　午後八時〜五十六分「歌のビックステージ」
尾崎紀世彦、ピンキーとキラーズ、岸洋子出演
七月十五日(木)　フジテレビ　午後八時〜九時二十六分　「芸能人オールスター・夢の球宴」
加山雄三出演、共演は坂本九、黒澤久雄
七月十五日(木)　12チャンネル　午後八時〜五十六分　「ただ今ヒット中」
尾崎紀世彦、五木ひろし、堺正章出演
七月十六日(金)　フジテレビ　午後八時〜五十六分　「ゴールデン歌謡速報」
尾崎紀世彦、堺正章、いしだあゆみ、小川知子、黛ジュン出演
七月十六日(金)　新聞広告　映画『沖縄決戦』加山雄三出演
七月十八日(日)　TBSテレビ　午後二時三十分〜三時　「歌のプレゼントショー」

渚ゆう子、水原弘出演
七月十九日(月)　日本テレビ　午後八時～五十六分　「紅白歌のベストテン」
尾崎紀世彦、小山ルミ、堺正章、ゴールデンハーフ出演
七月十九日(月)　フジテレビ　午後十一時十五分～零時十五分　「ナイトショー」
ベンチャーズ、渚ゆう子出演
七月二十日(火)　フジテレビ　午後九時三十分～十時「ミュージックフェア'71」
マイク・カーブ。コングリゲーション、九重佑三子出演
七月二十二日(木)　12チャンネル　午後八時～五十六分　「ただ今ヒット中」
尾崎紀世彦、五木ひろし、小柳ルミ子出演
七月二十二日(木)　NHKテレビ　午後十時十分～五十分　「世界のワンマン・ショー」
セルジュ・ゲンズブール、シルヴィ・バルタン出演
七月二十四日(土)　12チャンネル　午後十時三十分～十一時二十六分　「ロックカーニバル」
シカゴ、マシュマ・カーン、麻生レミ出演
七月二十五日(日)　12チャンネル　午後六時～五十六分　「ヤングおー！　おー！」
加藤和彦、桂三枝出演
七月二十五日(日)　NHKテレビ　午後七時二十分～八時　「歌のグランドステージ」
尾崎紀世彦、奥村チヨ、フランク永井出演

七月二十五日(日)　加山雄三ＬＰ『TRIP OF DAVID』

Ａ面 ① Love Me Tonight ② You Don't Have To Say You Love Me ③ Hawiian Wedding Song ④ Raindrops Keep Fallin' On My Head ⑤ My Sweet Lord ⑥ All Shook Up

Ｂ面 ① Love Is A Many Splendored Things ② Spinning Wheel ③ Delilah ④ More ⑤ I'll Never Fall In Love Again ⑥ Aquarius

アレンジャー&コンダクター　東海林修　東海林修&彼のＣＰＣ(Central Produce Company)

ドン・レイダー(トランペット&フリューゲルホーン)／岡崎広志(テナーサックス&フルート)／須床春三(バリトンサックス)／片岡輝彦(トロンボーン)／神谷繁典(エレクトリックギター&フォークギター)／江藤勲(ベースギター)／飯吉カオル(ピアノ&ハモンドオルガン)／野村元(ドラムス)

レコーディングエンジニア　ジャック・アルマン(Jack Alman)／ディレクター　渋谷森久

このレコーディングエンジニアのジャック・アルマンという人が問題なのです。この人は日本語でビートルズの曲を歌ったアルバム『愛こそがすべて　ビートルズをうたう』の演奏編曲を担当しています。実はこの人の正体は喜多嶋修なのです。松岡計井子　加山雄三のアルバム『TRIP OF DAVID』のエンジニアと同姓同名なので、もしかしたら喜多嶋修が録音およびディレクター等を担当したのかもしれません。喜多嶋修は松岡計井子のアルバムを作るとき、当時、最新の16トラックの機材を購入してもらうことを希望して、吉野金次を従えて当時のジャンジャンのオーナー店主へ相談に行ったそうです。この時点で当時のジャンジャンの店主と松岡計井子が交際しており、機材購入のスポンサーになってくれるものとして交渉したそうです。実際、交渉は成立し、喜多嶋修の指揮のもと、最新の16トラックの機材を用いて松岡計井子のアルバムを録音したのでした。そしてこの機材を吉野金次は貸してもらったそうです（ですから、吉野金次は録音機材を購入したのではなく借りたことになります）。

話はそれてしまいましたが、一九七一年七月二十五日にリリースされたアルバム『TRIP OF DAVID』は、おそらく最新の機材を用いて録音されたので音も良く、しかもバックのサポートメンバーが当時の一流ミュージシャンを用いて作られているので音がグルービーです。特にブラッド、スウェット&ティアーズのカバー曲「Spinning Wheel」を聴くと、クラブＤＪたちが飛び上がって喜ぶほどブラック・フィーリングにあふれたナンバーとなっております。加山雄三のアルバムでは見逃せないものといえるのです。七〇年代の加山雄三の代表的なアルバムの一枚なのです。

七月二十六日（月）　新聞記事　尾崎紀世彦、汗だくのマイペース

七月二十九日（木）　12チャンネル　午後八時～五十六分　「ただ今ヒット中」

尾崎紀世彦、フォーリーブス、奥村チヨ出演

七月三十日（金）　フジテレビ　午後八時～五十六分　「ゴールデン歌謡速報」

尾崎紀世彦、にしきのあきら、渚ゆう子、西田佐知子出演

七月三十日（金）　新聞広告　映画『おもいでの夏』

七月三十日(金)　新聞　試聴室　カーペンターズ：LP『カーペンターズ』
七月三十一日(土)　フジテレビ　午後七時四十五分〜八時　「スター千一夜」
ショーン・コネリー出演

〈一九七一年八月〉

八月一日(日)　NHKテレビ　午後七時二十分〜八時　「歌のグランドステージ」
尾崎紀世彦、渚ゆう子、伊東ゆかり出演
八月三日(火)　TBSテレビ　午後八時〜五十六分　「歌のグランプリ」
尾崎紀世彦、堺正章、にしきのあきら出演
八月三日(火)　フジテレビ　午後九時三十分〜十時　「ミュージックフェア'71」
アダモ、ジ・オズモンズ、ルー・ロウルズ出演
八月四日(水)　NETテレビ　午後八時〜五十六分　「歌のビッグステージ」
尾崎紀世彦、ザ・ピーナッツ、雪村いづみ出演
八月五日(木)　12チャンネル　午後八時〜五十六分　「ただ今ヒット中」
尾崎紀世彦、井上順之、五木ひろし出演
八月九日(月)　フジテレビ　午後十時〜五十六分　「夜のヒットスタジオ」
尾崎紀世彦、佐良直美、いしだあゆみ出演

八月十日(火)　TBSテレビ　午後八時～五十六分　「歌のグランプリ」
尾崎紀世彦、ちあきなおみ、奥村チヨ出演
八月十日(火)　フジテレビ　午後九時三十分～十時　「ミュージックフェア'71」
堺正章、由紀さおり、ダニエル・ジェラール出演
八月十一日(水)　TBSテレビ　午後九時～三十分　「ヒット歌謡No1」
「真夏のフォークソング特集」ジローズ、かまやつひろし出演
八月十三日(金)　フジテレビ　午後八時～五十六分　午後八時～五十六分
「ゴールデン歌謡速報」尾崎紀世彦、ゴールデンハーフ、小山ルミ、南沙織出演
八月十七日(火)　TBSテレビ　午後八時～五十六分　「歌のグランプリ」
尾崎紀世彦、西郷輝彦、ドリフターズ出演
八月十八日(水)　フジテレビ　午後七時四十五分～八時　「スター千一夜」
マーク・レスターの夏休み
八月十八日(水)　NETテレビ　午後八時～五十六分　「歌のビックステージ」
加山雄三、尾崎紀世彦、浅丘ルリ子、小山ルミ出演(加山は八月五日にシングル「神様の忘れもの／海鳴りがよんでいる」をリリース。「神様の忘れもの」を歌ったと考えられます。茅ヶ崎仲間の尾崎紀世彦との共演)
八月二十日(金)　フジテレビ　午後八時～五十六分　「ゴールデン歌謡速報」

尾崎紀世彦、南沙織、ヤングハワイアンズ出演
八月二十一日(土) フジテレビ 午後九時～三十分 「ズバリ当てましょう」
加山雄三、松本めぐみ夫妻出演
八月二十一日(土) NHKテレビ 午後十時～十一時四十分 映画『シェルブールの雨傘』
八月二十三日(月) 日本テレビ 午後八時～五十六分 「紅白歌のベストテン」
尾崎紀世彦、クライマックス、南沙織出演
八月二十三日(月) NETテレビ 午後九時～五十六分 「ヒットで勝負」
加山雄三出演、共演は布施明、トワ・エ・モワ、ヒデとロザンナ、ゴールデンハーフ
八月二十四日(火) TBSテレビ 午後八時～五十六分 「歌のグランプリ」
尾崎紀世彦、堺正章、井上順之、ちあきなおみ出演
八月二十五日(水) フジテレビ 午後七時四十五分～八時 「スター千一夜」
加山雄三、松本めぐみ夫妻出演
八月二十五日(水) NETテレビ 午後八時～五十六分 「歌のビックステージ」
尾崎紀世彦、伊東ゆかり、フォーリーブス出演
八月二十六日(木) 12チャンネル 午後八時～五十六分 「ただ今ヒット中」
尾崎紀世彦、ヤングハワイアンズ、北島三郎出演
八月二十七日(金) フジテレビ 午後八時～五十六分 「ゴールデン歌謡速報」

尾崎紀世彦、いしだあゆみ、井上順之、堺正章出演
八月三十日(月) TBSテレビ 午後七時四十五分~八時 「スター千一夜」
喜多嶋修、洋子夫妻出演(喜多嶋修ソロアルバム『ジャスティン・ヒースクリフ』はリリース済)
八月三十日(月) 日本テレビ 午後八時~五十六分 「紅白歌のベストテン」
尾崎紀世彦、三田明、堺正章出演
八月三十一日(火) TBSテレビ 午後八時~五十六分 「歌のグランプリ」
尾崎紀世彦、小柳ルミ子、いしだあゆみ出演
八月三十一日(火) 12チャンネル 午後十時三十分~十一時二十六分
「ワールド・ミュージック」パーシー・フェイス・オーケストラ出演「夏の日の恋」

〈一九七一年九月〉
九月一日(水) フジテレビ 午後七時四五分~八時 「スター千一夜」
夢見る十七歳 南沙織
九月三日(金) フジテレビ 午後八時~五十六分 「ゴールデン歌謡速報」
尾崎紀世彦、南沙織出演
九月四日(土) 12チャンネル 午後十時三十分~十一時 「夜の大作戦」
ダニエル・ヴィタル、由美かおる出演

九月五日(日)　NHKテレビ　午後七時二十分〜八時　「歌のグランドステージ」
尾崎紀世彦、渚ゆう子、伊東ゆかり出演
九月六日(月)　日本テレビ　午後八時〜五十六分「紅白歌のベストテン」
尾崎紀世彦、南沙織出演
九月七日(火)　TBSテレビ　午後八時〜五十六分　「歌のグランプリ」
尾崎紀世彦、南沙織、いしだあゆみ出演
九月十二日(日)　NHKテレビ　午後七時二十分〜八時　「歌のグランドステージ」
尾崎紀世彦、舟木一夫等出演
九月十二日(日)　12チャンネル　午後六時〜五十六分　「ヤングおー！　おー！」
南沙織、かまやつひろし出演
九月十九日(日)　NHKテレビ　午後七時二十分〜八時　「歌のグランドステージ」
尾崎紀世彦出演
九月二十日(月)　NETテレビ　午後九時〜五十分　「ヒットで勝負！」
加山雄三出演、共演は伊東ゆかり、小川知子
九月二十日(月)　日本テレビ　午後八時〜五十六分　「紅白歌のベストテン」
尾崎紀世彦、小山ルミ、南沙織出演
九月二十一日(火)　フジテレビ　午後九時三十分〜十時　「ミュージックフェア'71」

かまやつひろし、赤い鳥、マイク真木夫妻、バフィー・セントメリー出演
九月二十二日(水)　ＴＢＳテレビ　午後七時五十五分〜八時　「スポットライト」
加山雄三出演
九月二十三日(木)　12チャンネル　午後八時〜五十六分　「ただ今ヒット中」
尾崎紀世彦、黛ジュン出演
九月二十四日(金)　ＮＥＴテレビ　午後七時三十分〜八時五十六分　洋画特別席
映画『ビートルズがやってくるヤァヤァヤァ』
九月二十八日(火)　ＴＢＳテレビ　午後八時〜五十六分　「歌のグランプリ」最終回
堺正章、井上順之、小山ルミ出演
九月三十日(木)　12チャンネル　午後八時〜五十六分　「ただ今ヒット中」
尾崎紀世彦、南沙織、平山三紀出演

〈一九七一年十月〉
十月一日(金)　フジテレビ　午後七時四十五分〜八時　「スター千一夜」
ジルベル・ベコー出演
十月三日(日)　ＴＢＳテレビ　午後二時三十分〜三時　「歌のプレゼントショー」
渚ゆう子出演

十月四日(月)　日本テレビ　午後八時〜五十六分　「紅白歌のベストテン」
堺正章、尾崎紀世彦、クライマックス出演
十月七日(木)　12チャンネル　午後八時〜五十六分　「ただ今ヒット中!」
渚ゆう子、南沙織出演
十月八日(金)　NETテレビ　午後十時〜三十分　「ナウ・ナウ」
尾崎紀世彦、南沙織、赤い鳥出演
十月十一日(月)　新聞広告　アポロン　加山雄三全曲集(テープ)
十月十二日(火)　TBSテレビ　午後八時〜五十六分　「歌えファンファーレ」
尾崎紀世彦、南沙織、由紀さおり出演
十月十三日(水)　NETテレビ　午後八時〜五十六分　「歌のグランドステージ」
尾崎紀世彦、南沙織出演
十月十五日(金)　日本テレビ　午後七時三十分〜八時　「ドレミファ学園」最終回
ワイルド・ワンズ、沢田研二出演
十月十五日(金)　フジテレビ　午後八時〜五十六分　「ゴールデン歌謡速報」
尾崎紀世彦、井上順之出演
十月十六日(土)　12チャンネル　午後十時三十分〜十一時　「夜の大作戦」
ダニエル・ヴィタル出演

十月十九日(火)　ＴＢＳテレビ　午後八時〜五十六分「歌のファンファーレ」
尾崎紀世彦、小川知子出演
十月二十一日(木)　フジテレビ　午後七時四十五分〜八時「スター千一夜」
マーク・レスター家族出演
十月二十二日(金)　フジテレビ　午後八時〜五十六分「ゴールデン歌謡速報」
尾崎紀世彦、井上順之、渚ゆう子、欧陽菲菲出演
十月二十三日(土)　新聞広告　映画『ウィズ・ジョー・コッカー』
十月二十六日(火)　ＴＢＳテレビ　午後八時〜五十六分「歌えファンファーレ」
尾崎紀世彦、南沙織、青江三奈、にしきのあきら出演
十月二十七日(水)　ＴＢＳテレビ　午後六時五十分〜七時「ＴＢＳモーニング・ジャンボ」
「ボブ・ディランの世界」岸部シロー出演
十月二十七日(水)　12チャンネル　午後十時三十分〜十一時二十六分
「ワールド・ミュージック」エルトン・ジョン
十月二十八日(木)　12チャンネル　午後八時〜五十六分「ただ今ヒット中！」
尾崎紀世彦、井上順之出演
十月三十日(土)　12チャンネル　午後零時〜一時三十分「ナウ・エクスプローション」
レッド・ツェッペリン出演

〈一九七一年十一月〉

十一月一日(月)　フジテレビ　午後七時四十五分〜八時　「スター千一夜」
「京都の加山雄三・松本めぐみ夫妻」加山雄三夫妻出演

十一月二日(火)　TBSテレビ　午後八時〜五十六分　「歌えファンファーレ」
尾崎紀世彦、にしきのあきら出演

十一月三日(水)　フジテレビ　午後五時〜五十六分　「アダモ・オン・ステージ」

十一月三日(水)　NETテレビ　午後八時〜五十六分　「歌のビックステージ」
「九ちゃんエノケンを歌う」加山雄三、尾崎紀世彦、南沙織、小柳ルミ子出演(加山は十二月一日
発売の「雨のシャッフル」か「神様の忘れもの」を歌ったと考えられます)

十一月六日(土)　NHKテレビ　午後七時三十分〜九時
土曜スペシャル「第十五回レコード祭歌謡大会」渚ゆう子、堺正章、尾崎紀世彦出演

十一月七日(日)　TBSテレビ　午後二時三十分〜三時　「歌うプレゼントショー」
渚ゆう子出演

十一月八日(月)　フジテレビ　午後十時〜五十六分　「夜のヒットスタジオ」
加山雄三、沢田研二、奥村チヨ出演

十一月九日(火)　TBSテレビ　午後八時〜五十六分　「歌えファンファーレ」
尾崎紀世彦、石原裕次郎出演

十一月十一日(木)　12チャンネル　午後七時～八時五十六分
「第二回輝け日本歌謡大賞・放送音楽賞・新人賞・特別賞」堺正章、井上順之、南沙織、いしだあゆみ、尾崎紀世彦出演
十一月十三日(土)　NHKテレビ　午後七時三十分～九時　土曜スペシャル「日本のポップス」
水原弘、坂本九、尾崎紀世彦、ダーク・ダックス出演
十一月十三日(土)　12チャンネル　午後零時四十五分～一時四十五分　「ただ今ヒット中!」
尾崎紀世彦、堺正章出演
十一月十四日(日)　NHKテレビ　午後七時二十分～八時　「歌のグランドステージ」
渚ゆう子、マヒナスターズ出演
十一月十五日(月)　日本テレビ　午後八時～五十六分　「紅白歌のベストテン」
堺正章、尾崎紀世彦、南沙織、渚ゆう子出演
十一月十五日(月)　フジテレビ　午後十時～五十六分　「夜のヒットスタジオ」
尾崎紀世彦、南沙織、ちあきなおみ出演
十一月十六日(火)　TBSテレビ　午後八時～五十六分　「歌えファンファーレ」
尾崎紀世彦、南沙織、堺正章出演
十一月十八日(木)　フジテレビ　午後八時～五十六分　「第三回芸能人オールスター・歌の球宴」
石坂浩二、関口宏、加山雄三、南沙織、五木ひろし出演

十一月二十四日(水)　NETテレビ　午後八時～五十六分　「歌のビックステージ」
尾崎紀世彦、クールファイブ、南沙織出演
十一月二十九日(月)　日本テレビ　午後八時～五十六分　「紅白歌のベストテン」
堺正章、尾崎紀世彦、欧陽菲菲、南沙織出演
十一月三十日(火)　TBSテレビ　午後八時～五十六分　「歌えファンファーレ」
尾崎紀世彦、いしだあゆみ、辺見マリ出演

〈一九七一年十二月〉
十二月一日(水)　TBSテレビ　午後九時～三十分
「みんなで歌おう歌おう〝ハッピー・ハッピー・コーラス〟」ニュー・シーカーズ、井上順之、尾崎紀世彦、由紀さおり出演
十二月三日(金)　TBSテレビ　午後七時三十分～八時　「ドン！　アタック」
加山雄三夫妻、マイク真木夫妻
十二月三日(金)　フジテレビ　午後八時～五十六分　「ゴールデン歌謡速報」
尾崎紀世彦、欧陽菲菲、井上順之出演
十二月六日(月)　フジテレビ　午後七時四十五分～八時　「スター千一夜」
ダニエル・ジェラール出演

十二月十二日(日)　NHKテレビ　午後7時二十分〜八時　「歌のグランドステージ」
奥村チヨ、尾崎紀世彦、トワ・エ・モワ出演
十二月十四日(火)　NHKテレビ　午後八時〜九時　「世界の音楽」
ジャクリーヌ・フランソワ、朱里エイコ、佐良直美出演
十二月十四日(火)　TBSテレビ　午後八時〜五十六分　「歌えファンファーレ」
尾崎紀世彦、井上順之、堺正章出演
十二月十四日(火)　フジテレビ　午後九時三十分〜十時　「ミュージック・フェア'71」
ミシェル・ルグラン、ザ・ピーナッツ、布施明出演
十二月十五日(水)　NETテレビ　午後八時〜五十六分　「歌のビッグステージ」
尾崎紀世彦、伊東ゆかり、ブルー・コメッツ出演
十二月十六日(木)　12チャンネル　午後八時〜五十六分　「ただ今ヒット中！」
尾崎紀世彦、フォーリーブス出演
十二月十七日(金)　フジテレビ　午後八時〜五十六分　「ゴールデン歌謡速報」
尾崎紀世彦、南沙織、欧陽菲菲、セルスターズ出演
十二月十七日(金)　NETテレビ　午後十時〜三十分　「ナウ・ナウ」
ダニエル・ジェラール、赤い鳥出演
十二月十七日(金)　新聞広告　ローリング・ストーンズ　イン　ギミーシェルター

十二月二十日(月)　日本テレビ　午後八時〜五十六分　「紅白歌のベストテン」

尾崎紀世彦、小柳ルミ子出演

十二月二十日(月)　ＬＰ『加山雄三イン・ベラミ〜ナイトクラブの加山雄三』(一九七〇年十二月二十七、二十八日、京都のクラブ、ベラミで録音)

Ａ面①オープニング〜君といつまでも②慕情③(メドレー)霧雨の舗道〜別れたあの人〜夜空を仰いで④また逢う日まで⑤兄弟仁義⑥ブルー・スエード・シューズ⑦お嫁においで

Ｂ面①最後の恋②雨のシャッフル③(メドレー)夕陽は赤く〜蒼い星くず〜旅人よ④りんどう小唄⑤ハワイアン・ウエディング・ソング⑥ラブ・ミー・トゥナイト⑦君といつまでも(このＬＰで尾崎紀世彦の「また逢う日まで」を歌っています。曲紹介で茅ヶ崎の後輩であると述べています)

十二月二十一日(火)ＴＢＳテレビ　午後八時〜五十六分　「歌えファンファーレ」

尾崎紀世彦、渚ゆう子、欧陽菲菲、天地真理出演

十二月二十四日(金)　ＮＥＴテレビ　午後十時〜三十分　「ナウ・ナウ」

加山雄三、由美かおる出演

十二月二十七日(月)　フジテレビ　午後十時〜五十六分　「夜のヒットスタジオ」

尾崎紀世彦、布施明、いしだあゆみ、井上順之出演

十二月二十八日(火)　ＴＢＳテレビ　午後八時〜五十六分　「歌えファンファーレ」

尾崎紀世彦、渚ゆう子出演

十二月二十八日(火) NHKテレビ　午後八時~九時　「世界の音楽」
オズモンズ、シルビー・バルタン、シャルル・アズナブール出演
十二月三十日(木)　12チャンネル　午後八時~五十六分　「ただ今ヒット中!」
堺正章、尾崎紀世彦、南沙織、小柳ルミ子出演
十二月三十一日(金)　TBSテレビ　午後七時~八時五十六分
「一九七一年度輝く日本レコード大賞」尾崎紀世彦

〈一九七一年のまとめ〉

一九七一年は茅ヶ崎の仲間・尾崎紀世彦の年でした(「また逢う日まで」が大ヒット)。さらには加山雄三、喜多嶋修は新たな道に進んでいきます。加山はLP『TRIP OF DAVID』、喜多嶋修は『ジャスティン・ヒースクリフ』で新しい世界を築き上げています。加山はブラック・フィーリングあふれるヴォーカル・スタイルで、喜多嶋修は世界に通じる曲づくりを世に提示したのです。『ジャスティン・ヒースクリフ』はいまではドイツ等のヨーロッパでプログレのアルバムとして評価されているようです。

[一月]　(1)フィフス・ディメンション「二人の願い」(2)ステッペン・ウルフ「愚かな願い」(3)スティーヴ・ミラー・バンド「スティーヴ・ミラーの真夜中のタンゴ」(4)ジョー・サ

ウス「男の生きがい」（5）クリフ・リチャード「孤独のとき」（6）アル・デ・ローリー楽団「ある愛の詩」（7）ジョージ・ハリスン「マイ・スウィート・ロード」（8）ホリーズ「懐かしのガソリン・アレー」（9）ジャック・ワイルド「メロディ」（10）テルマ・ヒューストン「ライド・ルイ・ランド」（11）ニッティー・グリッティ・ダート・バンド「ミスター・ボージャングル」（12）デニス・ヨーストとクラシックス・フォー「夢は流れても」（13）メリー・ホプキン「未来の子供たちのために／ヘリテッジ」（14）バガルーズ「すてきなフレンド」（15）アイク・アンド・ティナ・ターナー「ワーキン・トゥゲザー」（16）スリー・ドッグ・ナイト「ワン・マン・バンド」（17）アットリー「リップ・ユー・アップ」（18）グランド・ファンク・レイルロード「アー・ユー・レディ」（19）エルトン・ジョン「僕の歌は君の歌」（20）ブラック・サバス「パラノイド」

［二月］（1）アン・マレー「よろこびの歌」（2）ピンク・フロイド「ナイルの歌」（3）アイクとティナ・ターナー「プラウド・メアリー／ゲット・バック」（4）ザ・シャドウズ「プラウド・メアリー」（5）グレン・キャンベル「ふりかえった恋」（6）マクギネス・フリント「死」（7）ウィー・ファイブ「朝の雨」（8）ジョン・レノン「マザー」（9）クリーデンス・クリアウォーター・リバイバル「雨を見たかい／ヘイ・トゥナイト」（10）ザ・フー「シー・ミー・フィール・ミー」（11）エリック・クラプトン「アフター・ミッド・ナイト」（12）ジプシー「ジプシー・クイーン」

［三月］⑴CCS「胸いっぱいの愛を」⑵レターメン「悲しきヤング・ラヴ」⑶ベンチャーズ「うわさの男」⑷グラス・ルーツ「燃ゆる瞳」⑸ジョン・ウォーカー「恋よもう一度」⑹キャッツ「ひとりぼちの野原」⑺ジュリー・ウォレス「たった一人の旅」⑻エミット・ローズ「恋はひな菊」⑼ジョー・サウス「ローズ・ガーデン」⑽クリフ・リチャード「夢の少女／ドント・ムーヴ・アウエイ」⑾メイソン・アンド・キャス「二人はハッピー」⑿エリック・バードンとウォー「我が音楽は死なず」⒀ジェームス・テイラー「カントリー・ロード」

［四月］⑴ジョージ・ハリスン「美しき人生」⑵グランド・ファンク・レイルロード「孤独の叫び」⑶プリンズレー・シュワルツ「カントリー・ガール」⑷ベンチャーズ「さすらいのギター」⑸アーケイド「僕等の朝」⑹ポール・マッカートニー「アナザー・デイ」⑺ジョン・レノン&プラスティック・オノ・バンド「人々に勇気を」⑻ディヴ・クラーク・ファイブ「ワン・ナイト／ローディ・ミス・クローディ」⑼T・レックス「ライド・ア・ホワイト・スワン」⑽エリック・バードン&ウォー「黒くぬれ」⑾ジョニー・リバース「雨のジョージア」⑿フレダ・ペイン「バンド・オブ・ゴールド」⒀グレン・キャンベル「ドリーム・ベイビー」⒁スリー・ドッグ・ナイト「喜びの世界」⒂キャット・スティーヴンス「ワイルド・ワールド」

［五月］（1）マーヴィン・ウェルチ・アンド・ファーラー「二人の誓い」（2）シートレイン「13の質問」（3）クイック・シルバー・メッセンジャー・サービス「ホワット・アバウト・ミー」（4）ビーチ・ボーイズ「コットン・フィールズ」（5）エルトン・ジョン「イエス・イッツミー」（6）T・レックス「ホット・ラブ」（7）アン・マレー「サインはピース」（8）カーチャ・エプシュタイン「素晴しき世界」（9）ウェイク「しあわせを求めて」（10）リンゴ・スター「明日への願い」（11）エルトン・ジョン「フレンズ」（12）グランド・ファンク・レイルロード「フィーリン・オール・ライト」

［六月］（1）ニッティー・グリッティ・ダート・バンド「プー横丁の家」（2）テリー・リード「バン・バン」（3）クリフ・リチャード「シルバー・レイン」（4）エミット・ローズ「涙の恋」（5）ディブ・メイソン&キャス・エリオット「信じて愛して」（6）ディブ・エドモンズ・ロックパイル「アイム・カミン・ホーム」（7）ヘレン・レディ「私はイエスがわからない」（8）ロニー・スペクター「トライ・サム・バイ・サム」（9）ジョニー・リバース「シー・クルーズ」（10）ハミルトン・ジョー・フランク・アンド・レイノルズ「恋のかけひき」（11）ハニー・コーン「希望に燃えて」（12）ボブ・ディラン「川の流れを見つめて」（13）ザ・ドアーズ「あの娘に狂って」（14）デレク&ドミノス「いとしのレイラ」

〔七月〕 (1)ラブ・アフェア「ウェイク・ミー」(2)ジョー・サウス「二人だけの世界」(3)カーチャ・エプシュタイン「素晴しき世界」(4)グラス・ルーツ「恋はすばやく」(5)ベンチャーズ「トラ・トラ・トラ」(6)ホリーズ「ヘイ・ウィリー」(7)マクギネス・フリント「モールト&バーリー・ブルース」(8)ペギー・リー「美しき愛のかけら」(9)フォーチューンズ「雨のフィーリング」(10)ヴァニティ・フェア「夢は流れても」(11)ピンク・フロイド「夢に消えるジュリア」(12)キャット・スティーヴンス「父と子」(13)クリス・クリストファーソン「ミー・アンド・ボビー・マギー」

〔八月〕 (1)メリー・ホプキン「私を哀しみと呼んで」(2)ボビー・ジェントリー「帰れない私」(3)ゲイル・マコーミック「愛よ永遠に」(4)グレン・キャンベル「夜霧のわかれ」(5)スリー・ドッグ・ナイト「ライアー」(6)クリーデンス・クリアウォーター・リバイバル「スウィート・ヒッチ・ハイカー」(7)ムーヴ「トゥナイト」(8)レターメン「忘れたいのに」(9)ロード・ホーム「カミン・バック・タウン」

〔九月〕 (1)ベンチャーズ「雨の御堂筋」(2)ステッペン・ウルフ「ライド・ウィドメン・オンリー」(3)サンディ・ネルソン「サッポロ'72」(4)ポール&リンダ・マッカートニー「出ておいでよ、お嬢さん」(5)ジルベール・ベコー「レット・イット・ビー・ミー」(6)ハリケーン・スミス「太陽を消さないで」⑺クリフ・リチャード「フライング・マシーン」⑻ベンチャーズ「霧のめぐり逢い」⑼ジェイムス・テイラー「想い出のキャロライナ」⑽ジョージ・ハリスン「バングラ・デッシュ」⑾T・レックス「ゲット・イット・オン」

［十月］⑴ビーチ・ボーイズ「ロング・プロミスト・ロード」⑵メリー・ホプキン「私を哀しみと呼んで(日本語)」⑶ザ・バンド「オールド・ディキシー・ダウン」⑷ニッティー・グリッティ・ダート・バンド「シェリーのブルース」⑸ジョニー・リバース「イエスを歌おう」⑹ハミルトン・ジョー・フランク・アンド・レイノルズ「アナベラ」⑺アーケイド「愚かな願い」⑻ハンブル・パイ「ノー・ドクター」⑼トラフィック「ギミ・サム・ラヴィン」⑽キャロル・キング「ソー・ファー・アウェイ」

［十一月］⑴ザ・ローリング・ストーンズ「ギミー・シェルター」⑵ザ・フー「無法の世界」

［十二月］⑴ピンク・フロイド「吹けよ風、呼べよ風」⑵スリー・ドック・ナイト「オールド・ファッションド・ラヴ・ソング」

参考文献

加山雄三『若大将半生記　君といつまでも』報知新聞社
加山雄三『地球音楽ライブラリー』ＴＯＫＹＯ　ＦＭ出版
加山雄三『若大将の履歴書』日本経済新聞出版社
加山雄三『Ｉ　ＡＭ　ＭＵＳＩＣ！　音楽的人生論』講談社
加山雄三『若大将ＥＸＰＯ』
君塚太『トウキョウ・ロック・ビギニングス　アマチュアバンドとコース・カルチャーの誕生』河出書房新社
喜多嶋修『ＤＶＤブック　音彩セラピー』マキノ出版
「朝日新聞縮刷版」一九六〇年〜一九七一年
「讀賣新聞縮刷版」二〇一一年十月、十一月
「エレキ・インスト大全」ＮＥＷ　ＥＬＥＫＩ　ＤＹＮＡＭＩＣＡ編、バーン・コーポレーション
「湘南スタイル」枻出版社
「ヒットパレード黄金時代」かまち潤（監修・著）シンコーミュージック
「ミュージック・ライフ」一九六六年一月号、一九六七年一月号〜三月号、シンコーミュージック

おわりに

本書は、『1966年の「湘南ポップス」グラフィティ』に続く本です。といっても、内容的には続編というわけではなく、一九六一年より一九七一年までの加山雄三&ザ・ランチャーズおよびザ・ワイルドワンズ等を中心に再度、より深く検証した内容となっています。

『1966年の「湘南ポップス」グラフィティ』を書いていて気づいたのですが、シングル盤やLP盤等のレコード盤のみを対象に考えていくと、気づかない点が多々あるのです。というのも、シングル盤やLP盤をまとめたディスクガイド的な本は、後付けで意味合いを考えたり、音楽のグループ別ジャンル分け(たとえばグループサウンズ等)をとしてまとめていくので、歴史的な部分が誤ってしまうこともあるのです。そして、それが最終的な答えとなってしまうことさえあるのです。

そのひとつが、はっぴいえんどが日本のロックの出発点であるという考え方です。

これは正しいのかもしれませんが、ある意味で誤っているかもしれません。日本のロックの音など、ある日突然生まれてきたわけではなく、徐々につくられてきたと考えられるのです。

そういう意味の湘南ポップスの原点を探っていくうちに、六〇年代に認めた日本のポップス・ロック・シーンの三大革命が存在することに気づいたのです。それが最初に提示した三つのポイントです。

この三つの点は、レコード盤だけを眺めていたり、聴いたりしただけでは気づかない点です。幸運なことに喜多嶋修氏とめぐりあい、多くの話を聞くことができたことから、さらに知り得た内容なのです。まだまだ不明な点がありますから、本書の続きとして一九七九年までを調査し、湘南ポップスの進化論まで述べていきたいと考えております。

最後となりましたが、本書の編集を担当していただいた河野和憲氏に、こころから御礼を申し上げます。

二〇一八年四月吉日

松生恒夫

【著者】
松生恒夫
…まついけ・つねお…

1955年東京生まれ。1980年東京慈恵会医科大学卒業。1983年東京慈恵会医科大学第三病院内科助手。1994年松島病院大腸肛門病センター診療部長。2003年松生クリニック。医学博士、日本内科学会認定医、日本消化器内視鏡学会指導医・専門医、日本消化器学会認定専門医、日本精神分析学会・正会員、日本消化器内視鏡学会関東地方会評議員。主な著書には『1966年の「湘南ポップス」グラフィティ』(彩流社)『寿命の9割は腸で決まる』(幻冬舎新書)『腸はぜったい冷やすな！』(光文社知恵の森文庫)等多数ある。

Sairyusha

「湘南《しょうなん》ポップス」メモランダム

二〇一八年五月二十日　初版第一刷

著者——松生恒夫
発行者——竹内淳夫
発行所——株式会社 彩流社
〒102-0071
東京都千代田区富士見2-2-2
電話：03-3234-5931
ファックス：03-3234-5932
E-mail：sairyusha@sairyusha.co.jp
印刷——明和印刷(株)
製本——(株)村上製本所
装丁——中山銀士＋金子暁仁

ISBN978-4-7791-2464-8 C0073

http://www.sairyusha.co.jp

フィギュール彩

〔既刊〕

㊴ 1979年の歌謡曲

スージー鈴木◉著

定価（本体1700円＋税）

「大変だ、スージー鈴木がいよいよ見つかる」（ダイノジ・大谷ノブ彦、ラジオパーソナリティー）。ＴＶ全盛期、ブラウン管の向こう側の歌謡曲で育った大人たちの教科書。

㉜ レノンとジョブズ

井口尚樹◉著

定価（本体1800円＋税）

レノンとジョブズの共通点は意外に多い。既成のスタイルをブチ破ったクリエイターたち。洋の東西を問わず愚者（フール）が世界をきり拓く。世界を変えたふたりの超変人論。

㉛ J-POP文化論

宮入恭平◉著

定価（本体1800円＋税）

「社会背景がJ-POPに影響をもたらす」という視座に基づき、数多ある議論を再確認し、独自の調査方法を用いて時代と共に変容する環境とアイデンティティの関連を徹底考察。